Knaur

Von Marian Green ist bereits erschienen:

Sag mir dein Sternzeichen (Band 86151)

Vollständige Taschenbuchausgabe Januar 1998
Droemersche Verlagsanstalt Th. Knaur Nachf., München
Dieses Taschenbuch ist auch unter der Bandnummer 86098 erhältlich
Copyright ©1996 für die deutschsprachige Ausgabe
Droemersche Verlagsanstalt Th. Knaur Nachf., München
Titel der Originalausgabe: »A Witch alone«
Copyright ©1991 by Marian Green
Originalverlag: Harper Collins, London
Umschlaggestaltung: Vision Creativ, München
Umschlagfoto: The Image Bank, München
Druck und Bindung: Ebner Ulm
Printed in Germany
ISBN 3-426-77343-0

5   4   3   2

Marian Green

Das geheime Wissen der Hexen

Dreizehn Monde, um Meisterschaft in natürlicher Magie zu erlangen

Aus dem Englischen
von Ute Weber

Knaur

Für Tony, meinen langjährigen Freund und Begleiter
auf dem inneren Weg

Inhalt

Lied der Allmutter

Ich bin die Mutter Erde, und du bist eines meiner Kinder,
   entdecke, wer du bist, und suche dein göttliches Wesen.
Felsen und Steine, Ton und Torf – alle Schichten sind ein Teil
   von mir,
Juwelen und Kristalle, Edelsteine und Gold sind in meinem
   Herzen verborgen.
Kräuter und Blumen, Bäume und Sträucher, all das grünt auf
   mir,
Moose und Pilze, Flechten und Weinreben, all das sieht man
   auf mir.
Pferde und Rinder, Schweine und Wild, Bären und Löwen
   laufen auf mir,
Schlangen und Spinnen, Ratten und Schnecken, alle Kreatu-
   ren haben ihre Heimat auf mir.
Murmelnde Bäche und stille Quellen, rauschende Flüsse
   fließen auf mir,
Pfützen und Tümpel, Teiche und Seen, salzige Meere gibt es
   auf mir.
Winzige Fische, mächtige Wale, heilige Lachse springen für
   mich,
Tintenfische und Haie, Krill und Krabben füllen das tiefe
   Wasser für mich.
Zaunkönige und Lerchen, Krähen und Schwalben füllen mei-
   ne Himmel mit pfeilschnellem Flug,
Falken und Adler, Fledermäuse und Eulen fangen ihre Beute
   bei Tag und bei Nacht.
Kriechende Würmer und fliegende Füchse, wimmelnde
   Ameisen erfüllen ihr Leben
im Einklang mit mir, auf dem Weg der Natur, so, wie die Ho-
   nigbienen meine Bienenstöcke versorgen.

Nur Menschen berauben ihresgleichen, plündern das Land,
  verschmutzen das Meer,
töten aus Spaß, zerstören die Wälder, lassen vergiftete Dämp-
  fe im Wind aufsteigen.
Ich werde leben, denn ich kann mich heilen, selbst wenn ihr
  Menschen sterbt,
aber du kannst lernen, wie Kinder es sollten, in Frieden unter
  dem Himmel zu wachsen.

Herr des unberührten Waldes

Stille liegt über dem unberührten Wald,
das Licht der Sterne verblaßt,
der Wind ist in den Zweigen verklungen,
nur ein Schatten rührt sich. *Er* ist es!
Er ist der Hirsch im Mondlicht,
der einsame Hengst auf dem Hügel,
der Bulle, der im Gras scharrt,
der Lachs, der im Bächlein springt.
Jeder ist ein Teil des Jägers,
des Gottes, der in der Dunkelheit lebt.
Er ist der Herr des Wilden und Verborgenen,
der kleine atmende Funke bei Mitternacht.
Der strahlende Glanz des Sonnenaufgangs,
die grüne Natur, die sich im Frühling erhebt.
Sein ist die Kraft des Gewitters,
die Stärke im Flügel des wilden Adlers.
Er ist die Stimme der Panflöte,
die Macht, die das Land regiert.
Aber *sie* ist seine Frau und Mutter,
und er ruht in der Fläche ihrer Hand.

Die paradoxe Göttin

Herrin des dreifach sich wandelnden Lichts,
deren Form die Erde ist, bei Tag und bei Nacht,
und dennoch fließt um dich herum der ewige Ozean,
du Göttin, so still und doch ständig in Bewegung.
Mond, Schwesterselbst und dreifacher Aspekt des Dreifachen,
Jungfrau, Schöpfergöttin und weise Alte.
Du, die du die Erde bist, der Mond und das Meer,
Allmutter, du hast mich gemacht.
Aus deinen dunklen Knochen, aus Natur und Fleisch,
aus kristallklarem Wasser und dem ruhigen Atem des Windes,
diese kamen von dir und sind jetzt mein,
ewiger Geist, gehüllt in Zerbrechlichkeit.
Und dennoch ruht jenseits davon endlos
ein Licht, das aus den Sternensamen fiel.
Göttin des Lebens, der Liebe und des Paradoxes,
Hüterin der Schlüssel zu allen Schlössern,
der Mysterien, des Himmels und der Erde,
bitte antworte mir: Wer bin ich?

Einführung

Den Schakalen ward ich zum Bruder, den Straußenhennen zum Freund.

Altes Testament; Job (Hiob) 30,29

In der heutigen Zeit fühlen sich viele Menschen von der Vorstellung der Hexenkunst angezogen. Einige suchen dabei nach religiöser Freiheit, andere wünschen sich, magische Kräfte zu besitzen; wieder andere möchten die uralte Verbindung zu unserer Mutter Erde wiedererwecken oder sich selbst an Körper und Seele heilen.

Einige möchten einer Gruppe, einem Hexencoven beitreten, um mit Gleichgesinnten Zeremonien und regelmäßige Treffen im Schutz des eigenen Heims abzuhalten. Andere wiederum haben wildere Musik vernommen, die einem älteren Rhythmus gehorcht, und haben den Wunsch, sich alleine, in der freien Natur, unter dem Licht der Sterne und des wechselnden Mondes auf einfachere Weise wieder mit Mutter Natur zu vereinen. Für diese Menschen schreibe ich das vorliegende Buch. Diejenigen, die einem Coven beitreten möchten, können auf viele Veröffentlichungen der letzten Zeit zurückgreifen und werden dort, wenn sie sorgfältig prüfen, die Kontakte finden, die sie brauchen; die anderen jedoch, die keiner Gruppe beitreten möchten oder nicht dazu in der Lage sind, weil ihre Arbeit oder ihre familiären Verpflichtungen es ihnen nicht erlauben, und die *allein* die uralten Künste der Magie, des heidnischen Glaubens und der verschiedenen alten Kunstfertigkeiten erlernen möchten, könnten die Führung benötigen, die ihnen dieses Buch geben kann.

Den okkulten Weg alleine zu beschreiten ist die traditionelle

Weise des Orakelpriesters, des Eremiten, des Schamanen oder des Druiden. Selbst diejenigen, die die Möglichkeit haben, Feste und Heilungsriten gemeinsam mit anderen zu feiern, könnten den Wunsch verspüren, ihre persönliche Spiritualität zu entwickeln und Selbstvertrauen und Macht als einzelne Hexe ebenso wie als Mitglied eines Covens zu gewinnen. Aber der Weg, den man alleine geht, ist in jeder Lehre schwierig, und der, der durch die verborgenen Welten der Magie führt, vielleicht noch schwieriger, weil es bei ihm um ungreifbare Dinge geht, um »innere Welten«, die von Göttern und Göttinnen, von uralten Mythen und Magie bevölkert sind.

Ein Großteil der Arbeit beschäftigt sich mit Symbolen, mit geheimnisvollen Kräften und damit, aus einer erleuchteten Perspektive heraus Dinge zu sehen, die für das gewöhnliche, wache Auge unsichtbar sind. Anfänger werden sich daran gewöhnen müssen, daß sie es mit der Vergangenheit und der Zukunft zu tun haben, und sie werden lernen, sich anhand einer neuen Reihe von Feiertagen und Meilensteinen, anhand der Mondphasen und ihrer eigenen inneren Gezeiten im laufenden Jahr zu orientieren. Sie werden Kontakt zu Göttern und Göttinnen herstellen und die Erfahrung machen, daß diese sanftmütig sind und diejenigen, die voller Nervosität ihre ersten tastenden Schritte in die Welt der Magie hinein machen, wie zarte Küken oder kleine Kinder behandeln. Das bedeutet nicht, daß sie immer so milde sein werden, und der Schüler wird bald entdecken, daß sie ihre grimmigeren Gesichter zeigen können, um jemanden vor störenden Einflüssen zu schützen oder äußere Einmischung abzuwehren. Die freundliche Göttin kann ihre Kinder auch tadeln, wenn deren Ansprüche übertrieben sind.

Der Zweck dieses Buches besteht darin, denen, die einen alternativen Weg suchen, zu zeigen, wie sie die heidnischen Gottheiten ganz allein anbeten können, wie sie Meisterschaft über die uralten Künste und magischen Kunstfertigkeiten erwerben können, genauso, wie es ihre Vorfahren vor ihnen getan haben. Wir leben vielleicht in einem »globalen Dorf«, aber wir benötigen immer noch dessen traditionelle Diener, nämlich die modernen Entsprechungen zum Kesselflicker, Schneider, Metzger, Bäcker und Kerzengießer. Wir brauchen den Heiler bzw. die Heilerin, die über die Grenzen des Körpers und über die Begrenzungen eines einzelnen Symptoms hinaussehen können. Wir brauchen jemanden, der die Rituale vorbereitet, der die Zeiten und Gezeiten markiert; wir brauchen einen Seher bzw. eine Seherin, um die Zukunft zu planen, und jemanden, der hellsichtig ist und weit in die Vergangenheit zurückblicken kann, um aus jener Quelle verlorene Weisheiten, auf die die Welt wartet, zurückzugewinnen.

Nur die Inquisitoren haben gesagt: »Du kannst nicht alleine Hexe sein!« Die Geschichte zeigt, daß jede Gemeinschaft ihre eigene weise Frau hatte, egal, ob sie nun Amme, Prophetin, Naturheilkundige oder Trösterin genannt wurde. Einige dieser Frauen wurden wegen angeblicher Verbrechen angeklagt, verurteilt und hingerichtet. Die meisten von ihnen waren unschuldig, denn diejenigen, die das wahre Wissen besaßen, behielten ihre Geheimnisse für sich, sie kannten die Zukunft; und wenn die Inquisitoren kamen, sahen sie sich vor und versteckten sich. Ihr Wissen ist nicht verlorengegangen; es liegt zwischen vielen fragmentarischen Überlieferungen des Landlebens verborgen und ist übersehen und fast vergessen worden.

Unter den halbvergessenen Sitten, traditionellen Geschichten, alten Liedern, volkstümlichen Spielen und Tänzen meiner englischen Heimat sind die Schlüssel zu einem großen Schatz an Weisheit, ungeschriebener Überlieferung und magischen Künsten zu finden. Diese Schatzkammer wieder zu öffnen könnte für diejenigen, die gesunden Menschenverstand und einen neugierigen Geist mitbringen, eine einfache Angelegenheit sein. Diejenigen, denen die Welt am Herzen liegt, die die Natur ehren und sich Heilung und Harmonie wünschen, das sind die Menschen, die die Erdenmutter wiederentdecken und ihre reichen Gaben in dieser modernen Welt erben können.

Jedes traditionelle Handwerk und alle magischen Fertigkeiten müssen im Alleingang erlernt werden, denn sie sind die Techniken des ausgebildeten Geistes, des erwachten Herzens und des scharfsichtigen Auges, das in der Lage ist, andere Welten als die diesseitige zu erblicken. Die Religion des neugeborenen Heiden muß ebenfalls aus dem Herzen kommen, denn es gibt kein Buch, kein Dogma, keine ernannte Priesterschaft, die die Schriften interpretieren könnte, die im Wind geschrieben stehen. Die weisen Alten wohnen innen; sie sind wohlwollend, obwohl man ihnen falsche Namen gegeben, sie ignoriert und vergessen hat, obwohl die Anhänger eines neueren Glaubens sie verleumdet haben. Sie hören unsere Gebete, sie inspirieren uns; sie bieten uns Trost und Führung an und segnen uns mit Ganzheit, wenn wir sie geduldig und aufrichtig darum bitten. Wir müssen sie in ihrer alten Heimat aufsuchen, in den Wäldern und Hügellandschaften, auf den Bergen und in den Flußtälern, auf Felsgipfeln und in geheimen Höhlen. Ihre Stimmen kann man im Wind vernehmen, im Geschrei der Vögel und im Gelächter des herabstürzenden Wassers. Sie kennenzulernen setzt eine individuelle Suche voraus, denn sie haben keine von Menschen gemachten Behausungen; sie sind zu groß, um in der Enge von vier Wänden Platz zu finden.

Sie sind das Sonnenlicht und der Mondschein, das Licht der Sterne und das innere Licht des erneut entfachten Feuers, das in demjenigen leuchtet, der auf ihren Wegen wandelt. Sie zu verehren ruft Freude und Frohlocken hervor, und ihre Rituale sind Ausdruck der Freiheit des Geistes, des Tanzens in Harmonie mit der Natur – ein Leben lang und zu einem friedvollen Zweck. Die Wohltat, die sie bereiten, besteht in einem ruhigen Regen, der Reinigung bringt, im Sternenlicht, das Hoffnung bringt, und im Lichte des Mondes, das denen, die zu sehen wünschen, die Gabe des inneren Sehens schenkt.

Was ich schreibe, ist kein »Evangelium«, keine Heilige Schrift, die in Steintafeln eingemeißelt ist, sondern eine Schatztruhe an Ideen, die über viele Jahre hinweg auf den Feldern des Lebens geerntet worden sind. Durch meine Arbeit mit verschiedenen Lehrern der Hexenkünste und heidnischen Lehren, mit Heilern und Naturheilkundigen aus dem Volk und mit gewöhnlichen Menschen vom Lande, die sich schon lange mit der traditionellen Überlieferung beschäftigt hatten, habe ich in den letzten dreißig und mehr Jahren alle Arten von Erfahrungen sammeln können. Ich habe versucht, hieraus eine Art Ausbildung zu entwickeln, eine Reihe von praktischen Übungen, von geistigen und übernatürlichen Künsten, die dem einzelnen helfen können, die Tore der »Hexenkunst« zu öffnen und einen Weg zu den Füßen der Göttin zu finden, von der letzten Endes alles Wissen, jegliche Magie und Macht kommen.

Das ist kein leichter Weg und er ist auch nicht für jeden bestimmt. Diejenigen, die sich auf die verborgenen Wege begeben, sollten dieses geheime Wissen begehren, sich in ihrem Herzen danach sehnen, es sich in ihrer Seele innig wünschen und bereit sein, als Gegenleistung ihre persönliche Hingabe, ihr Engagement und ihre Liebe anzubieten. Hierbei handelt es sich nicht um eine Religion, die jemand unter dem Druck von Außenstehenden annimmt, sondern um ein inneres Aufwallen des Gefühls, daß man zu Mutter Erde und ihrem Gefährten, dem Herrn der Wildnis, gehört. Verehrung und Gebet sollten natürliche Erfahrungen sein und in dem Maße zu einem regelmäßigen Bestandteil des täglichen Lebens aller

Hexen werden, wie jede von ihnen die Aspekte der Großen Götter kennenlernt, ihre Weisheit und ihre Kraft, unser Leben zu verändern. Wie bei allen menschlichen Beziehungen, so muß es auch hier ein Zusammenkommen geben, ein Anerkennen der Verwandtschaft und den andauernden Wunsch, diese Einheit zu stärken und zu erneuern. Ohne diese inneren Bedürfnisse sind rituelle Akte, magische Handlungen und jahreszeitliche Feiern Heuchelei und in den Augen der Ewigen wertlos.

Wenn Sie sich zu den alten Wegen hingezogen fühlen, zur Wiederentdeckung der Fähigkeiten, die Sie in dieser modernen Welt übersehen haben, zu einer religiösen Erfahrung, die Ihnen die direkte und persönliche Enthüllung von Aspekten der Götter, die Sie kennenlernen werden, ermöglicht, dann werden die Lektionen und Ideen, die in diesem Buch dargelegt sind, vielleicht für Sie von Nutzen sein. Dieses Buch ist nichts anderes als ein Reiseführer, die Landkarte einer möglichen Reise, eine Beschreibung dessen, was jemand anderer gesehen und gefühlt hat. Sie werden die Reise selbst antreten müssen, sich Ihrer eigenen Umstände, Ihrer Verpflichtungen gegenüber Familie und Beruf, Ihrer zeitlichen Möglichkeiten und sonstiger Ressourcen bewußt werden müssen. Keiner der Wege der Magie führt aus der Welt heraus, um Sie mit einem Schlag von Ihrer Mühsal zu befreien; sie führen Sie im Gegenteil alle noch tiefer hinein. Sie zeigen Ihnen mit unverhüllten Augen die Realität von Situationen und Beziehungen, ebenso wie sie Ihnen die Notwendigkeit aufzeigen, Ihren eigenen Problemen zu Leibe zu rücken und sie zu lösen. Die inneren Welten sind kein Zufluchtsort, sondern eine harte Schule, in der der Wille geformt wird, die Seele für das Licht der Wahrheit geöffnet wird und jede Schwäche im Licht der uralten Weisheit klar gezeigt wird.

Sie werden viele seltsame Ideen untersuchen müssen, viele

alte Künste wiederentdecken, viele Überlieferungen und Volksmärchen, Mythen und Symbole aufnehmen müssen, bevor Sie sie nutzen können. Die Magie beinhaltet viele Paradoxien, und Sie werden viele »Kulturschocks« erleben, wenn sich Ihre Kräfte und Fähigkeiten entwickeln und Ihre Empfindsamkeit zunimmt.

Am Ende eines jeden Kapitels finden Sie eine Liste mit Buchempfehlungen, die bei weitem nicht die einzigen Bücher sind, die sich zu diesem Thema zu lesen lohnen. Suchen Sie selbst nach weiteren Büchern zu demselben Thema. Es ist möglich, daß gerade neue Titel erscheinen, die Ihnen helfen, Ihr Wissen zu erweitern, deshalb empfiehlt es sich, an einige geeignete Verlage zu schreiben und sie zu bitten, Ihnen ihre neuesten Kataloge zuzuschicken oder Sie in ihre Mailing-Liste aufzunehmen. Gehen Sie in Ihre Stadtbücherei, und bitten Sie die Angestellten dort, Ihnen einige der selteneren oder älteren Bücher zu bestellen, die mittlerweile vergriffen sind. Verachten Sie das Bücherwissen nicht, aber glauben Sie auch nicht, daß es all die Weisheit umfaßt, die Sie brauchen.

Sie werden auch innerhalb und am Ende eines jeden Kapitels einige praktische Übungen zum Ausprobieren finden. Sie sollten sich verpflichten, diese Übungen ernsthaft anzugehen und sie nicht nur oberflächlich durchzulesen. Die Magie ist in höchstem Maße anstrengend und gefährlich, wenn man sich nur nebenbei mit ihr beschäftigt, also versuchen Sie, die Übungsfolgen der Reihe nach gründlich durchzuarbeiten, oder ignorieren Sie sie vollkommen, bis Sie dazu bereit sind. Viele der Übungen, wie zum Beispiel die verschiedenen geistigen Meditationsübungen, das kreative Visualisieren oder die inneren Reisen, Konzentrationsübungen und Übungen zum Verständnis der Symbole sind Übungen, die Sie während Ihrer gesamten magischen Laufbahn durchführen werden, wenn Sie wirklich die Bereitschaft entwickeln, die laufende

Arbeit zu tun. Obwohl diese Übungen hier in einem okkulten Rahmen gelehrt werden, werden Sie feststellen, daß sie gleichermaßen wertvoll für Ihr tägliches Leben sind. Wenn Sie in der Lage sind zu visualisieren, dann wird das Ihr Gedächtnis verbessern; wenn Sie meditieren können, dann werden Sie selbst in Momenten, in denen alles über Ihnen zusammenzubrechen scheint, die Ruhe bewahren können; wenn Sie sich konzentrieren können, dann können Sie all Ihre Probleme lösen.

Idealerweise sollten Sie sich jeden Tag eine halbe Stunde Zeit zum Studieren, Lesen oder Ausprobieren der verschiedenen alten Künste nehmen. Einen Teil dieser Zeit sollten Sie draußen verbringen, und sei es nur in einem Garten oder einem Park, damit Sie etwas über Mutter Natur lernen und ihre Stimmungen und Veränderungen spüren können. Einige Übungen können Sie mit Freundinnen oder Freunden zusammen machen, für einige brauchen Sie jemanden, der Sie begleitet, andere wiederum probieren Sie am besten alleine aus. Geben Sie Ihr Bestes, und die Götter werden Sie segnen.

1 Ein neuer Mond und ein neuer Traum

> Bei der traditionellen Hexenkunst geht es auf der praktischen Seite im Grunde genommen um die verborgenen Kräfte des menschlichen Geistes. Diese können durch das traditionelle Wissen über Techniken gefördert werden, die sie zum Vorschein bringen und entwickeln helfen; eigentlich sind die Kräfte der Hexenkunst, des Schamanismus, der Magie, oder wie immer man sie nennen möchte, jedoch in jedem Menschen latent vorhanden. Das ist eines der ersten Dinge, die ich von Gerald Gardner gelernt habe; außerdem ist das eine Aussage, über die als grundlegende Lehre allgemeine Übereinstimmung herrscht.
>
> Doreen Valiente: *The Rebirth of Witchcraft*

Jetzt, wo wir uns dem Ende des Jahrhunderts nähern, suchen viele Menschen nach neuen Richtungen im Leben, in der Philosophie und in der Religion. Einige haben sich, durch die Ideen und Praktiken fremder Kulte angezogen, auf seltsame Wege begeben. Andere haben nach einer einfacheren, vertrauten Tradition gesucht, aber dieser letztere Weg ist überwachsen und in der modernen Welt weitgehend verlorengegangen. Die Sehnsucht danach bleibt dennoch bestehen. Irgendwo gibt es eine Form des religiösen Ausdrucks, die an das Herz appelliert, die undogmatisch ist und die Suchenden den Göttern näherbringt, durch die spiritueller Trost, Heilung und Führung aus erster Hand empfangen werden können. Seit den fünfziger Jahren ist ein solcher Glaube unter der Bezeichnung »Hexenkunst« wieder aufgetaucht. Die Hexenkunst ist jedoch nicht einfach nur eine heidnische Religion, da sie mindestens zwei andere interessante Aspekte beinhaltet. Der eine ist die Magie, der andere umfaßt ein weites Spektrum traditioneller Fertigkeiten, die vom Gebrauch von Kräutern für Heilzwecke bis zur Herstellung von Talismanen und Amuletten reichen.

Die Hexenkunst als religiöser Impuls hat nie das Bestreben gehabt, diejenigen, die einen anderen Glauben haben, für sich zu gewinnen oder sie zu bekehren; und die Ausübung der Hexenkunst schließt auch nicht aus, daß man gleichzeitig einen anerkannten Glauben hat. Heutzutage gibt es Hexen in den verschiedenen christlichen Konfessionen ebenso wie hinduistische, jüdische und buddhistische Hexen. Das Heidentum der modernen Hexenkunst ist eine sich immer stärker ausbreitende Philosophie, die alle Aspekte des Lebens als heilig ansieht. Ihre Mythologie umfaßt viele Arten von Göttern und Göttinnen, von den klassisch-heidnischen wie dem Pantheon des alten Ägyptens, demjenigen Griechenlands, dem der Kelten und Normannen in den nördlichen Ländern bis hin zu den magisch geborenen Heldengöttern, die jedes Jahr sterben und geopfert werden und zu denen zum Beispiel Attis oder Jesus gehören. Es ist notwendig, alle heiligen Schriften, alle heiligen Bücher und Mythologien zu lesen, um ihre Lehren und ihren Wert für die heutige Welt neu bewerten zu können.

Oft wird angenommen, daß Hexerei die Verehrung einer Figur beinhalte, die die Christen »Satan« nennen, aber *das stimmt nicht*. Die Satanisten sind keine heidnischen Hexen, sondern haben sich aus dem Christentum heraus entwickelt, indem sie die dieser Religion eigene Auffassung von Gut und Böse pervertiert haben. Im allgemeinen verehren Hexen überhaupt keine Gottheit, die das Böse verkörpert. Sie beten die Mutter Natur an, die Große Göttin, die auch über die dreifachen Mondphasen und über alle Gewässer herrscht – egal, ob es sich um Quellen, Flüsse oder Meere handelt. Der Gefährte der Großen Göttin, der göttliche Sohn und Meister, ist

Herr über die wilden und zahmen Geschöpfe; er ist der Jäger, der Kornkönig, der sterbende und sich von neuem inkarnierende Sonnengott, der das Geweih des Hirsches oder die Strahlen der Sonne auf seiner Stirn trägt.

Jede dieser Gottheiten herrscht über die Kräfte des Wandels, die natürliche Wiedergeburt der grünen Erdenpracht im Frühling, ihr Hervorsprießen im Sommer, den herbstlichen Verfall und die winterliche Ruhe. Die Erde unter unseren Füßen *ist* die Göttin, unser Heim und der Stoff, aus dem unser physischer Körper gebildet wird. Sie ist das Wasser, das uns erfrischt und reinigt, und das Mondlicht, das mit seinem ewig wechselnden Licht unsere Träume bereichert und, wenn wir weise sind, die magischen Kräfte der Hellsicht in uns erwachen läßt. Der Sonnengott bringt Licht in unsere Welt, er gibt ihr Vitalität, Wärme und lebenswichtige Energien. Letzten Endes empfangen wir unsere Nahrung aus der Kraft der Sonne, denn alle grünen Dinge werden durch die Strahlen der Sonne versorgt, und da, wo es kein Licht gibt, gibt es kein Leben, so wie wir es kennen.

Bei der Hexerei herrscht nicht das Gefühl vor, daß man an eine Erdgöttin oder einen Sonnengott »glauben müsse«, aber wir alle, die wir uns aus eigenem Willen der alten Religion zuwenden, werden durch persönliche Offenbarung und religiöse Erfahrung *erleben*, daß man mächtigen Kräften begegnen und zu ihnen beten kann und daß Führung, Stärke und Heilung wirklich empfangen werden können. Durch die jahreszeitlichen Feste, die den Ablauf des Jahres markieren, wird das Leben der Göttin und ihres Sohnes/Gefährten dargestellt, die ihre Energien in den heiligen Kreis hineinbringen, damit alle, die sie suchen, mit ihnen in Dialog treten können. Es gibt kein Dogma, sondern lediglich eine Reihe von Mythen und Legenden, die von den Menschen auf dem Lande in Form von Liedern und Reimen, von Tanz und Pantomime, von Erzählungen und

halbvergessenen Kalenderbräuchen oder traditionellen Jahr-
märkten weitergegeben werden.

In früheren Zeiten, als fast jeder auf dem Lande einem Handwerk oder einer Beschäftigung nachging, in der es um natürliche Produkte ging, setzte eine Anzahl von jahreszeitlichen
Ereignissen im Jahreslauf bestimmte Akzente durch Feste,
Feiern, Zusammenkünfte und Abschiede. In jedem Dorf gab
es eine Reihe von Familien, die einem Handwerk nachgingen,
das Familientradition war: der Schmied, der Bäcker, der Schu-
ster und wahrscheinlich auch der Weise, der Naturheilkundige und die Hexe. Genauso wie der Schmied seine Söhne die
Magie für die Bearbeitung des Metalls lehrte, gab die Heilerin
oder Hexe ihre Kenntnisse an ihre Kinder weiter, so daß das
alte Wissen innerhalb einer Familie sowohl an die Söhne als
auch an die Töchter gelangte. Die Hexenmeister hatten ihre
eigenen Geheimnisse, Geheimnisse ihres Faches, wenn Sie so
wollen, genau wie die Frauen, die ihnen dabei halfen, verlo-
rengegangenes Vieh wiederzufinden und Krankheiten, von
denen Mensch, Tier oder Land betroffen waren, zu heilen.

Es waren diese Frauen, die sich um die Liebes- und Haßbe-
ziehungen in ihrer Gemeinschaft kümmerten und je nach den
Wünschen des Kunden ihren Rat, ein Amulett, einen Bann
oder einen Zaubertrank anboten. Sie hüteten die Lieder der
Gemeinschaft, die seit keltischen Zeiten von der Herkunft eines jeden einzelnen, seinen Vorfahren und dem traditionellen
Handwerk berichteten. Sie kannten die Kräuter, mit deren
Hilfe man ein Kind empfangen oder eine Schwangerschaft
verhindern konnte. Sie kannten die Pflanzen, die friedlichen
Schlaf, den Tod oder Alpträume bringen konnten. Sie beobachteten den Himmel und verzeichneten in ihrem ungeschriebenen Kode die Geburt von Kindern, den Tod der Alten, das Treffen und die Trennung von Liebenden. Ihre Finger
waren immer am Puls des Dorflebens, und ihre dunklen Au-

gen beobachteten durch die Astlöcher der Fensterläden, wie ihre kleine Welt an ihnen vorüberzog. Da sie wußten, was in den Herzen derjenigen vorging, die von ihnen ein Elixier der Liebe, der Rache oder des Glücks haben wollten, konnten sie die Ergebnisse ihrer Aktivitäten innerhalb ihres magisch abgesteckten Bereichs aushandeln, vorhersagen oder manipulieren. Sie kannten die Geheimnisse des Lebens und des Todes und wurden ihrer Gaben und Fähigkeiten und ihrer Magie wegen geachtet.

Und diese alten ungeschriebenen Weisheiten leben in der abgeschiedenen und verschleierten Welt des »Hexentums« im verborgenen weiter. Man findet sie nur selten in Büchern, denn die meisten der alten Künste sind trivial, die Zaubersprüche einfach, die Fertigkeiten eher intuitiv als in einem akademischen Studium erworben. Man findet sie auch nur selten in Hexencoven, denn diese modernen Gruppen von Hexen werden durch eine Hohepriesterin und einen Hohenpriester angeführt. Sie halten regelmäßige Rituale ab, die oft notgedrungen innerhalb eines Hauses statt draußen im Mondlicht stattfinden, wo Mutter Natur jeden in ihrem Bann hält. Die Hexencoven bieten Freundschaft und gemeinsames Gebet, regelmäßige Aktivitäten und Initiation für diejenigen an, die diesen Weg beschreiten möchten. Es sind viele hervorragende Bücher für Hexen geschrieben worden, die einem Hexencoven beitreten möchten. In diesen Büchern werden ihre Zeremonien und Prüfungen, ihre Philosophie und Mythologie dargestellt, aber das ist nur die eine Seite.

Die Kulturgeschichte berichtet wenig über das Leben, die Überzeugungen und Aktivitäten des gemeinen Volkes. Historiker haben ihre Aufmerksamkeit auf Könige und Bischöfe, auf Feldherren oder Mönche in Klöstern gerichtet und deren Sicht der Geschichte aufgezeichnet. Was die Bauern und die Menschen, die ihre geheimen Fertigkeiten im Dienste ihrer

Gemeinschaft ausübten, betrifft, so hat sich bei ihnen niemand diese Mühe gemacht. Keiner dieser Menschen hat sich sehr weit von dem Ort wegbewegt, an dem er geboren wurde, außer wenn das Dienstverhältnis zum Gutsherrn, seine unfreiwillige Teilnahme an einer Schlacht oder einem Aufstand oder Arbeit auf den entfernt gelegenen Ländereien des Gutsherrn dies erforderlich machten. Es gab nur wenige Freie, nämlich die Wandergesellen, meist Tischler oder Steinmetze, und die fahrenden Scholaren. Diese legten in vielen Fällen riesige Strecken zurück, um ihr jeweiliges Handwerk zu erlernen und auszuüben, und sie behielten ihre Geheimnisse für sich. Viele jedoch schützten und bewahrten auch die alte Religion, egal wo sie hingingen. Schauen Sie in einer alten Kirche nach, und Sie werden dort wahrscheinlich den grünen Gott der Natur in den Dachsparren als grünen Mann wiederfinden oder die Göttin in ihrer Verkleidung als Hirsch oder Hase oder Rose der Welt. Diese alten heidnischen Bilder haben 1500 Jahre lang auf die Anhänger eines neueren Glaubens herabgeblickt und trotzdem nichts von ihrem Zauber verloren.

Bestimmte Plätze in der Wildnis haben immer die Aura der Macht gehabt: die Gipfel der hohen, einsamen Berghügel, die heiligen Quellen im verborgenen Hain, die tiefen Höhlen und die uralten, mit Steinen eingefaßten Tanzböden, die von unseren langvergessenen Vorfahren als heilig angesehen wurden und die auf den Landkarten ihres Geistes eingezeichnet waren, welche wir mit neuerwachtem inneren Sehvermögen heute wieder lesen lernen. Das sind die geschützten Orte, die Grenzbereiche zwischen Erde und Wasser, zwischen Luft und Erde, zwischen dieser Welt und derjenigen der Zauberei, die nur von einem Schleier des Traumes verborgen wird. Gehen Sie alleine dorthin, lassen Sie sich von Ihrem Abenteuergeist leiten, und spüren Sie die Atmosphäre dort.

Fühlen Sie die Energie eines solchen Ortes schweigend in Ihrem Kopf. Bitten Sie darum, daß die Gottheit, die über diesen heiligen Bereich wacht, zu Ihnen kommen möge, und setzen Sie sich einige Minuten still hin, entspannen Sie sich, und schließen Sie Ihre Augen. Lauschen Sie mit gespitzten Ohren darauf, wie die Göttin das Land dieser Anderswelt betritt, fühlen Sie die zarte Berührung ihres seidenen Schleiers, die Wärme ihres Atems ebenso wie die Berührung der Brise auf Ihren Wangen. Nehmen Sie die Ankunft des Herrn der wilden Tiere wahr, den schweren Gang eines Bocks oder Bullen, das Kratzen seines haarigen Fells auf der rauhen Rinde eines Baums. Diese Tiere werden Ihnen nicht schaden, sondern sie heißen Sie auf der Schwelle ihres Reiches willkommen. Sie werden Sie segnen und Ihnen zeigen, daß es andere Wege des Glaubens, ältere, mehr im Inneren wohnende Götter gibt. Sie werden Sie nicht zwingen oder bedrohen und auch nicht die anderen Wege verurteilen, auf denen wir Menschen auf unserer individuellen Suche nach religiösem Verständnis und einer Lebensphilosophie wandeln.

Wenn Sie davon träumen, bei der Suche nach Ihrem wahren Selbst ungehindert einen Weg zu finden, um in Harmonie mit der Erde und der gesamten Natur zu leben, wenn Sie nach dem Gleichgewicht streben zwischen Ihren eigenen Bedürfnissen und denjenigen des Planeten sowie denjenigen, die ihn mit Ihnen teilen, dann können Sie in der Hexenkunst vielleicht einen solchen Weg finden. Sie ist nicht für jeden geeignet. Es geht hier nicht um etwas, das man als Augenblickslaune, als Hobby oder Beschäftigung, um die Zeit zu füllen, benutzen könnte, bis etwas Aufregenderes auftaucht. Es ist eine schwierige Reise, die zunächst in die tiefsten und dunkelsten Winkel Ihres eigenen Herzens führt, wo all Ihre Niederlagen, Ihre Grausamkeiten, Ihre Selbstsucht und Ihre Verletzungen offenliegen wie der Schatz eines verborgenen Drachens. Das ist der Schatz der Erfahrung, durch den Sie Ihren Weg hindurch suchen müssen, indem Sie nach den kostbaren Edelsteinen, den heiligen Reliquien, den vergessenen und vernachlässigten Teilen Ihrer selbst sowie nach denjenigen Ambitionen, Fähigkeiten und Fertigkeiten Ihrer Kindheit suchen müssen, die jede Hexe schätzen würde.

Konnten Sie in Ihren Träumen fliegen? Hier finden Sie Ihre Flügel wieder. Konnten Sie jemandes Charakter und seine Motive selbst dann schon beurteilen, als Sie zu jung waren, um diese Wahrheit in Worte zu fassen? Solche Worte und Einsichten sind ebenfalls hier zu finden. Hier ist der Ort der Wünsche: zu heilen, Gutes zu tun, Feen von Angesicht zu Angesicht gegenüberzustehen, das Einhorn oder die glänzende Schlange zu reiten, den Helden oder Königen und Königinnen der alten Mythen zu begegnen. Hier ist Ihr eigener heiliger Gral.

Das Ziel dieses Buches besteht nicht darin, Ihnen irgendeine uralte Formel beizubringen, die Sie dann auf magische Weise zu einer »Hexe« macht, sondern Ihnen die Wege aufzuzeigen, mit deren Hilfe Sie für sich selbst einige der vielen Künste, Fertigkeiten und religiösen Aspekte entdecken können, die den Anhängern der alten Religion zu eigen waren. Nur die Berührung der Göttin oder des Gottes kann Ihre Hexenabstammung in Ihnen erwecken, und danach werden Sie suchen müssen, wenn Sie dazu bereit sind. Um Erfolg zu haben, müssen Sie vielleicht einige Ihrer Vorstellungen ändern und einige langgehegte Theorien aus dem Fenster werfen. Sie werden sich Ihrer Verantwortung als jemand bewußt werden müssen, der mit Macht umgeht. Sie werden sich überlegen müssen, ob Sie einige andere Verpflichtungen aufgeben wollen, um Ihrem neugewonnenen Interesse Zeit, Energie oder andere persönliche Ressourcen zu widmen. Sie werden für Ihr Wissen mit hingebungsvollem, langfristigem Bemühen, mit Geduld und mit kleinen Opfern in bezug auf Dinge, die Ihnen am Herzen liegen, bezahlen müssen.

Dieses Buch soll Ihnen dabei mit Anweisungen helfen, die in lockerer Reihenfolge angeordnet sind und Arbeitsbereiche enthalten, mit denen Sie sich Monat für Monat intensiv beschäftigen können. Wenn Sie sofort den Schluß des Buches aufschlagen und die Vorschläge dort ausprobieren, dann wird Sie das nicht gleich zu einer Hexe machen; es wird nur Ihre Unerfahrenheit in spirituellen Angelegenheiten zeigen, die, wie alle anderen Künste und Fertigkeiten auch, von Grund auf und Schritt für Schritt erlernt werden müssen. Lesen Sie das ganze Buch durch; schauen Sie, ob dadurch altes Wissen in Ihnen erweckt wird oder ob es Ihnen durch plötzliche Geistesblitze und Einsichten zeigt, daß Sie einen Großteil der Weisheit, die Sie in anderen Leben oder als Teil Ihres genetischen Erbes zur Verfügung hatten, vergessen haben.

Da unsere Vorfahren auf dem Lande keine Kalender und keine Digitaluhren besaßen, sind diese Lektionen in Abschnitte unterteilt, die jeweils der Dauer eines Mondes entsprechen und mit denen Sie vom Tag nach jedem Neumond an arbeiten sollten, während der zunehmenden Phase bis hin zum Vollmond und während der abnehmenden Phase bis hin zum Neumond.

Da wir lesen und schreiben können und schriftliche Notizen oder Computereinträge als Erinnerungshilfen benötigen, ist eines der ersten Dinge, die Sie brauchen, wenn Sie bereit sind, den hier gegebenen Anweisungen ernsthaft zu folgen, ein Tagebuch oder ein großformatiges Heft. Das wird das Logbuch für Ihre persönlichen Fortschritte sein und Sie könnten es auch als Ihr »Buch der Inspiration« bezeichnen. Zunächst einmal werden Sie herausfinden müssen, wann Neumond ist. Am besten ist es, bei Anbruch der Dunkelheit den Kopf aus dem Fenster zu stecken und den Mond zu suchen, damit er Ihnen seine aktuelle Phase mitteilen kann. Denken Sie daran, daß der Mond auf der nördlichen Halbkugel einen nach links offenen Halbkreis bildet, wenn er zunimmt, und einen nach rechts offenen Halbkreis, wenn er abnimmt, und daß die Zeitdauer von einem Neumond bis zum nächsten etwa 29 Tage beträgt. Der Einfachheit halber geht man dabei in der Regel von vier Wochen von je sieben Tagen aus.

Bevor die römischen Monatsnamen bei uns in Gebrauch kamen, haben die Menschen auf dem Lande den Ablauf der Zeit mit Hilfe von Nächten und Monden gemessen. Auf dem Lande sind noch heute Fragmente dieser alten Überlieferung zu finden, zum Beispiel die Bezeichnung »Erntemond« für den September-Vollmond, »Jägermond« für den Oktober-Vollmond und so weiter. Im Englischen wird heute noch die Bezeichnung »fortnight« verwendet, die eigentlich vierzehn Nächte und nicht vierzehn Tage bedeutet. Jeder Mond wurde einer bestimmten landwirtschaftlichen Tätigkeit gewidmet, sofern die Witterung es zuließ, sie auszuüben. Es gab Zeiten des Säens, des Heumachens, des Getreideschneidens, des Unkrautjätens, des Sammelns von Früchten im Obstgarten und im Wald; Zeiten, um sich wegen schlechter Ernten zu sorgen und sich über gute Ernten zu freuen.

Als es noch keine Geschäfte in erreichbarer Nähe gab, die Brot hätten liefern können, und überhaupt wenig Geld zur Verfügung stand, um Nahrungsmittel zu kaufen, fühlte man die Beziehung zur Erdenmutter besonders deutlich. In unserer Zeit leiden wir selten unter wirklichem Hunger, noch sorgen wir uns darum, ob der Frühling bald kommen wird. Die Belastungen, die die modernen Tätigkeiten mit sich bringen, können nicht mit der Angst vor dem Verhungern verglichen werden, mit der Verzweiflung, wenn die Witterung das Aussäen der Saat oder das Einbringen der Ernte verhinderte oder wenn der Holzstoß für den Winter zu Ende ging oder der letzte Torf verbrannt war, lange bevor der Schnee vom Dach der Hütte geschmolzen war.

Fangen Sie an, sich umzuschauen, und stellen Sie fest, auf welche Weise der Mond Ihr Leben, Ihr Heim und sogar Ihre Arbeit beeinflußt hat. Gehen Sie nach Einbruch der Dunkelheit nach draußen, und versuchen Sie, die Mondphase am Himmel zu erkennen. Ist der Mond von Ihrem Schlafzimmerfenster aus sichtbar und scheint sein Licht auf Ihr Gesicht? Was wissen Sie über seine Phasen? Ist der Mond auf der ganzen Welt gleich? Was ist mit den Astronauten, die auf seiner Oberfläche gelandet sind, auf ihm, der ein Gott ist und der uns die Gabe der Hellsicht bringt?

Glauben Sie, daß Sie gerne Heide werden oder Ihr Potential als »Hexe« entfalten würden? Was wird Ihre Familie, was werden Ihre Arbeitskollegen denken? Werden sie Ihnen mit Furcht oder mit Verachtung begegnen? Wer könnte Ihnen etwas über Ihre neuen Interessen erzählen? Wen kennen Sie, der Ihnen helfen oder Ihre Experimente mit Ihnen teilen könnte? Gibt es bereits Hexen in Ihrem Freundes- oder Bekanntenkreis? Könnte Ihnen irgendwer etwas sagen oder raten? Möchten Sie lieber zu einem Hexencoven gehören, sich einer Initiation unterziehen und Teil einer relativ geheimen Gesellschaft werden? Oder genügt Ihnen Ihre eigene Gesellschaft, und sind Sie glücklich darüber, daß Sie in natürlicher Umgebung herumwandern, die Sonne und das Leben der Bäume und Kräuter, der Vögel und wilden Geschöpfe genießen können? Sehnen Sie sich nach Gesellschaft, nach jemandem, vor dem Sie Ihre Sorgen ausbreiten können, oder nach jemandem, der Sie bei Ihren gewagteren Plänen ermutigt? All diese Fragen sind wichtig, denn, wenn Sie sich wirklich auf den Weg machen, um eine »Hexe« oder ein Anhänger der alten Wege zu werden, dann werden einige Teile Ihres Studiums Sie von anderen entfernen.

Sie werden wahrscheinlich einige Freunde verlieren, nicht deshalb, weil diese begonnen hätten, Sie zu fürchten, sondern einfach deshalb, weil Sie nicht länger die Zeit und die Energie haben werden, um sich in gewohntem Maße gemeinsamen Aktivitäten zu widmen. Einige Ihrer Freunde werden vielleicht abfällige Bemerkungen über Ihre heidnischen Ambitionen machen oder Ihre Absichten vor anderen lächerlich machen, wenn sie von Ihrem Interesse an der Hexenkunst hören. Andere könnten versuchen, Ihnen Probleme bei der Arbeit zu machen, oder Verstimmungen verursachen, da sie kein Verständnis für moderne heidnische Ideen haben. Sie können Fundamentalisten der einen oder anderen Sorte begegnen oder solchen, die darauf aus sind, Ihre Seele vor einem angeblichen Schaden zu bewahren, und Sie würden gut daran tun, im voraus zu bedenken, welche Antworten Sie solchen Leuten geben können, wenn sie vor Ihrer Tür stehen. Es könnte zwar eine durchaus verlockende Vorstellung sein, den Betreffenden in eine Fledermaus zu verwandeln, aber solche Drohungen könnten, selbst wenn sie spaßhaft gemeint sind, von religiösen Fanatikern, in deren Glauben es wenig Raum für Spaß, Spott oder Gelächter gibt, sehr schnell allzu ernst genommen werden.

Unter denen, die sich wie Sie der Hexenkunst widmen, sollten Sie jedoch große Freude, einen echten Sinn für Humor und eine Leichtigkeit des Geistes vorfinden, die Sie aufheitern können, wenn Sie sich einsam oder niedergeschlagen fühlen, weil Ihre Meditationen keine Früchte tragen und der Mond Ihrer Intuition dunkel ist. Selbst wenn Sie Ihr Handwerk alleine lernen, sollten Sie in der Lage sein, über sich selbst zu lachen. Denken Sie an vergangene Zeiten zurück, daran, wie Sie selbst als Hexe mit dem obligatorischen spitzen Hut, dem Besenstiel, dem Hexenkessel und der schwarzen Katze aussehen würden. Glauben Sie, daß es Spaß machen würde, sich über dem rauchigen Feuer um einen Kessel zu kauern, die Erscheinung von Geistern heraufzubeschwören oder Getränke aus Froschteilen und giftigen Kräutern in der Gesellschaft von meckernd lachenden Gesinnungsschwestern zu brauen?

Hier kann die historische Forschung wieder einige wichtige Erklärungen zum archetypischen Bild der alten Hexe mit Warzen und allem, was sonst noch dazu gehörte, liefern. Als im 15. Jahrhundert in England die ersten Bücher mit Holzschnittillustrationen gedruckt wurden, bildete man in ihnen oft eine alte Dame ab, die der Hexerei angeklagt war. Sie war nach der damals neuesten Mode gekleidet – in einem langen dunklen Rock, mit Umhang und Spitzenhäubchen, auf dem ein riesiger Hut mit runder Krempe thronte. Diese Art, sich zu kleiden, ist für walisische Frauen der besseren Gesellschaft bis zum heutigen Tage typisch, wie Sie leicht feststellen können, wenn Sie sich Ferienpostkarten aus dieser Region anschauen. Leider blieb das Bild in Gedanken bestehen, lange nachdem sich die Mode geändert hatte. Die alte Dame mit Spazierstock und Hauskatze wurde zur allgemeinen Vorstellung davon, wie eine Hexe auszusehen hat. Wie schade, daß dieses Bild jetzt bereits seit 600 Jahren aus der Mode ist!

Im Mittelalter wurde es als sehr seltsam angesehen, ein Tier als Haustier zu halten, egal, ob es sich nun um eine Katze handelte, die Mäuse fangen, oder um einen Hund, der gelegentlich ein Kaninchen für den Kochtopf jagen sollte, oder sogar um eine Kröte oder Eidechse. Auf der Grundlage einer solchen Beziehung zwischen Mensch und Tier wurden jedoch einige arme Seelen angeklagt und wegen ihrer angeblichen Ausübung der Hexerei bisweilen sogar aufgehängt. Heute sind einige Hexen Vegetarier oder sogar »Veganer«, die weder Tierprodukte verzehren noch sie tragen oder in ihrem Hause haben. Viele gehören Tierschutzorganisationen oder Vereinen zur Rettung von Tieren an. Wieder einmal erweist sich die Annahme, daß Hexen heute oder damals Tiere getötet und ihr Blut für Zaubereien verwendet hätten, als vollkommen falsch. Wahrscheinlich hätten sie Fleisch verzehrt, wenn sie es hätten bekommen können, denn besonders im Winter war die Ernährung der Menschen auf dem Lande im Vergleich zu unserer modernen, mit Vitaminen angereicherten, kaum noch saisonabhängigen Nahrung sehr dürftig. Die symbolischen Objekte jedoch, die mit der archetypischen Hexenfigur assoziiert werden, sind auch in der heutigen Zeit für die Ausübung der Kunst noch relevant.

Einige Hexencoven haben Hexenkessel, Besenstiele, ja sogar Katzen, denn Anhänger der alten Religion sind immer praktische und freundliche Menschen gewesen. Hexen haben immer Objekte ausgesucht, die sowohl einen praktischen als auch einen magischen Nutzen haben. Einige dieser Objekte sind natürliche Amulette, Fossilien in Form eines Blattes oder einer Pfeilspitze, die sie auf dem Feld oder in einem Flußbett gefunden haben, und die als Schutzamulette dienen können. Kieselsteine, die die Form eines Auges haben, tauchen überall auf der Welt als Amulette auf, damit man von jemandem mit dem »bösen Auge« nicht gesehen wird. Vielleicht sollte ein ähnliches Amulett für Computer geschaffen werden, um sie vor Hackern zu schützen, und um Computerviren abzuwehren. Wer weiß, welche neuen Künste das New Age noch wird entwickeln müssen!

Der alte Hexenkessel war der gewöhnliche Kochtopf, der jedoch dazu verwendet werden konnte, um Getränke aus Kräutern speziell zu magischen Zwecken zu brauen; außerdem gab das köchelnde Wasser in dem dunklen Eisentopf einen hervorragenden Spiegel ab, um in die Zukunft zu blicken. Der Besenstiel, dessen häusliche Aufgabe darin bestand, den Boden zu fegen, wurde zum Zauberstab, und ein gefegter Bereich auf der Erde oder dem Lehmboden einer einfachen

Hütte wurde zum magischen Kreis, in dem die Hexe ihre Kräfte anrufen konnte, um in die Ferne zu sehen, Antworten auf Fragen zu suchen, die Energie zu Heilzwecken anzuheben oder um ein Amulett zu segnen. Wenn Sie diese alten Künste übernehmen wollen, dann werden Sie einige grundlegende Werkzeuge um sich herum sammeln müssen. Das ist keine Entschuldigung dafür, das Scheckbuch zum nächstgelegenen Esoterikladen mitzunehmen und große Geldsummen für okkulte Geräte, Ausrüstung, Roben, Weihrauch, Messer und anderes hinzublättern. Wenn Sie wirklich die Fertigkeiten der Weisen beherrschen wollen, dann sind Sie weitaus besser beraten, wenn Sie in Ihrem Gartenschuppen, der Küchentischschublade oder auf dem Speicher nachschauen, um dort die vergessenen Schätze zu finden, die Ihre neuerworbene Kunst erfordert.

Ihre ersten magischen Handlungen – sofern Sie wirklich zu den seltenen Menschen gehören, die sich ernsthaft auf die traditionellen Künste besinnen und die kreativen Kräfte der alten Religion in sich erwecken möchten – werden darin bestehen, daß Sie soviel Zeit wie möglich im Freien verbringen. Zunächst könnte es Ihnen seltsam erscheinen, über bekannte Straßen zwischen Häusern und Geschäften entlangzugehen, zwischen alten oder modernen Gebäuden oder vielleicht auch auf Ihnen bekannten Wegen auf dem Lande. (Im Durchschnitt leben heutzutage 85 Prozent der Menschen, die sich für die Hexenkunst interessieren, in kleineren oder größeren Städten!) Der Unterschied besteht darin, daß Sie tatsächlich Ihre Augen öffnen und sich umschauen werden.

Schauen Sie sich die Gebäude an – woraus bestehen sie? Schauen Sie sich die Menschen an – woher kommen sie ursprünglich? Schauen Sie sich die Bäume, die Pflanzen in den Gärten oder Parks an – sind sie in diesem Land heimisch, oder handelt es sich dabei um neue Arten oder Kreuzungen, die erst vor kurzem eingeführt wurden? Schauen Sie sich die Straßen und Gassen an, sind sie gerade, oder ist ihr Verlauf kurvig – folgen sie vielleicht einem unterirdischen Wasserlauf oder einer anderen alten Grenze? Wo ist das nächstgelegene fließende Gewässer, egal, ob es sich nun um einen Bach, einen Fluß oder gar um die Meeresküste handelt? Was wissen Sie über die Gezeiten und deren Beziehung zum Mond? Wecken Sie Ihre Neugierde, denn das war sicherlich eine der positiven Eigenschaften einer jeden traditionellen Hexe. Versuchen Sie, etwas über Ihre Gemeinde zu erfahren, über deren Bedürfnisse und Wünsche, ihre guten und schlechten Seiten; und vor allem, machen Sie die magischen Plätze in der Nähe Ihres Wohnortes ausfindig!

Es gibt keine allgemeingültige Methode, um den heiligsten Platz in Ihrer Umgebung ausfindig zu machen, und da Sie anders sind als ich, ist es mir unmöglich, Ihnen zu erklären, wie er sich für Sie anfühlen könnte. Vielleicht spüren Sie ein Kribbeln auf der Haut, vielleicht wird Ihnen heiß oder kalt, oder Sie spüren, wie sich Ihre Nackenhaare aufrichten. Orte, die Sie aufsuchen und überprüfen sollten, auch wenn Sie noch ungeübt sind und sich nicht in einem magischen Zustand befinden, sind alle Arten von Wasserquellen, die älteste Kirche und ihr Friedhof, besonders alte Bäume, historische Gebäude, Ruinen und natürlich alle Arten von aufrechtstehenden Steinen in Ihrer Nähe sowie Kreise, Tumuli, Grabhügel, Hecken, grüne Wege, Hügelforts, Hügelfiguren, befestigte Straßen, Wege und Dämme, die aus römischer oder sogar vorrömischer Zeit stammen. Wenn Sie sonst nichts Passendes in der Nähe Ihres Wohnortes finden, dann gehen Sie auf die Spitze des höchsten Hügels, und beobachten Sie dort den Sonnenaufgang oder -untergang.

Packen Sie ein Picknick ein, nehmen Sie ihre Oma und die Kinder mit, und besuchen Sie in entspannter, wacher Stimmung einen solchen Ort mit alter Bedeutung. Notieren Sie die Phase, in der sich der Mond befindet, wenn Sie sich auf den Weg machen. Setzen Sie sich ruhig hin, denken oder sinnen Sie nach, und überlassen Sie sich Ihren Tagträumen. Dann bitten Sie in Ihrem Herzen ruhig darum, daß Ihnen ein wenig Verständnis für die magische oder heilige Bedeutung dieses Ortes erwachsen möge. Ganz sanft werden Ihnen neue Gedanken durch den Kopf gehen. Ideen werden aus dem Nichts zu Ihnen kommen. Seien Sie schweigsam, still und geduldig. Spüren Sie die Erde unter sich, den Himmel über sich und das ewige Gleichgewicht, in dem sich beide befinden. Spüren Sie, wie die Zeit rückwärts läuft, so daß die Menschen der Vergangenheit mit ihrer vergessenen Weisheit in Ihren Gedanken Platz finden oder ihre Schatten über Ihre besorgten Augen werfen können.

Seien Sie mit sich in Frieden, suchen Sie die Ruhe und die Ausdauer eines großen, gesunden Baumes auf, und bitten Sie um die Stimme oder Energie eines murmelnden Baches oder der Meeresbrandung. Erbitten Sie sich die geistige Freiheit, mit den Seemöwen oder Lerchen in die Lüfte aufsteigen zu dürfen, und schauen Sie, was geschieht. Egal, was Sie tun, versuchen Sie, die alten Wege und die Einfachheit und Unmittelbarkeit von Vorgängen im Leben Ihrer Vorfahren zu verstehen. Entdecken Sie aufs neue Fertigkeiten, die diese vielleicht gehabt haben, die Kunst, die sie ausgeübt haben, die Art, wie sie angemessen und in Harmonie mit der Erde gelebt haben, wie sie nur das genommen haben, was sie brauchten, und der Erde so wenig wie möglich geschadet haben.

Vielleicht sieht das für Sie so aus, als ob es sich nur um kleine Schritte handele, aber Sie werden überrascht darüber sein, wieviel Sie entdecken können, wenn Sie über ein paar Mauern hinüberspähen, die Form Ihrer Heimatstadt untersuchen, nach den natürlichen Dingen Ausschau halten, die unseren

Vorfahren vielleicht heilig waren. Wenn Sie darüber nachdenken, dann werden Sie feststellen, daß es eine einfache Logik für die Dinge gibt, die sie als heilig ansahen. Die Sonne ging auf und ließ das Korn reifen, von dem jegliches Leben abhing; die Quellen mit frischem Wasser erboten sich, den Durst von Mensch und Tier zu stillen, im Sommer gab es Dürren und im Winter Schnee. Dem Quellwasser wohnt eine Lebenskraft inne, die sich sehr von derjenigen von Leitungswasser unterscheidet, wie sich aus der zunehmenden Beliebtheit von in Flaschen abgefüllten Heil- und Mineralwässern ablesen läßt. Unsere Vorfahren bezeichneten die Lebenskraft, die sie in heilenden Quellen und Kräutern vorfanden, als deren »Tugend«, und sie schätzten ihre Wirkungen.

Wir heutigen Menschen können lesen und schreiben, und wir füllen unser Gedächtnis mit Telefonnummern an, mit trivialen Fakten und Zahlen, die vielleicht nützlich sind, um an einem Fernsehquiz teilzunehmen, die jedoch gar nichts nützen, wenn es um die praktische Durchführung von magischen Künsten geht. Daher ist es notwendig, ein neues Gedächtnis, Datenbanken und einzelne Kenntnisse aufzubauen, um sie auf unsere gerade erworbenen Hexenkünste anzuwenden. Es ist offensichtlich, daß wir ein solches Wissen nicht plötzlich dadurch wiedergewinnen, daß wir zu Füßen unserer weisen Großeltern sitzen, noch können wir die glücklichen Zeiten heraufbeschwören, in denen wir Tag für Tag das Wissen unserer Mutter aufsogen, und deswegen müssen wir uns Büchern zuwenden.

Natürlich gibt es viele Bücher, die Wörter wie »Hexenkult« oder »Hexenkunst« im Titel tragen, aber nicht alle enthalten nützliche Informationen für diejenigen, die sich auf eigene Faust der Hexenkunst zuwenden und ungehindert auf den alten Wegen wandeln möchten. Empfehlenswert sind die (englischsprachigen) Bücher von Doreen Valiente, denn sie ist eine der Personen, die am engsten mit der Wiedergeburt der »Hexencoven« in Großbritannien verbunden war. Sie war eine von Gerald Gardners Hohenpriesterinnen, und ihre Poesie verlieh einem großen Teil der heidnischen Rituale, die heute in Gruppen auf der ganzen Welt praktiziert werden, ihren Charakter. Viele der von ihr verwendeten Überlieferungen lernte sie von den Bewohnern von Sussex, und sie flocht die Fäden dieser traditionellen Weisheit in einige ihrer Schriften ein. Gerald Gardner wiederum war der erste, der in seinem Roman *High Magic's Aid* (»Hilfe zur hohen Magie«) und anderen Werken wie *The Meaning of Witchcraft* (»Die Bedeutung der Hexenkunst«) und *Witchcraft Today* (»Hexenkunst heute«) genug Ideen zusammentrug, um diejenigen Formen der Hexerei in Gang zu setzen, die heute von vielen Coven auf der ganzen Welt verwendet werden. Die Werke von Stewart und Janet Farrar beschäftigen sich mit den verschiedenen Formen der Hexenkunst in den Coven, die von den Ideen von Alex Sanders inspiriert wurden. Sanders hatte einige Ritualkünste der hohen Magie mit den Fragmenten des Hexenhandwerks vermischt, die er über viele Jahre hinweg zusammengetragen hatte.

Lesen Sie solche Bücher immer mit der Frage im Hinterkopf »Kann ich mir vorstellen, wie die einfachen, gewöhnlichen Menschen vom Lande dies taten, dieses Instrument verwendeten oder sogar so reich waren, daß sie zum Beispiel ein Schwert besaßen? Würden sie auf diese Weise zusammenkommen? Gäbe es eine Hierarchie von Priestern und Priesterinnen, einen regelmäßigen Festekalender, der von den Monaten und Tagen bestimmt wird und nicht von der Natur mit ihren zyklisch wiederkehrenden Ernten?«

Was immer Sie lesen, versuchen Sie nicht, sich nur auf die Bücher zu beschränken, die sich mit der Hexenkunst selbst befassen. Lesen Sie auch über das Leben auf dem Lande, die jahreszeitlichen Feste, die alten Religionen, lokalen Bräuche und heiligen Plätze. Machen Sie sich beim Lesen in Ihrem »Buch der Inspiration« Notizen über diejenigen Tatsachen, Gedichte, Ideen und Besonderheiten des Sagengutes und der Volksmagie, die Sie interessieren, damit Sie auf sie zurückkommen, sie ausprobieren und wirklich begreifen können, wenn Ihr Wissen wächst.

Übungen

Lesen Sie sich das Kapitel mehrmals durch, und notieren Sie sich die Dinge, die bei Ihnen auf fruchtbaren Boden fallen. Wenn Sie sich entschlossen haben, Monat für Monat die dreizehn Lektionen auszuführen, dann suchen Sie sich einen Tag aus, an dem Sie anfangen möchten, am besten den Tag nach einem Neumond. Kaufen Sie sich einen DIN-A4-Briefblock oder entsprechendes Ringhefterpapier und einen DIN-A4-Ringhefter mit festem Deckel, um Ihre Seiten darin abzuheften. Sie können den Deckel auch farbig dekorieren oder bemalen, denn dieses Ringbuch wird Ihr persönliches »Buch der Inspiration« werden. Finden Sie daher einen geheimen Ort, an dem Sie es aufbewahren können, damit Sie ehrliche Berichte über Träume, Ideen, Wünsche und Entdeckungen darin festhalten können, ohne befürchten zu müssen, daß sie von anderen gelesen werden. Später werden Sie darin auch die Zaubersprüche eintragen, die Sie ausgearbeitet haben, Hinweise auf Divinationen (Voraussagen) und deren Ergebnis sowie Informationen über alle möglichen anderen Dinge.
Gehen Sie in die Jugendbuchabteilung einer Bibliothek oder eines Buchladens, und schauen Sie nach, was es dort über die verschiedenen Religionen gibt. Sie benötigen einfache, grundlegende Informationen, um zu verstehen, was Men-

schen glauben, seien sie nun gewöhnliche Katholiken und Protestanten oder Angehörige der anderen Weltreligionen wie Buddhismus, Hinduismus, Judentum, Shintoismus, Islam oder anderer, die Sie interessieren. Machen Sie sich auch mit der griechischen, römischen und ägyptischen Religion aus der alten Welt vertraut, denn diese Religionen haben tiefgreifende Auswirkungen auf einige Aspekte des modernen Heidentums.

Interessieren Sie sich für das Haus, in dem Sie leben, und finden Sie heraus, warum es sich dort befindet und was sich vor diesem Haus dort befunden hat. Finden Sie ebenfalls heraus, welche heiligen oder besonderen Orte es in Ihrer Gegend gibt und woher die Ortsnamen kommen. Wenn Sie Kontakt zu älteren Menschen haben, zum Beispiel Ihren Großeltern oder anderen, dann befragen Sie sie, wie das Leben an diesem Ort früher war, ob es bestimmte örtliche Feste oder eigentümliche Bräuche gab. Betrachten Sie, wie es in diesem Kapitel vorgeschlagen wird, die Dinge genauestens, besonders dann, wenn Sie draußen sind. Beobachten Sie den Mond, wie er zunimmt und Nacht für Nacht seine Position am Himmel verändert, wenn der Himmel klar ist. Gehen Sie zum nächstgelegenen heiligen Platz, und spüren Sie seine Atmosphäre. Inwiefern fühlt er sich anders an?

Informieren Sie sich über das bäuerliche Jahr, die alten Gewohnheiten und Bräuche auf dem Lande und die Arbeiten, die in den verschiedenen Jahreszeiten verrichtet wurden. Finden Sie heraus, ob es am Ort ein Museum mit alten Werkzeugen und Küchengeräten oder mit Bildern und Zeichnungen von traditionellen Bauernhäusern gibt. Versuchen Sie, ein Gefühl für eine gröbere, einfachere Vergangenheit und für die Menschen, die vor langer Zeit gelebt haben, zu entwickeln.

Stellen Sie sich Fragen in bezug darauf, was Sie über die Hexenkunst *wissen*, was für Vorstellungen Sie von ihr haben, was sie für Sie bewirken kann und was Sie ihr als Gegenleistung anbieten können. Vergleichen Sie das, was Sie in Büchern über heidnische Ideen gelesen haben, mit dem, was Sie über das Leben der Menschen in früheren Zeiten herausfinden. Machen Sie sich Notizen über alles, was Sie entdecken, auf den ersten Seiten Ihres »Buches der Inspiration«.

Hier eine kurze Liste empfehlenswerter Bücher für den Einstieg:

Louis Bourne: *Autobiographie einer Hexe*. Knaur, München 1987

Marian Green: *Naturmagie*. Aurum, Braunschweig 1992

–: *Ritualmagie*. Aurum, Braunschweig 1993

Ute Manan-Schiran: *Menschenfrauen fliegen wieder*. Knaur, München 1988

Starhawk: *Der Hexenkult als Ur-Religion der großen Göttin*. Goldmann, München 1992

–: *Mit Hexenmacht die Welt verändern*. Bauer, Freiburg 1991.

Doreen Valiente: *Witchcraft for Tomorrow*. Robert Hale, G. B. (o.J.)

2 Der Göttin und dem Gott der Hexen begegnen

Ich bin jene lautlose, grenzenlose, bittere See.
Alle Gezeiten sind mein und hören auf mich.
Die Gezeiten der Lüfte, die Gezeiten der inneren Erde,
Die geheimen, stillen Gezeiten von Geburt und Tod.
Die Gezeiten der menschlichen Seele, der Träume und des
Schicksals –
Isis verschleiert und Ea, Binah, Ge ...

Dion Fortune: *Das Geheimnis der Seepriesterin*

In der heidnischen Religion der Hexenkunst begibt sich jeder Sucher auf seine eigene innere Suche, um verschiedenen Aspekten der Göttin oder des Gottes der von ihm gewählten Tradition unmittelbar zu begegnen und mit ihnen zu kommunizieren. Das ist kein religiöses Bekenntnis, kein »Glaube« an unsichtbare Gottheiten, und orthodoxe Dogmen sollten bei diesem Prozeß keine Rolle spielen.

In diesem Kapitel werde ich versuchen, einige weitverbreitete Vorstellungen von der Göttin und ihrem Gefährten, dem Sonnengott, darzulegen, damit Sie selbst die Entscheidung treffen können, ob diese irgendeine Gültigkeit für Sie haben, ob ihre Eigenschaften Sie ansprechen und ob Sie sich zu ihren Mythen oder Symbolen hingezogen fühlen. Niemand, der sich ernsthaft mit der Hexenkunst beschäftigt, würde jemals darauf bestehen, daß diese Götter in einer bestimmten Form von anderen akzeptiert oder nur auf eine einzige Weise verehrt werden müßten. Die jahreszeitlichen Feste, die von den Hexen innerhalb ihres Covens gefeiert werden, sind oft eine bildliche Darstellung der Lebenszyklen der Göttin in ihren verschiedenen Gestalten und ihres Sohnes bzw. Liebhabers.

In einigen Fällen erweitern die Hohepriesterin und der Hohepriester ihr Bewußtsein, um sich mit diesen Gottheiten zu vereinigen. So begegnen sie ihnen sehr direkt und zeigen sie auch dem übrigen Hexencoven auf möglichst direkte Weise. Aber diejenigen, die den alten Wegen alleine folgen, werden jeden ihrer Aspekte als reales Wesen, als Freund und Führer selbst kennenlernen.

Das, was jemand anderes über das Wesen der alten Götter gesagt hat, kann immer nur eine persönliche Beschreibung sein, genau wie eine andere Person lediglich versuchen kann, jemandem ein Musikstück oder den Geschmack einer seltenen Delikatesse zu beschreiben, die der andere noch nicht gehört bzw. probiert hat. Worte sind unzureichend und können bestenfalls vage Beschreibungen dessen sein, was oft eine sehr tiefe und emotionale Erfahrung ist. Da es keine »Bibel« der Hexenkunst gibt, gibt es keine einzelne umfassende Quelle der ererbten Mythen und religiösen Geschichten, die allen neuen Heiden gemeinsam ist. Wir wissen, daß die Götter auch weiterhin ihr eigenes Leben leben und daß so mit jedem Erdenzyklus im Sternensystem eine etwas andere Version ihrer Geschichte entstehen wird. Die heidnischen Götter und Göttinnen sind keine festgelegten, starren Wesen, deren Wille unabänderlich ist und deren Handlungen distanziert sind. Sie alle wohnen in uns, sie sind uns nahe und für uns zugänglich. Wenn wir uns in Gebet, Meditation oder Magie um sie bemühen, dann werden wir in der Lage sein, sie auf eine Art und Weise wahrzunehmen, die wir tatsächlich begreifen können, und sie als große Machtwesen sehen. Alles, was man in dieser Hinsicht lehren kann, sind die einfachen Wege, in denen diese Begegnung auf einer anderen Ebene unseres Wesens stattfinden kann, so daß wir selbst sehen können, wie diese religiöse Beziehung am besten in unsere eigenen Konzepte und unsere eigene Philosophie einbezogen werden kann.

Zuerst müssen wir jedoch etwas über die ewigen, sich immer wandelnden, zahlreichen Aspekte und verschiedenartigen Gestalten begreifen, in denen die Große Mutter und der Himmelsgott von denjenigen wahrgenommen werden, die versuchen, auf ihren Wegen zu wandeln. Die Göttin ist ein dreifaltiges Wesen, das nicht stirbt und das als unsere ursprüngliche, sternengeborene Mutter angesehen werden kann. Sie wird üblicherweise mit dem Planeten Erde assoziiert, als Mutter Natur, als Erdgöttin, als Gaia, als sich selbst befruchtende Urmutter, als Gebärende aller lebenden Wesen, der Menschen und der Tiere, und oft auch als Hervorbringerin aller Pflanzen und anderer empfindungsfähiger Lebensformen. Wir wissen, daß alles, was lebt, *tatsächlich* von der Erde geboren, aus ihrer Substanz gemacht und von ihr mit Wasser und Nahrung versorgt wird. Wir wissen darüber hinaus, daß die Erde ein Sternenbrocken ist, eingefangen vom nächstgelegenen Stern, der Sonne, so daß unser eigenes ursprüngliches Erbe von den Sternen stammt, von der Geburt der Schöpfung.

Die Große Göttin tritt in vielen heidnischen Pantheons auch als die dreiphasige Mondgöttin mit dreifachem Gesicht auf. Das junge Mondmädchen, das süße Kind oder die verehrte Geliebte, das ist sie in ihrer zunehmenden Form als heranwachsende Tochter der Nacht. Als Mondmutter mit gerundetem Bauch, als voll erblühte Rose des Lichts, als Führerin, Begleiterin und Freude des Reisenden auf den magischen Pfaden führt sie unsere monatlichen Feiern an. In ihrer abnehmenden Phase ist sie die schrullige alte Hexe mit scharfen Zügen und dunklem Antlitz, die tief von Weisheit durchdrungen ist und denjenigen ihr Wissen preisgibt, die ihr in der Dunkelheit begegnen und sie als artiges Enkelkind um Hilfe bitten. Die Mondgöttin hat auch ein verborgenes Antlitz, wenn der Mond dunkel und der Nachthimmel leer ist und nur das Licht der

Sterne die wilden Plätze erleuchtet. Diesen Aspekt von ihr werden Sie als Mann oder Frau allein entdecken müssen, denn er ist ein Teil des Mysteriums der Mondmagie, die sich nicht mit Worten darstellen läßt.

Die Göttin ist auch der Ozean, das große Meer, aus dem alle Lebensformen entstanden sind, die dritte Mutter, die wir Menschen haben. Die erste Mutter ist die Erde, die zweite der Mond, der den Geist erwachen läßt, und die dritte Mutter sind all die heiligen Gewässer von der Quelle und dem Teich bis hin zum See und zum Fluß, zum mächtigen Ozean und der vom Mond gesteuerten Kraft der Gezeiten. Diejenigen, die zu ihren Kindern werden, werden sie in all ihren Aspekten entdecken, ihr an wilden Orten begegnen und auch in jenen Zauberkreisen, den Kreisen außerhalb der Zeit und zwischen den Welten, die durch Rituale und kontrolliertes Begehren erschaffen werden.

Die Göttin ist namenlos, aber sie hat in verschiedenen Ländern und Götterwelten viele verschiedene Namen. Wenn Sie deren Geheimnis untersuchen, dann werden Sie nicht Namen, sondern Titel, Eigenschaften, ja sogar Tätigkeitsbeschreibungen finden, die in vielen Sprachen erklingen. Die Göttin ist die Herrscherin über den Wandel, die Zeiten und die Gezeiten, und als solche ist sie die Herrin der Magie, denn die Magie ist »die Kunst des Verursachens, Kontrollierens und Gestaltens von Wandel in dieser Welt und in den inneren Welten«. Sie ist die Bringerin der Orakel, denn nahezu alle alten heiligen Zentren hatten ihre Sibylle bzw. Orakelpriesterin, die als Dienerin der Göttin wirkte, um denjenigen Weisheit anzubieten, die darum baten. Sie ist diejenige, die Geburt bringt, den Tod annimmt und auch die Wiedergeburt bringt. Sie ist die Initiatorin des Magiers, die Inspiratorin der Dichter, die aus ihrem Zauberkessel getrunken oder sie im Lichte der Morgendämmerung haben singen hören. Sie ist die Verzaubernde, die Weberin von Zaubersprüchen, diejenige, die betört und bindet, die den Faden des Lebens abmißt und ihn auch wieder durchtrennt. Sie ist unsere Göttin in der Dunkelheit, die Herrscherin der Unterwelt, der Anderswelt, die Königin der Toten und der Ungeborenen. Sie ist diejenige, die heilt und wiederherstellt und die unser vergessenes kindliches Selbst erlöst, wenn wir sie anrufen.

Wenn Sie sich die rituelle Anrufung zu Anfang dieses Kapitels (aus einem Roman von Dion Fortune) anschauen, dann werden Sie feststellen, daß der Großen Göttin dort mehrere Namen zugeschrieben werden: *Isis* ist diejenige, die über die Gesamtheit der Götter und Göttinnen im alten Ägypten herrscht, als verhüllte Isis oder Königin der Natur. Der Name Isis, im Ägyptischen *Aser*, bedeutet »Thron«; er steht also für den »Sitz der Macht«, die Basis oder Struktur dessen, was angebetet wird. *Ea* ist die Mutter der Zeit, die Seele des Raumes, die Älteste der Alten. *Binah* ist die dunkle Mutter von allem, das große Meer, das weibliche Prinzip *Yin*. *Ge* ist die Erdkugel, die Wurzel solcher Bezeichnungen wie »Geologie« – die Wissenschaft von der Erde«; »Geographie« – das Beschreiben der Erde; »Geomantie« – die Weissagung mit Hilfe von Markierungen auf der Erde. Keiner dieser heiligen Titel ist ein »Name«.

Desgleichen werden Sie, wenn Sie anfangen, danach zu suchen, viele bildliche Darstellungen in jeder Kultur mit Ausnahme des Islam finden, in dem jegliche Abbildungen verboten sind. Sie werden Gemälde, Schnitzwerke, Stickereien, Felsenbilder, Statuen, getöpferte Figuren, ja sogar riesige Erdskulpturen wie diejenige bei Silbury Hill im Süden Englands entdecken, die die Große Göttin in ihren zahlreichen Gestalten abbilden oder ihre verschiedenen traditionellen Symbole zeigen. Von dem großartigen Bild des Mondes am Himmel, der ebenfalls ihr Symbol ist (denn sie ist ja nicht identisch mit dem physischen Himmelskörper) über die Gezeiten, die der Mond in den mächtigen Ozeanen und den kleinsten Flüssen schafft, bis hin zu den ansteigenden Wassern, die aus Quellen entspringen, den Jahreszeiten auf der Erde und der Substanz der Erde unter unseren Füßen, auf der wir unser Heim und unsere Existenz haben – all das sind Teile von ihr. Alle sind heilig und werden in ihrem Namen als heilig verehrt. Alle haben eine Macht, auf die wir uns berufen können, sobald wir erst den Schlüssel in Händen halten, der ihre geheime Weisheit erschließt.

Die Göttin muß angerufen werden, das heißt, Sie müssen sich in der *Vorstellung* an sie wenden, indem Sie poetische Beschreibungen und Symbole benutzen, die mit dem Aspekt assoziiert werden, mit dem Sie in Kontakt treten möchten. Wenn Ihnen dieser Gedanke neu ist, dann halten Sie das Ganze möglichst einfach. Suchen Sie einen ruhigen Ort auf, und verwenden Sie ein Gebet oder eine Beschreibung aus einer klassischen Quelle. Am besten gehen Sie nach draußen und stellen sich einfach neben einen Fluß, in einen Garten oder eine andere natürliche Umgebung, in der Sie sich frei fühlen und mit sich in Frieden sind. Lesen Sie die Worte oder stellen Sie sich das Bild vor, schließen Sie dann die Augen, entspannen Sie sich, und schauen Sie, was passiert. Im folgenden eine Beschreibung, die Apuleius' Fabel *Der Goldene Esel* entnommen ist, in der der Held Lucius die Göttin anruft:

Kaum hatte ich meine Augen geschlossen, als sich die Erscheinung einer Frau aus der Mitte des Ozeans zu erheben begann. Ihr Gesicht war so schön, daß die Götter selbst vor ihr niedergefallen wären, um es anzubeten. Zuerst tauchte der Kopf, dann allmählich der ganze leuchtende Körper auf und stand vor mir, auf der Oberfläche der Wellen schwebend ... Ihr volles langes Haar fiel in spitz zulaufenden Ringellocken auf ihren schönen Nacken und wurde von einem

kunstvollen Kranz aus allen möglichen Blumen gekrönt. Über der
Mitte der Stirn leuchtete eine runde Scheibe wie ein Spiegel oder wie
das helle Antlitz des Mondes, das mir verriet, wer sie war. Ihr buntes
Gewand war aus feinstem Leinen … und den Saum zierte eine Bor-
düre aus Blumen und Früchten … Der tiefschwarze Glanz ihres
Umhangs, den sie von der rechten Hüfte bis zur linken Schulter um
ihren Körper geschlungen hatte und der von einem dicken Knoten
zusammengehalten wurde, war mit glitzernden Sternen bestickt …
und in der Mitte strahlte ein prächtiger Vollmond … Alle Düfte
Arabiens zogen mir in die Nase, als die Göttin sich herabließ, mich
anzusprechen:
»Hier bin ich, Lucius, als Antwort auf dein Gebet. Ich bin die Natur,
die Allmutter, die Herrin über alle Elemente, das erste Kind der
Zeit, die Höchste aller Gottheiten, die Königin der Toten ebenso wie
die Königin der Unsterblichen, die vereinigte Manifestation aller
Götter und Göttinnen. Mit einem Wink gebiete ich über die leuch-
tenden Himmelshöhen, die heilsamen Meeresbrisen, die kläglichen
Schatten der Unterwelt. Obwohl ich in vielen Gestalten angebetet
werde, man zahllose Namen für mich kennt und mich mit allen Ar-
ten von unterschiedlichen Riten besänftigt, verehrt mich das ganze
Erdenrund.«

Dieses Fragment eines Zauberbuches voller Abenteuer und
Dummheiten, in dem es um Opfer und Gemeinschaft mit der
Göttin geht und in dem Lucius in einen Esel verwandelt wird,
bis ihn die Göttin befreit und zu ihrem Priester macht, enthält
die eigentliche Essenz heidnischer Anbetung. Und die Anbe-
tung der Isis zeigt in sehr kraftvoller Weise, welche Art von
Bildern durch Worte heraufbeschworen werden können.
Ähnliche esoterische Verse, Gebete und Anrufungen finden
Sie in den Werken zahlreicher Dichter, antiker Schriftsteller,
Priester der alten vorchristlichen Religionen, einschließlich
der Bibel. Das Hohelied des Salomo enthält wunderschöne

Liebesgedichte, die Sophia, der Göttin der Weisheit, gewidmet sind und in denen ihr Antlitz als Blumen und ihre Brüste als weißes Reh beschrieben werden, das zwischen Lilien sein Futter sucht. Übergehen Sie dieses Buch nicht, nur weil es die Macht des Weisen zurückzuweisen scheint. In Wirklichkeit enthalten das Alte und das Neue Testament viele magische und heidnische Informationen; Sie müssen lediglich bereit sein, nach ihnen zu suchen.

Der Gott der Hexen hat ebenfalls viele Facetten; er wird durch die Sonne am Himmel symbolisiert, und aufgrund der Veränderungen, die die verschiedenen Jahreszeiten mit sich bringen, ist er ebenfalls eine sich entwickelnde Gottheit. Er wird überraschend häufig mit Hörnern dargestellt, in England und Frankreich auch mit dem Geweih eines großen Hirsches. Wie für die Göttin, so gibt es auch für ihn viele Beschreibungen, die sich oft auf die Tatsache beziehen, daß er ein gehörnter Gott ist, z. B. Herne oder Cernunnos oder Pan, jene archetypische Halb-Mensch-halb-Tier-Gestalt, Herrscher über die wilden Tiere in den Wäldern früherer Zeiten. Wie die Göttin, so hat auch er drei Aspekte. Seine haarigen Beine und Hufe verbinden ihn mit dem Reich der Tiere, deren Hüter und Hirte er ist; sein menschlicher Körper, das heißt seine obere Hälfte, enthält sein menschliches Herz und zeigt, daß er Gefühle für die Menschheit hat, die in seiner Obhut steht, und daß er ihr Gott des Lebens ist. Seine edlen Brauen, seine dunklen, nachdenklichen Augen, die voller Humor aufblitzen, und vor allem sein herrschaftliches Geweih zeigen, daß er selbst ein Gott ist. Dieses Geweih ist das Symbol für die Sonnenstrahlen, für die Kraft des Lichtes, für die Mitwirkung bei der Schöpfung, und wie die Zacken auf der goldenen Krone des irdischen Königs steht es für die Königswürde. Der Gott der Heiden wandelt in drei Welten: dem bescheidenen Land aller wilden und zahmen Tiere mit ihrer Einfachheit;

den vom Menschen geschaffenen Reichen mit all ihren landwirtschaftlichen und industriellen Errungenschaften, denn er
ist seit eh und je der magische Schmied, der Schöpfer und Er-
finder; und über all das hinaus ist er auch noch der göttliche
Himmelsvater.

In der Geschichte von der Göttin und dem Gott, die vielleicht
das Grundmuster für die heidnischen Feierzyklen bildet, wird
der Gott von der Göttin mitten im Winter geboren, und wie
alle namenlosen Götter ist er als »Mabon, Sohn der Modron«
bekannt, was auf walisisch wörtlich »Sohn, Sohn der Mutter«
bedeutet. Das ist die vertraute Vorstellung von einem magischen Sohn, die sich in vielen Religionen auf der ganzen Welt
findet, der in bescheidenen Verhältnissen von einer Mutter
geboren wird, die keinen Mann zu haben scheint. Wie kann
das sein?

Der Gott ist auch sein eigener Vater, der seine Mutter liebt
und ihr Ehemann wird, obwohl sie länger lebt als er. Der Gott
ist ein zyklisches Wesen, eng verbunden mit dem Grün des
Landes, in der Dunkelheit des Winters geboren, in den Früh-
lingstagen herangewachsen. Seine größte Stärke erlebt er im
Mittsommer beim höchsten Stand der Sonne, und bei der
Ernte erfährt er von seinem bevorstehenden Opfer. Hier wird
er abgeschnitten, ein williges Opfer der Klinge des Schnitters,
und bietet seinen Samen als Getreide an, um die Menschen zu
ernähren, wenn der Herbst das Land abkühlt. Als Toter wird
er von der Göttin, seiner Witwe, betrauert, die niemals stirbt
oder ihre Kinder verläßt. In den dunklen Monaten des Winters erneuert sie ihre Jugend, wirft das Antlitz der alten Hexe
ab, gewinnt ihre Schönheit wieder und ist bereit, dem jungen
Herrn im Frühling zu begegnen.

Diese Mysterien – das des sterbenden, sich aufopfernden
Gottes und das der unsterblichen, sich wandelnden Göttin –
bilden die Grundlage der heidnischen Anbetung. In den jah-

reszeitlichen Festen werden die Lebenszyklen dieser Ureltern, ihrer magischen Geburt, ihres Wachstums, ihres Wer-
bens und Liebens, ihrer Erfüllung und ihres Scheidens in die
Unterwelt, die jenseits unseres Wissens liegt, dargestellt.

Obwohl sich jeder von ihnen verändert, sind der Gott und die
Göttin der Hexen in Ihnen; man kann sich ihnen im Gebet nähern, um sich von ihnen Trost spenden, Führung oder Heilung geben zu lassen. Durch diese sehr persönliche Wechsel-
beziehung drückt sich das wahre Heidentum aus. Sie werden
mit der Zeit sehen, welche Aspekte der alten Götter Sie am
meisten zu Ihrer Unterstützung benötigen. Indem Sie sie regelmäßig an den stillen Orten, die Ihnen am Herzen liegen,
und an den natürlichen Plätzen der Welt aufsuchen, werden
Sie sie so kennenlernen, als ob sie Freunde, Eltern, Geliebte,
Lehrer, Heiler oder weise alte Führer in Ihrem Leben wären.
Denn in erster Linie sind sie Mittler des Wandels; die Art, wie
Sie sie in Träumen, Meditationen und Ritualen erleben, wird
eine Reflexion dessen sein, wie Sie sie zu sehen hoffen. Ihre
Substanz ist nicht von dieser Welt, unveränderlich und fixiert,
sondern sie haben eine plastische, astrale Substanz, die in vie-
len Formen und Eigenschaften erscheinen kann.

Wenn Sie darum bitten, sie sehen zu dürfen, wie sie wirklich
sind, dann werden Sie vielleicht nur Licht sehen oder Kraft
oder Feuer fühlen – nur Sie können das entdecken. Weil sie
viele Eigenschaften haben, die sich in der langen Kindheit der
Menschheit herausgebildet haben, und so viele Gesichter, Namen, Assoziationen und Kräfte, ist es wichtig, sich das Konzept zu vergegenwärtigen, das Dion Fortune folgendermaßen
ausgedrückt hat: »Alle Götter sind *ein* Gott, und alle Göttinnen sind *eine* Göttin, und es gibt nur *einen* Initiator.« Sie gibt
nur Worte aus der Vergangenheit wieder, die der Schriftsteller
Apuleius der Göttin Isis schon vor 1800 Jahren in den Mund
gelegt hat.

Die Göttervielfalt kann für manche Menschen verwirrend sein, wenn nicht das vorher Gesagte beachtet wird. Sie haben es mit einer ganzen Reihe von Aspekten zu tun, die von *Menschen* als eine Vielzahl von Göttern und Göttinnen personifiziert werden, aber genauso, wie es in der römisch-katholischen Kirche viele Heilige gibt, die allesamt ihre eigene Lebensgeschichte, ihr Märtyrertum und ihre Besonderheiten haben, so haben auch die früheren Heiden ihre eigenen Gottheiten gesehen. Beiden Traditionen liegt das Konzept eines Schöpfers bzw. aus der Sicht derjenigen, die sich mit Magie beschäftigen, eines Initiators zugrunde, durch dessen Macht jene geringeren, greifbareren und zugänglicheren Heiligen, Götter oder himmlischen Wesen ins Leben gerufen werden.

Die meisten Heiden weisen das Konzept einer kreativen oder schöpferischen Kraft, die wie ein Licht durch das Wesen der Götter und Göttinnen hindurchscheint, nicht zurück, aber sie begreifen es als etwas Jenseitiges, als etwas, das zu flüchtig ist, um definiert werden zu können. So werden Sie Hinweise auf »Erwachen« oder »Erleuchtung«, »das Licht sehen« und die Ekstase des »Einsseins« oder die »Einheit mit der gesamten Schöpfung« finden, zu denen es im Laufe mystischer Erfahrungen kommt. Das ist eine wesentlich tiefgreifendere Erfahrung als diejenigen, die man normalerweise bei Ritualen hat, obwohl eine solche Übung ganz normale Menschen dazu führen kann, außergewöhnliche Visionen und Erlebnisse inneren Erwachens zu haben, auch wenn solche transzendentalen Ereignisse nicht gesucht oder erwartet werden.

Im folgenden wird die Begegnung mit einem der Aspekte des Gottes der Wildnis in Märchenform geschildert. Das Zitat ist einer Quelle entnommen, die manchen seltsam erscheinen mag, nämlich einem Buch mit Kindergeschichten, *The Wind in the Willows* (»Der Wind in den Weiden«) von Kenneth

Grahame. Einige der Tierfiguren suchen nach dem Kind des Otters und werden auf eine Insel geführt:

Sie landeten schweigend und bahnten sich ihren Weg durch das blühende und duftende Grün ... bis sie auf einem kleinen, wunderbar grünen Rasen standen, der von wildwachsenden Obstbäumen bestanden war – Holzapfel, Wildkirsche und Schlehe. »Das ist der Ort meines Traumliedes, der Ort, an dem ich die Musik gehört habe«, flüsterte die Ratte wie in Trance, »hier an diesem heiligen Ort, hier, falls überhaupt irgendwo, werden wir ihn sicher finden!«

Dann fühlte sich der Maulwurf plötzlich von großer Ehrfurcht ergriffen ... es war kein panischer Schrecken – nein, er fühlte sich wunderbar friedlich und glücklich – statt dessen war es eine Art von Ehrfurcht, die ihn traf und in ihrem Bann hielt ... und immer noch wuchs das Licht und wuchs und wuchs ... Der Aufruf schien immer noch beherrschend und gebieterisch. Er durfte sich nicht weigern, selbst wenn der Tod wartete, um ihn sofort niederzustrecken, sobald er sich die Dinge angesehen hatte ... die zu Recht versteckt gehalten wurden. Zitternd gehorchte er ... und dann, in jener vollkommenen Klarheit des anbrechenden Morgens, während die Natur alles mit unglaublichen Farben überzog ... schaute er in die Augen des großen Freundes und Helfers.

Er sah die nach hinten gebogenen Hörner, die im zunehmenden Tageslicht schimmerten; er sah die ernste Hakennase zwischen den freundlichen Augen, die ihn amüsiert anschauten, während der bärtige Mund sich zu einem halben Lächeln verzog; er sah die schwellenden Muskeln auf dem Arm, der über der breiten Brust lag, die lange geschmeidige Hand, die immer noch die Panflöte hielt, die gerade erst aus den noch geöffneten Lippen abgesetzt war; er sah die prächtigen Kurven der zottigen Gliedmaßen, die in majestätischer Leichtigkeit auf dem Rasen ausgebreitet waren; und sah schließlich zuletzt, wie sich die kleine runde Form des Otterkindes zwischen die Hufe kauerte ... Dann beugten sich die beiden Tiere zur Erde, neigten ihre Köpfe und fingen an zu beten.

Plötzlich und in wunderbarer Weise zeigte sich die goldene Scheibe der Sonne über dem Horizont, und die ersten Strahlen, die über die am Wasser gelegenen Wiesen schossen, blendeten sie. Als sie in der Lage waren, wieder hinzusehen, hatte sich die Vision verflüchtigt, und die Luft war angefüllt mit dem Gesang von Vögeln, die die Morgendämmerung priesen.

Es lohnt sich, den ganzen Abschnitt, der dem Kapitel »Flötenspieler an den Toren der Morgendämmerung« entnommen ist, gründlich durchzulesen und seine Symbolik und seine kraftvollen Bilder für die Meditation zu verwenden. Ähnlich schöne Beschreibungen Pans sind in den magischen Anrufungen Aleister Crowleys zu finden, in den heidnischen Gedichten von Doreen Valiente und in den Romanen von Dion Fortune. Suchen Sie die Beschreibungen, Anrufungen und Bilder heraus, die Ihr inneres Auge am leichtesten zu den Formen des Großen Gottes der Natur bringen, zum Gott der Wildnis oder dem gehörnten Jäger, der mit einem Geweih gekrönt ist und als Vorbote von Stürmen und Gewittern seine geheimnisvolle Hundemeute über den Himmel führt.

Das sind jedoch keine zahmen Kräfte; weder Gott noch Göttin sollten in demselben Kontext gesehen werden wie der sanfte, fromme und bescheidene Jesus. Doreen Valiente beschwört die Erfahrung in ihrem Gedicht *Invocation to the Horned God* (»Anrufung des gehörnten Gottes«) herauf:

> *Komm, o komm, zum Trommeln des Herzschlags!*
> *Komm zu uns, die sich unten versammeln,*
> *wenn der große weiße Mond langsam durch die Sterne der Himmelshöhen klettert.*
> *Wir hören die Hufe auf dem Wind der Nacht!*
> *Wenn schwarze Baumzweige sich schütteln und zittern,*
> *dann wissen wir voll Freude und Schrecken, daß du nahst.*

Wir sprechen den Zauberspruch, der deine Macht entfesselt,
bei der Sonnenwende, bei Sabbat und Äquinoktium,
Worte der Tugend, um den Schleier zu zerreißen,
von der ersten Dämmerung bis zum Ende der Welt.

Diese Gefühle von freudiger Erregung und Heiligkeit zeigen den neuen Heiden, daß ihr Gott und ihre Göttin bei den Ritualen oder Feiern anwesend sind, die oft ihre Lebensgeschichte darstellen. Zu den Ideen, die Sie selbst auf ihre Gültigkeit hin erforschen können, gehören die weithin akzeptierten Vorstellungen von den Großen Göttern. Zuerst müssen Sie deren vielgestaltige Natur in Betracht ziehen: männlich und weiblich; Mutter und Vater, immanent und zugleich heilig. Sie müssen sich bewußt sein, daß viele Heiden die Vorstellung von einem kreativen Geist, einem Initiator und der ersten Emanation aus dem Nichts akzeptieren. Sie sollten sich auch bewußt sein, daß die Lehre von der Reinkarnation unter Heiden und Hexen weit verbreitet ist; wir nehmen an, daß jedes lebendige Wesen einen unsterblichen Geist hat, der sich immer weiter entwickelt und viele Leben durchlebt.

Einige der Themen für die Meditationen und Selbsterforschungen könnten Sie unter Umständen dazu bringen, sich an eigene vergangene Leben in anderer Gestalt zu erinnern und darüber hinaus an das Wissen, das Sie damals hatten, die Beziehungen und langandauernden Liebes- oder Haßbindungen, die in diesem Leben wieder auftauchen, um Freude oder Schmerz zu bringen. Innerhalb dieser Auffassung vom ewigen und sich immer weiter entwickelnden Leben ist das Konzept des *Karma* zu sehen, ein Begriff aus der östlichen Hemisphäre, der nicht nur »Schicksal« bedeutet, sondern eine Kette von miteinander verflochtenen Handlungen und Reaktionen in unseren menschlichen Angelegenheiten bezeichnet. Es handelt sich dabei nicht um eine einfache »Wie-du-mir-so-ichdir«-Anordnung, die zwei Parteien in einen fortdauernden Konflikt verwickelt, sondern um eine Theorie, die besagt, daß gute Handlungen zu Freude führen, während Handlungen, die Sie selbst oder andere schädigen, Sie zurückwerfen werden, indem sie Ihre Freiheit einschränken. Jede Handlung in der Welt beeinflußt das gesamte Universum. Wenn Ihre Handlungen grundsätzlich auf Entwicklung hin abzielen, dann werden Sie ein kleines Stück vorankommen; wenn sie Entwicklung verhindern, dann werden Sie die Folgen zu tragen haben. Aus diesem Grunde werden die Fertigkeiten wirklicher Magie von der Göttin nur denjenigen verliehen, die mit der Macht sorgsam umgehen können.

Liebe, Ehre, Respekt und persönliche Verantwortung gehören zu den Dingen, auf die die meisten erfolgreichen Hexen und Magier sehr genau achten. Sie müssen lernen, daß selbst das Anbieten von Heilung schaden kann, wenn Sie nicht darum gebeten wurden, denn es greift in den Lebensplan eines anderen Menschen ein. Wenn jemand auf »wunderbare Weise geheilt wird«, ohne aus dieser Erfahrung zu lernen, dann wird der Prozeß wiederholt werden müssen; und wenn Sie versucht haben, ihn zu heilen, dann werden Sie vielleicht selbst irgendeine Krankheit erleiden. Die meisten der traditionellen Zaubersprüche, um die man die alten Hexen bat, waren solche, die bei anderen Menschen Verliebtheit für den Klienten der Hexe erzeugen sollten, die Ehen zerrütten oder denjenigen Macht verleihen sollten, die nicht bereit waren, damit verantwortungsvoll umzugehen. Heutzutage würde man solchen Bitten mit langen Beratungssitzungen begegnen und vielleicht eine Form der Divination (Wahrsagung) benutzen, um dem Klienten zu helfen, sein Liebesleben in Ordnung zu bringen. Um Liebe zu gewinnen, müssen Sie sie sich verdienen, indem Sie ein liebenswerter Mensch werden – es gibt keinen anderen Weg!

Zaubersprüche und Magie werden nicht zu Macht, Reichtum oder Ruhm führen, wenn derjenige, der danach strebt, nicht bereit und in der Lage ist, damit umzugehen, und alles hat seinen Preis. Macht zu haben bedeutet, daß Sie gleichzeitig diszipliniert, verantwortungsbewußt, vernünftig und mitfühlend sind. Reichtum zu haben bedeutet, daß Sie ihn sich verdient haben, daß Sie ihn weder gestohlen noch seinen rechtmäßigen Besitzer darum betrogen haben. Es gibt viele Dinge, die Hexen besitzen und die unglaublich wertvoll sind, obwohl sie keinen Geldwert haben und daher auch nicht gekauft oder gestohlen werden können. Dazu gehören Seelenfrieden, Harmonie und Freude in ihren Beziehungen, und zwar sowohl in den irdischen als auch in denjenigen mit den Göttern; Erfolg in dem von ihnen erwählten Lebensbereich, vielleicht ohne die zusätzliche Bürde des Ruhms; Weisheit und inneres Wissen, die ihnen helfen können, Antworten auf die meisten Probleme des Lebens zu geben; und eine ausdauernde Geduld, die ihnen in schwierigen Situationen helfen kann. Die meisten der Maßstäbe, an denen Erfolg üblicherweise gemessen wird, treffen in diesem Fall nicht zu, aber sie können an dem Licht in ihren Augen eher als an ihrem Bankkonto ablesen, wie gut sie sich im Spiel des Lebens bewähren.

Obwohl Hexencoven Hohepriesterinnen und Hohepriester haben, die wahrscheinlich schon viele Stufen ihrer Tradition durchlaufen haben, wird die direkte Verbindung mit den weisen alten Göttern jedem aufrichtigen Sucher zu seiner eigenen Priesterschaft verhelfen. Nicht immer ist eine Qualifikation irgendeiner Art Voraussetzung für diese heilige Berufung. Die Orakel werden von der Göttin ausgewählt, die durch sie spricht, aber ohne deren Bewußtheit zu verringern oder ihren Geist in Trance zu versetzen. Das ist ein ganz anderes Konzept als das der Medialität oder des Channeling, von dem heute oft die Rede ist. Diejenigen, die auf den alten Wegen wandeln, werden leicht feststellen können, daß die Großen Götter in Versen und Ritualen, in Liedern und Tänzen ihren Willen mit Hilfe derer zeigen können, die sich ihrer Weisheit gewidmet haben.

Eine andere wertvolle Aufgabe, die sicherlich von den alten Hexen bei ihrem Dienst an der Gemeinde ausgeführt wurde, war diejenige, die in der keltischen Kirche »Seelenfreundschaft« genannt wurde. Diese Menschen, Männer und Frauen, waren aufgrund ihrer Lebensführung geachtet, und man holte sich aus freien Stücken bei ihnen Rat, wenn Herz, Geist oder Seele sich in Not befanden. Es war möglich, spirituelle oder emotionale Angelegenheiten mit ihnen zu besprechen, und solche Gespräche fanden oft in einem einsamen Hain oder einem ruhigen Garten statt. Es gab keinen unheiligen Priester, der Vergebung erteilte, sondern sanften Trost, Unterstützung und Führung.

All diese Dinge sind in unserer rastlosen Welt traurigerweise vernachlässigt worden. Wäre man in der Lage, sich an einen weisen Freund zu wenden, dessen Ansichten unvoreingenommen, aber dennoch voller Mitgefühl sind, dann könnte das sehr viel dazu beitragen, die spirituelle Armut unserer Städte erträglicher zu machen. Seelenfreunde waren die Begleiter der Kinder, die ihnen von der rauhen Behandlung durch die Eltern erzählten; oder die Tröster von Frauen, die von ihren Männern verlassen worden waren und ihre Kinder alleine aufzogen. Sie halfen den älteren Menschen, die sich langsam auf das Tor des Todes zubewegten und dabei von den Weisen getröstet und geführt wurden. Vielleicht werden die Hexen des New Age eine solche heilige Berufung zu ihrem Repertoire hinzufügen und bereit sein, Heiden und anderen, die Trost suchen, zuzuhören und Rat zu spenden.

Man kann Sie nicht dazu zwingen, an irgend etwas zu glauben, aber Sie können es Ihrem inneren Wesen, Ihrem eigenen ewigen, sich reinkarnierenden (wenn Sie diese Vorstellung akzeptieren) Geist erlauben, Ihnen zu zeigen, was im Bereich des religiösen Handelns oder Glaubens die Wahrheit ist. Bemühen Sie sich um Verständnis, weisen Sie nichts zurück, bis Sie nicht wirklich versucht haben, es zu verstehen. Das gilt auch für Aspekte des Glaubens, die Sie vielleicht durch heidnische Philosophien und Praktiken ersetzen möchten, denn die Samen vieler wertvollen Lehren verbergen sich in heiligen Büchern ebenso wie Bigotterie, Unsinn und veraltete Ideen.

Achten Sie beim Lesen auf die Poesie, die Worte zum Lob der Göttin, die Handlungen des zufriedenen Herzens und des erwachten Geistes. Untersuchen Sie Worte und Werke eines jeden Heiden und einer jeden Hexe, die Ihnen begegnen. Würden Sie wirklich gerne wie sie sein, ihre Weltanschauungen, Einstellungen, Vorurteile und Konzepte der Gottheit übernehmen, ohne Ihre wirklichen Überzeugungen zu verbiegen? Keine Religion, die wahrhaft diesen Namen verdient, wird Debatten verbieten oder einen Sucher, der wirklich zu verstehen sucht, daran hindern, ihre heiligen Texte ehrlich zu untersuchen oder ihre Glaubenssätze kritisch zu prüfen. Je mehr Regeln und Einschränkungen es gibt, um so seichter ist die Lehre, um so nichtssagender die Überlieferung. Die Hexen haben einen Satz zu ihrem Gesetz erhoben: »Tue, was Du willst, solange es niemandem schadet.« »Niemand« bezieht sich in diesem Falle auf jeden und alles, und der »Wille« ist der eigene Wille Ihrer Seele und keine Augenblickslaune.

Ein anderes grundlegendes Prinzip des Heidentums der Hexen ist die Vorstellung, daß jedem Individuum ein Funken des Schöpfers innewohnt, der sich als Gott und als Göttin in jedem von uns manifestiert. Diejenigen, die ihre Funktion als New-Age-Priester oder Priesterin übernehmen, werden schließlich unmittelbar von jenen Göttinnen in ihrem Innern lernen, wie sie mit ihrer Macht umgehen können, wie sie mit ihren Stimmen sprechen und mit ihrem Segen segnen können. Das ist nichts, was sich in einem Buch ausdrücken ließe, sondern etwas, das mit Geduld erlernt werden muß, durch persönliches Engagement und Einsatz auf jenem Weg. Das ist ebenfalls keine leichte Entscheidung, denn dem kreativen Prinzip zu dienen ist eine sehr schwere, mühsame und Ausdauer erfordernde Aufgabe, deren man sich, sobald man sie einmal übernommen hat, nicht aus menschlichen Gründen entledigen kann. Wenn Sie die Übungen durcharbeiten, die erforderliche Anstrengung unternehmen, um sich auf die Kräfte der Natur einzustimmen, und mit dem Gott und der Göttin kommunizieren, wenn sie Ihnen in Träumen oder Visionen erscheinen, dann werden schließlich deren Zwillingskräfte in Ihnen erwachen.

Einige Traditionen sprechen entweder nur von dem Gott oder der Göttin in uns, aber in Wirklichkeit ist es so, daß aufgrund der Tatsache, daß unsere unsterbliche, sich reinkarnierende Seele weder männlich noch weiblich ist, das Wesen beider Geschlechter tief in uns verwurzelt ist. Wenn dieses Wesen erweckt wird, dann vertieft sich unser Verständnis für Beziehungen, für Freundschaften, Liebe und Leidenschaft ins Unermeßliche. Indem wir mit dem Gott und der Göttin in uns arbeiten, können wir einen großen Teil ihrer magischen Kraft gewinnen und im Zusammenhang damit den Willen, die Kraft zu kontrollieren, und die Verantwortung, sie richtig zu nutzen.

Wenn Sie sich die anfänglichen Teile dieses Kapitels anschauen, dann werden Sie sehen, welches die Hauptattribute des Gottes und der Göttin sind. Sie sind für jeden verfügbar, und sie zu kennen verhilft Ihnen dazu, diejenigen Aspekte auszuwählen, die Sie am meisten in sich wachrufen müssen, und zwar, indem Sie zu diesem Zwecke Ihre innere Kraft als Gott oder Göttin benutzen. Allmählich werden Sie die alte Kunst der Symbolik und Magie kennenlernen, in der ein bestimmtes Zeichen, eine Zahl, eine Farbe, ein Baum oder eine Blume das verkörpert, womit Sie in Kontakt treten möchten, und durch seinen rituellen Gebrauch oder sogar mit Hilfe Ihrer geistigen Vorstellungskraft werden Sie in der Lage sein, klar um die von Ihnen benötigte Hilfe zu bitten und diese dann auch erhalten. Die Rituale und Amulette, die Talismane und Zaubersprüche der Alten waren sehr viel weniger kompliziert als diejenigen, die einige zur Magie neigenden Hexen heute benutzen. Beide Formen zeigen Wirkung, aber eine Rückkehr zu den einfacheren und natürlicheren Methoden könnte nicht schaden.

Übungen

Vielleicht haben Sie bereits jetzt Schwierigkeiten, weil Sie beschlossen haben, Ihr Leben neu auszurichten und auf einem ungewöhnlichen Pfad zu wandeln, aber wenn Sie wirklich die Absicht haben, den alten Weg zu gehen, dann werden Sie Beharrlichkeit brauchen.

Auch der zweite Mond erfordert es, daß Sie eigenständige Forschungen durchführen und sich genau anschauen, was in Ihrer Umgebung vor sich geht. Schauen Sie sich jeden Baum an, den Sie sehen, nehmen Sie jede Gelegenheit wahr, um an örtlichen Festen, Maskenbällen, Fackelprozessionen, Maifeiern, Marientänzen und dergleichen teilzunehmen. Sie alle enthalten verborgene Juwelen unseres vergessenen heidnischen Erbes. Finden Sie auch jeden Tag Zeit, um in die Stille einzutauchen, um zu meditieren, wenn Sie diese Kunst beherrschen, oder um sich zumindest das durch den Kopf gehen zu lassen, was Sie gelesen haben, was Sie in Ihr Buch der Inspiration geschrieben haben, wie auch all die Ideen, die wie Fledermäuse Tag und Nacht durch Ihren Geist schwirren.

Im folgenden einige Dinge, die Sie während Ihres zweiten Ausbildungsmondes tun sollten. Überlegen Sie sich, was es bedeutet, eine Göttin und einen Gott in vielerlei Gestalt zu haben. Lesen Sie etwas über religiöse Erfahrungen, und denken Sie ernsthaft darüber nach, was diese für Sie bedeuten oder auch in der Vergangenheit für Sie bedeutet haben.

Teilen Sie eine Seite Ihres Buches der Inspiration in zwei Spalten ein, und schreiben Sie »Die Göttin« oben über die eine Spalte und »Der Gott« über die andere. Fangen Sie an, in jede Zeile Paare von Namen, Attributen, Symbolen oder Titeln zu schreiben, die zum Beispiel der Göttin als Mond und dem Gott als Sonne entsprechen. Manchmal haben Sie drei Eigenschaften für die Göttin und nur einen Namen für den Gott, aber allmählich wird sich das ausgleichen. Sie sollten in der Lage sein, mit dieser Liste über mehrere Seiten fortzufahren, besonders, wenn Sie nicht nur einige der lokalen, sondern auch die klassischen Gottheiten zu Hilfe nehmen.

Setzen Sie sich still mit geschlossenen Augen hin, entspannen Sie sich, und bitten Sie die Göttin, sich Ihnen zu zeigen. Schauen Sie, was nach ein paar Minuten passiert, und schreiben Sie es in Ihr Buch. Bitten Sie bei einer anderen Gelegenheit den Gott zu erscheinen, und schreiben Sie wieder auf, was Sie sehen bzw. erleben. Dann bitten Sie darum, sie beide sehen zu dürfen.

Zeichnen Sie einen großen Kreis (um einen Teller herum), und tragen Sie die jahreszeitlichen Feste ein; beginnen Sie dabei oben mit dem Norden bzw. dem Winter. Tragen Sie in verschiedene Segmente Symbole, Farben, Blumen und all die anderen Dinge ein, die Sie persönlich mit jedem Fest assoziieren. Wenn Sie noch nicht sehr viel wissen, dann sollten Sie, anstatt aus diesem Buch abzuschreiben, nach jedem Fest weitere Informationen hinzufügen.

Schauen Sie sich in Buchläden oder in der Bibliothek mehr

oder weniger willkürlich nach Gedichtbänden um. Versuchen Sie, Ihre eigenen kurzen Gebete an die Elemente, die Ihren Kreis umgeben, zu erfinden. Arbeiten Sie mit den grundlegenden Kräften statt mit phantasievollen Gottesnamen, die Sie vielleicht nicht vollständig verstehen. Versuchen Sie, sich für Ihre Gefühle zu öffnen, anstatt das Ganze als intellektuelle Übung anzusehen.

Wandern Sie im Freien herum, und besuchen Sie einen Ort, der als heilig angesehen wird, sei es nun ein religiöser Ort, der höchste Hügel am Ort, ein altes Monument, ein alter Baum oder eine Quelle. Versuchen Sie herauszufinden, wie und warum sich dieser Ort anders anfühlt als ein ähnlicher, »nicht-heiliger« Ort. Entspannen Sie sich mit geschlossenen Augen, und lassen Sie Ihre Sinne wach werden.

Hier eine Auswahl an Büchern, die Ihnen helfen können.

Heide Göttner-Abendroth: *Die Göttin und ihr Heros*. Frauenoffensive, München 1988

Miranda Green: *Keltische Mythen*. Reclam, Ditzingen 1994

William James: *Die Vielfalt der religiösen Erfahrung*. Insel, Frankfurt 1996

Jean Markale: *Die Druiden*. Goldmann, München 1989.

Caitlín Matthews: *Die Göttin*. Aurum, Braunschweig 1992

Robert von Ranke-Graves: *Die weiße Göttin. Sprache des Mythos*. Rowohlt, Reinbek 1985

Bitte erwarten Sie nicht, daß diese Bücher leicht zu lesen sind oder daß irgendeines davon Ihnen genaue Erklärungen zu der alten Dorfhexe oder dem Hexenmeister geben kann. Darüber ist sehr wenig geschrieben worden, außer als Bestandteil gelehrter Studien von Heimatforschern, aber die vorgeschlagenen Bücher sind eine Fundgrube an nützlichen Ideen.

3 Die heiligen Zyklen

Alles hat seine Stunde, und es gibt eine Zeit für jegliche Sache unter der Sonne: eine Zeit für die Geburt und eine Zeit für das Sterben, eine Zeit zu pflanzen und eine Zeit, das Gepflanzte auszureißen, eine Zeit zu töten und eine Zeit zu heilen, … eine Zeit zu weinen und eine Zeit zu lachen; eine Zeit zu klagen und eine Zeit zu tanzen, … eine Zeit aufzubewahren und eine Zeit fortzuwerfen, … eine Zeit zu schweigen und eine Zeit zu reden; eine Zeit zu lieben und eine Zeit zu hassen, eine Zeit des Krieges und eine Zeit des Friedens.

Altes Testament, Prediger 3,1–8

Das Land, auf dem wir leben, ist den Zyklen der Jahreszeiten unterworfen. Für unsere Vorfahren brachte jeder Teil des Jahres seine bestimmten Aufgaben mit sich, seine fruchtlosen Anstrengungen und seine Ernten, seine Zeiten der Knappheit und der Überfülle, Zeiten des Erfolgs und Mißerfolgs, des Reichtums oder des Hungers. Was mit den Ernten oder der Fruchtbarkeit des Viehbestandes passierte, wurde teilweise der Verantwortung der Bauern, die ihr Wissen von ihren Vorfahren übernommen hatten, zugeschrieben und teilweise als Gabe der Mutter Erde angesehen. Aus diesem Grunde scheinen zu den frühesten bekannten religiösen Aktivitäten der Menschheit Opfergaben, Rituale, Feiern und Akte der Besänftigung im Namen von Mutter Erde zu gehören.

Die ältesten identifizierbaren religiösen Objekte hatten offenbar die Form von dicken Frauen, die von Archäologen und anderen meist als primitive Erdmutterfiguren bzw. als Statuen der Muttergöttin angesehen werden. In dem Maße, in dem sich das Verständnis für das vielfältige Wesen der Göttin weiterentwickelte, wurden diese Figuren zunehmend kunstvoller und zeigten nicht mehr ausschließlich den dicken Bauch und die quellenden Brüste, sondern darüber hinaus schöne Kopfbedeckungen, Armspangen, die manchmal Schlangenform hatten, verzierte Röcke oder elegante Ketten und Brustornamente. Auf der ganzen Welt sind solche frühen Darstellungen, die Zeugnisse der fortschrittlichsten Kunstformen ihrer Zeit sind, zu finden. Einige sind auf Höhlenwände oder -dächer gemalt, andere sind aus weichem Stein geschnitzt, in Ton modelliert, aus Binsen gewebt, aus Edelmetallen gegossen und mit Juwelen verziert. Jede drückt auf ihre individuelle Weise das Gebet des Künstlers aus, als Dank- oder Bittgebet oder als Gebet der Anbetung eines spezifischen Aspektes der Großen Göttin, so wie sie in der Zeit gesehen wurde, in der der Künstler bzw. die Künstlerin lebte.

Jüngere Forschungen, die sich mit alten Landschaftsformen, Erdbauten, Begräbnishügeln und anderen Umgestaltungen der Landschaft beschäftigen, weisen darauf hin, daß selbst in so großmaßstäblichen Darstellungen Bildnisse einer Muttergöttin, Gebärenden oder Todbringerin zwischen den Hügeln zu finden sind. Viele dieser künstlichen Gebilde scheinen der Form einer Gebärmutter nachempfunden zu sein oder der eines schwangeren, fruchtbaren Bauches, aus dem neues Leben entspringt. Zu den zahlreichen Formen, die von frühester Zeit an mit der Göttin assoziiert worden sind, gehören Kreise, Löcher, die Fischblase oder die Mondsichel bzw. der Halbmond. Schlangen und verschiedene Blumen erscheinen als Symbole für die Lebenskraft der Urmutter, und viele Quellen, Brunnen und Springbrunnen sind ihrer Macht geweiht.

Desgleichen gibt es in meiner englischen Heimat viele aufrecht stehende Säulensteine, phallische Totempfähle, Reliefs mit Darstellungen der Sonne oder Fenster in Erdbauten, die so angeordnet worden sind, daß das aufsteigende Sonnenlicht seinen befruchtenden Strahl tief in das dunkle Herz des langen Hügelgrabes schicken kann, das die Form der Göttin wiedergibt – eine symbolische Darstellung der Vereinigung des Himmels mit der Erde. Hier kommen der Gott als Sonnenlicht und die Göttin als Erdbau zu einem genau festgelegten Zeitpunkt im laufenden Jahr zusammen und sichern damit symbolisch die Fruchtbarkeit und die Rückkehr des Frühlings. Man hat herausgefunden, daß viele der Steinkreise auf spezifische Sonnenauf- oder -untergänge bzw. auf das Erscheinen des Mondes am Horizont ausgerichtet sind. Wir mußten erst bis zur Entwicklung von Computergrafikprogrammen warten, bis wir diese uralten, mathematisch genauen Anordnungen von Wegweisern und das, was sie uns über die Weisheit unserer Vorfahren zu sagen haben, verstehen konnten. Steine, Gräben, Hügel, Einschnitte am Horizont, gerade und kurvige Wege, Kanäle und Teiche sind von Priestern oder Wissenschaftlern früherer Zeiten konstruiert worden, um als genaue Kalender oder Hilfsmittel zur Zeitbestimmung zu dienen.

Das Vergehen der Zeit ist auch für die Menschen von früher schon von Bedeutung gewesen. Auf Knochenschnitzereien der Steinzeit ist das sich wandelnde Antlitz des Mondes auf seiner 29tägigen Reise von einem Neumond zum nächsten dargestellt. Es ist wahrscheinlich, daß zunächst große Pfähle und dann schwere Steine sorgfältig aufgestellt wurden, um die Beziehung zwischen der Sonne und den Jahreszeiten aufzuzeigen. Selbst vor der Zeit, als mit dem Aussäen von Saaten die ersten Anfänge des Ackerbaus entstanden, interessierten und bestaunten die frühen Völker Europas den Lauf der Jahreszeiten.

Die wissenschaftliche Forschung hat sich zum großen Teil auf kalenderähnliche Steinkreise konzentriert und die Tatsache ignoriert, daß Landwirte damals wie heute die Saat dann aussäten, wenn ihre eigenen Felder trocken und warm genug waren, um sie gedeihen zu lassen. Getreide wurde geerntet, wenn es reif war, oder um es vor den Unbilden des Wetters zu schützen, und nicht deshalb, weil irgendeine große Sonnenuhr einen bestimmten Tag dafür auserkoren hatte. Selbst bei der Viehzucht sind die Neigungen der Tiere ausschlaggebend, nämlich dann, wenn Mutterschafe, Kühe und Stuten empfängnisbereit sind. Ein Sonnenstrahl, der auf eine bestimmte Stelle in einem heiligen Hof fällt, wird die Paarungsbereitschaft der Schafböcke, Bullen und Hengste nicht erhöhen. Das Gegenteil könnte auch der Fall gewesen sein: Der Bauer sah, wann sich sein Vieh paarte, und notierte die Zeit auf diesen Kalenderuhren – oder er schrieb in einfacher Weise auf, wo die Sonne aufging, als der Boden für die Aussaat bereit war, oder wo der Mond zur Erntezeit schien.

Die Notwendigkeit, die Aktivitäten der Menschen nach den Zyklen der Natur auszurichten, wird heute weitgehend übersehen. Genauso, wie die Mönche der Urkirche Uhren erfunden und bestimmte Tage festgesetzt haben, um ihre Heiligen zu feiern und so das Leben aller Menschen zu regeln, so treffen sich die modernen Hexen oft nach der Uhr oder dem Kalender und nicht nach den Gezeiten der Erdgöttin und ihres Himmelsgottes. Es ist wichtig, daß Sie sich der tatsächlichen Mondphasen bewußt werden, und zwar nicht, indem Sie auf das Zifferblatt einer Uhr oder auf ein gedrucktes Poster an der Wand schauen, sondern indem Sie sich die Mühe machen, abends nach draußen zu gehen und nach dem Mond Ausschau zu halten. Es lohnt sich, früh aufzustehen und zu schauen, wann und wo die Sonne aufgeht, denn auch sie folgt unterschiedlichen Wegen am Horizont – von einem nördlichen Aufgangspunkt im Sommer zu einem südlichen im Winter.

Wenn Sie alleine oder mit ein oder zwei Freunden auf die alte Weise arbeiten, dann wird es leichter für Sie sein, Ihre Feier oder Meditation in der Nacht des Neu- oder Vollmondes abzuhalten, zur Zeit einer Tagundnachtgleiche oder einer Sonnenwende oder am ersten Tag, nachdem in Ihrem Wintergarten die Schneeglöckchen blühen.

Die vorchristlichen Völker Europas haben den Ablauf der Zeit anhand der Mondphasen ermittelt und hatten aus diesem Grunde wahrscheinlich eine »Mondzahl« an wichtigen Festen. Die ältesten scheinen zu Beginn des Winters, in der Mitte des Winters und gegen Ende des Winters stattgefunden zu haben. Im Sommer waren diese Menschen wahrscheinlich zu beschäftigt, um die Zeit zu finden, sich zu versammeln und zu feiern, denn sie waren vom Morgengrauen bis zur Dämmerung damit beschäftigt, Heu zu machen, Unkraut zu jäten, sich um das Vieh zu kümmern, die Schafe zu scheren, das Getreide zu schneiden, es zu Garben zusammenzubinden und dann die Körner herauszudreschen. Danach wurden wilde und selbst angebaute Früchte, Salate, Gemüse und Pilze geerntet und für die karge Zeit des Winters gelagert. Im Herbst brachte man wilde Tiere von den Hügeln und Wäldern, und einige von ihnen wurden geschlachtet und für den Winter eingepökelt. Das Fett bewahrte man zum Verzehr und zur Verbrennung als Lampenöl auf. Bei jeder Veränderung der Tätigkeit war es die Natur selbst, die die Menschen darin unterwies, was zu tun war. Allmählich begannen sich mehrere, einander überlappende Strukturen herauszukristallisieren, und auf der Grundlage dieser Zyklen des Lebens auf dem Lande und der Viehhaltung sowie auf denen des magischen Lebens der Göttin und des Gottes wurden einige der Feste entwickelt, die die modernen Heiden heute noch feiern.

Ich glaube, daß einige der heutigen Hexen mehr Kraft in ihrer Magie, mehr Freude bei ihren Feiern und ein größeres Gefühl von Einheit mit ihren Vorfahren und dem alten Glauben, dem sie folgen wollen, gewinnen würden, wenn sie mehr über die tatsächlichen Vorgänge in der Natur und weniger über das aus Büchern gewonnene Wissen nachdenken würden. War es nicht die christliche Kirche, die die Daten für die alten Feste festgelegt hat, und wollen die meisten modernen Hexen sich nicht gerade von dieser restriktiven Form des Glaubens lösen? Das gilt besonders für das Ende des 20. Jahrhunderts, wo es so aussieht, als ob große Klimaveränderungen eintreten werden; in vielen Gegenden kommt heute der Frühling früher; im Winter kommt es zu stärkeren Regenfällen und zu Stürmen, und die Flüsse treten über die Ufer.

Die Natur hat den Wechsel der Jahreszeiten durch eine Reihe abwechselnd weißer und grüner Ernten gekennzeichnet, und aus diesen Übergängen wurden die ursprünglichen neun Feste abgeleitet. Sie müssen mir das nicht ohne weiteres glauben, aber schauen Sie einmal aus dem Fenster, und beobachten und notieren Sie alle Ereignisse draußen, die den jeweiligen Jahreszeitenwechsel ankündigen.

Auf der ganzen Welt ist die Göttin als *weiße* Göttin bekannt. Weiße Blumen, Kleider oder Opfergaben sind schon immer mit ihr in Verbindung gebracht worden, von den schneeweißen Eisfeldern des Nordens bis zu den gleißendweißen, heißen Wüsten am Äquator und den südlichen Ländern, die unter der »langen weißen Wolke« liegen. Wir sehen es heute an den weißen Kleidern der Bräute bei ihrer Hochzeit, wenn die junge Frau an diesem Tag für ihren Ehemann die Göttin verkörpert, in den weißen Trachten der englischen Morris-Männer (»Marientänzer«) mit ihren Glocken, Bändern und Blumen, die zu Ehren der weißen Göttin tanzen. Selbst in Indien, einem Land, in dem Weiß die Farbe der Trauer ist, reist die dahingeschiedene Seele in die Hände der Göttin des Todes, deren Antlitz weiß ist.

Die weißen Ernten verkörpern Stufen im Leben der Göttin und des Gottes, die in einem Moment definiert wurden, als eine bestimmte Macht gefühlt und vielleicht mit den Menschen geteilt wurde. Die »grünen« Feste finden um die von

der Sonne bestimmten, landwirtschaftlich wichtigen Tagundnachtgleichen und Sonnenwenden statt. Die alten Riten waren einfache und hauptsächlich intuitive Angelegenheiten, bei
denen ein ganzes Dorf oder eine ganze Gemeinde zusammenkam, um einen Teil der Geschichte der alten Götter darzustellen, den Bund der Hingabe an den Gott und die Göttin zu erneuern und die familiären Beziehungen innerhalb der Gemeinschaft zu pflegen oder um neue zu schmieden. Es gab
keinen Priester, der zwischen die Menschen und ihre Götter
getreten wäre, denn selbst in der vorchristlichen keltischen
Zeit, als die Druiden die Macht hatten, scheinen sie eher als
Führer oder Zeremonienmeister gewirkt zu haben denn als
Überwacher des Rituals. Wahrscheinlich brachte jeder in der
Gemeinde eine kleine Opfergabe dar, sprach einen Wunsch
aus oder sagte ein der Jahreszeit entsprechendes Dankgebet.
Wenn überhaupt gesprochen wurde, dann geschah das aus
dem Herzen heraus und durch die von der Göttin gegebene
Inspiration; es gab keine festgelegten Predigten oder geregel-
ten Bittgebete.

Da die meisten derartigen Feiern auf dem Feld, im Wald oder
in heiligen Steinkreisen abgehalten wurden, ist es wahrscheinlich, daß ein großer Teil der Handlung aus Pantomimen bestand, genau wie die heutigen Masken- und Mummenschanzspiele die Geschichte von Leben und Tod, von Sommer und
Winter durch eine Reihe von lokal bekannten Charakteren
darstellen. Zu solchen Zusammenkünften gehörten auch Gesang und Tanz, begleitet von Musik, Trommeln und wahrscheinlich auch von solchen Spielen, wie sie von den Kindern
auf dem Lande noch heute gespielt werden. Oft wurden diejenigen, die in der Geschichte der alten Götter mitspielten,
durch Losentscheid ausgewählt, und zwar mit Hilfe von Symbolen, die in einen Kuchen eingebacken oder in einer Tasche
versteckt waren. Das erlaubte es dem Gott oder der Göttin,

seine bzw. ihre Rolle zu besetzen, ohne daß der menschliche Wille dazwischentrat.

Wenn diese Methode verwendet wird, um die Rollen für ein Ritual oder eine Feier festzulegen, dann spielen die auf diese Weise Auserwählten ihre Rollen weitaus besser, als man erwarten sollte, selbst dann, wenn sie nicht unmittelbar den Archetyp verkörpern, den sie darstellen.

Zu Beginn des keltischen Jahres, nach dem modernen Kalender Ende Oktober, wenn der erste harte Frost das Gras weiß werden, das Grün verwelken und flache Teiche zufrieren ließ, begann die Gemeinschaft mit ihren Vorbereitungen für den Winter. Rinder, Schweine und Schafe, die frei im Bergland, in den Mooren und Wäldern herumgezogen waren, wurden zurück auf den Hof gebracht oder vielleicht zu einem der großen Erdbauten, die die südlichen Berghänge säumen. Diese Zeit war die richtige Zeit, um das Vieh zusammenzutreiben und den Bestand zu überprüfen. Einige wurden zum Schlachten herausgesucht, denn man konnte in früheren Zeiten, als es noch keine ausgiebige Heu- und Winterfutterproduktion gab, nicht erwarten, daß alle die Wintermonate überleben würden. Schweine wurden zu Schinken, Wurst und Speck verarbeitet und eingepökelt, aber aus den Teilen, die nicht aufbewahrt werden konnten, wurde ein großes Festessen zubereitet. Die weiße Ernte dieser Zeit waren Fette, Häute und Schaffelle, alles lebenswichtige Dinge, um die Menschen durch den Winter zu bringen.

Als nächstes sprachen die Menschen, die sich jetzt, wo die Nächte länger wurden und die Luft kälter, weniger sicher als wir heute waren, daß die Wärme des Frühlings tatsächlich zurückkommen würde, viele Zaubersprüche aus und wandten Zaubertechniken an, um die Sonne aus ihrer langen Reise in die Nacht zurückzurufen. In der dunkelsten Nacht, zur Wintersonnenwende, als sich die gesamte Gemeinschaft um einen brennenden Julblock zusammenkauerte, wurde das geheimnisvolle Sternenkind, der Sohn der Göttin, der Mabon geboren. Als Sonnengott verkörperte er die Rückkehr des Lichtes, aber Zweifel herrschten solange, bis die Nächte jeden Tag um einige Minuten kürzer zu werden begannen. Aus diesem Grunde wird die Geburt des Christuskindes und seines Vorgängers Mithras, beides Opfergötter, die in einer Höhle oder einem Stall geboren wurden, am 25. Dezember gefeiert. Das war der Tag, an dem die Weisen verkünden konnten, daß der Zauber funktioniert hatte und daß die Feuer auf den Bergspitzen, die Opfergaben an grünen Zweigen und roten Beeren, das Schmücken der Häuser und das Verteilen von Geschenken, besonders an die Kinder, zur Rückkehr des Lichtes geführt hatten.

Dann kam eine Zeit wirklichen Jubels, in der das Allerbeste an gelagerten Nahrungsmitteln hervorgeholt wurde, die gemästete Gans für den Tisch zubereitet wurde, die letzten süßen Äpfel, getrocknete Früchte und Nüsse für die Feier bereitgelegt wurden. Die Winterzeit war für viele Gemeinschaften mit großen Entbehrungen verbunden, wenn die Getreideernte schlecht gewesen war oder das Vieh krank; sobald jedoch die Verheißung des Sternenkindes, des Kindes der Hoffnung, wie es in einigen alten Dörfern genannt wurde, sich zu erfüllen begann, feierte die ganze Dorfgemeinschaft so ausgiebig wie möglich. Es gab Rundtänze, die in Scheunen oder, wenn es trocken genug war, draußen ausgeführt wurden, und besondere Lieder, von denen einzelne Teile noch heute mit verändertem Text gesungen werden, um den wiedererstandenen Gott zu begrüßen. Das Grün, die Stechpalme und der Efeu, Tannenzweige, die in den rauchigen Häusern einen süßen Duft verbreiteten, und der magische Mistelzweig, der den Druiden geweiht war, bereicherten diese dunkle Zeit. Solche Bräuche haben wir noch heute, ebenso wie das Schmücken des heiligen Baumes mit Lichtern und mit Lametta.

All diese Dinge haben heidnische Wurzeln.

Alle Feiern müssen zu Ende gehen, und das Julfest wurde mit einem letzten Tag voll besonderer Aktivitäten abgeschlossen, der im christlichen Kalender Erscheinungsfest oder Dreikönigsfest genannt wird. Der Tradition zufolge sind an diesem Tag die drei Weisen aus dem Morgenland gekommen, Astrologen, die einem Stern gefolgt waren und drei Geschenke, nämlich Weihrauch für das Königtum, Gold für die materielle Macht und die bittere Myrrhe für das noch zu erbringende Opfer, mitgebracht haben. Dieser Brauch spiegelt auch eine keltische Tradition wider, der zufolge der junge Mann oder die junge Frau im Alter zwischen zwölf und vierzehn Jahren ihren Erwachsenennamen und -status bekamen. In der alten Religion wurde dieser Schritt auch im Götterhimmel vollzogen, wenn der junge Gott in die Weisheit des Clans eingeweiht wurde und seinen Namen, seine magischen Waffen und Anweisungen für sein Leben bekam.

Obwohl dieses Fest von Hexen vergessen worden ist, deren Rituale auf den achtfachen gegenwärtigen Zyklus und nicht auf den neunfachen heidnischen Lunarzyklus zurückgehen, erinnern verschiedene Bräuche auf dem Lande und Dorffeiern an dieses Ende der Mittwinterfeste. Selbst in gewöhnlichen Häusern werden zum Dreikönigsfest die vertrockneten Reste des Weihnachtsgrüns ins Feuer geworfen, und der letzte Weihnachtsschmuck in Häusern und Kirchen wird abgenommen und weggepackt. Draußen, an Orten, an denen Apfelbäume blühen, feiert man das Ritual der Baumbegießung, indem man Trankopfer über den Apfelbäumen ausgießt und in Apfelwein eingeweichtes Brot in die Zweige der Bäume legt. Es werden Schrotflinten abgefeuert, um Unheil abzuwenden, und Lieder gesungen. »Auf dich, du alter Apfelbaum, viel mö-

gest du tragen, Hüte voll, Mützen voll und große Scheffelkör-
be voll. Hurra!«

In einigen Dörfern werden etwa Mitte Januar noch andere Rituale ausgeführt, in denen das Ende des härtesten Teils des
Winters gewürdigt wird und die Hoffnung auf den zukünftigen Frühling zum Ausdruck kommt. Auf den Shetland-Inseln
wird etwa zu dieser Zeit ein Feuerfest gefeiert, bei dem die
Nachbildung eines Wikingerschiffes in Brand gesteckt wird.
Die Inselbewohner in selbstgemachten Wikingerkostümen
tragen brennende Fackeln und schieben das brennende Schiff
ins Meer. Bei diesem Winterfest mit Namen »Up-Helly-Aa«,
was soviel bedeutet wie »die Feiertage sind vorbei«, wird also
ein Schiff geopfert und eine Gabe für ruhige See und volle
Fischnetze dargebracht.

Wenn die Macht des Winters nachläßt und die ersten weißen
Blumen, die Schneeglöckchen, ihre blassen Köpfchen aus
dem schmelzenden Schnee strecken und die ersten königsblauen und violetten Krokusse ihre eleganten Kelche in die
Winterluft erheben, dann feiern viele Heiden das Fest der
weißen Göttin als Brigitte, Braut oder sogar als Lucia, die
Lichtbringerin. Die Kirche hat dieses Fest als Mariä Lichtmeß
übernommen, den Tag, an dem Maria ihrem Volk zurückge-
geben wurde, nachdem sie sich nach der Geburt Christi einer
rituellen Phase der Reinigung unterzogen hatte. Der keltische
Name für diese Feier ist *Oimelc*, was wörtlich »Milch des Mut-
terschafs« bedeutet, denn jetzt werden in den wärmeren Teilen des Landes die ersten Lämmer geboren, und für sie und
die Menschen, für die Schafsmilch ein wertvolles Nahrungsmittel war, ist wieder neue Milch verfügbar. Um dieses Fest
zu feiern, gab es ein traditionelles Getränk, das »Schafwolle«
hieß.

Dieses Getränk wurde aus heißem Wein oder Most und Wasser gemacht, dem das Fruchtfleisch von mehreren geschmor-

75

ten oder gebackenen Äpfeln zugefügt wurde. Das so entstandene schaumig-weiße Getränk ähnelt Schafwolle. Shakespeare schreibt: »Die gerösteten Krabben zischen in der Schüssel«, und er meint damit die rosafleischigen Holzäpfel (»crab apples«) und nicht etwa das Schalentier. Er fährt fort: »...während nachts die starrende Eule singt, tuuwit, tuuwu« – und er nennt mit der Eule ein weiteres Symbol für die Göttin, das von England bis Athen heilig ist.

Auf dem Dorf hat das Lichtmeßfest zwei Aspekte. Der eine ist das Mysterium der weisen Frauen in bezug darauf, wie die Göttin ihre Jugend erneuert, und alle Frauen schmücken einen Stuhl neben ihrer Feuerstelle mit den leuchtendsten Schals und kostbarsten Bändern, die sie besitzen, um die Rückkehr der Göttin zu begrüßen. In der Dunkelheit, wenn den Männern die Erlaubnis gegeben wird, in den Raum hineinzukriechen, erscheint dann eine kleine Figur in einem schwarzen Umhang. Mit Efeu bekränzt und warm umhüllt, bringt ein junges Mädchen aus der Gemeinde die ersten Blumen und die neue Flamme herein. Unter ihrem Umhang, den ihr eine der älteren Frauen abnimmt, trägt sie weiße und grüne Kleidung, und sie bringt einen Teller mit den ersten Frühlingsblumen mit – Schneeglöckchen, Veilchen, Jasmin oder die ersten Narzissen. Zwischen den Blüten steht eine kleine Kerze, und an dieser Kerze wird eine Kerze für jedes Mitglied der Gemeinde entzündet und auf den Boden gestellt. Die Göttin wird in Gestalt des jungen Mädchens mit dem Glanz der Lichter willkommen geheißen, und sie gibt allen ihren Segen. Alle Männer und Frauen knien vor ihr nieder und bitten sie in Stille um eine Gabe oder um praktische Hilfe für das kommende Jahr, und jeder gibt das Versprechen ab, die Arbeit seiner Hände zum Nutzen der Menschen zu tun.

Sobald sich der Erdboden zu erwärmen beginnt und bearbeitet werden kann, was etwa zur Zeit der Frühlings-Tagundnachtgleiche (um den 21. März) der Fall ist, wurden Samenkörner und Gerste mühevoll von Hand ausgesät. Darunter fanden sich auch die besonderen Kornähren, die als Kornpuppen oder »Kornkönig« aufbewahrt wurden, als Symbol der Macht des Sonnenkönigs, der zur Erntezeit geopfert wird. Der kirchliche Kalender verzeichnet zu dieser Zeit das Osterfest. Ostern, das seinen Namen einer sächsischen Frühlingsgöttin namens Eostre verdankt, ist eines der wenigen christlichen Feste, dessen Datum nach den Mondphasen festgelegt wird, was der Grund dafür ist, daß es ein bewegliches Fest ist. Der Ostersonntag ist der erste Sonntag, der auf den ersten Vollmond nach Frühlingsbeginn folgt. Das ist der Zeitpunkt, an dem die Sonne in das Zeichen des Widders eintritt. Ostern findet zur selben Zeit statt wie das jüdische Passah- oder Pascha-Fest, bei dem ein Lamm geschlachtet und unverzüglich zusammen mit bitteren Kräutern und Rotwein verzehrt wird. Viele der anderen europäischen Länder leiten ihren Namen für das Osterfest von dem Begriff »Passion« ab, der sich auf die Kreuzigung Christi bezieht. Man vergleiche dazu zum Beispiel französisch »Pâques«, niederländisch »Pasen« und lateinisch »Pascha«.

Auch die Symbole, die sich mit dem Osterfest verbinden, haben in vielen Fällen vorchristliche Ursprünge. Die bemalten Ostereier, die man in ganz Europa findet, sind ein Symbol für die Wiedergeburt der Natur; der Osterhase ist der heilige Hase der verwandelten Göttin. Die »Osterhüte«, die bei den Osterparaden getragen werden, symbolisieren die neuen Kleider, die zum ersten Mal getragen werden, wenn der Frühling die goldenen Narzissen hervorbringt und buschige Weidenkätzchen die Hecken zieren. Jetzt ist die große Zeit der Erneuerung und der Neuanfänge, wenn das Leben sich nach seinem langen Schlaf in der Dunkelheit des Winters erfrischt erhebt. Wenn Tag und Nacht als gleich lang angesehen werden, beim Äquinoktium, hilft die ganze Sonnenenergie der Erde, ihr neues grünes Gewand anzuziehen.

Die nächste heilige Pflanze, die für die Menschen auf dem Lande das Vergehen der Zeit symbolisiert, ist der Weißdorn, dessen süßduftende Blüten sich im Mai öffnen. Weißdornhecken wurden früher überall auf dem Lande zur Einfriedung von Weiden und Feldern verwendet, bis die mechanisierte Landwirtschaft diese alten Nischen natürlichen Lebens vernichtete. Die ersten Blätter des Weiß- oder Hagedorns wurden als Frühlingstonikum verzehrt und waren reich an Vitaminen, die nach einer langweiligen Winterdiät aus gepökeltem Fleisch, hartem Käse und grobem Brot äußerst wichtig waren. Am Maifeiertag, dem 1. Mai, kündigte das Aufblühen des Weißdorns das Gottesfeuer *Beltane* an, an dem die Tiere aus ihrem Winterquartier entlassen wurden. Wenn im Mai die Blumen blühten und das Gras wieder üppig heranwuchs, dann waren alle Menschen bereit, die zunehmende Wärme und das Leben im Freien zu feiern. Der Maibaum, ein phallisches Symbol, wurde auf vielen Dorfwiesen aufgestellt, und die Kinder schmückten ihn mit Blumen und verzierten ihn mit Bändern. Auf diese Weise verbanden sie die befruchtende Kraft der Sonne oben mit derjenigen der nährenden Erdkraft unten. Maifeuer brannten zum Maifest, und das Vieh wurde von Zecken gereinigt, indem man es durch einen dicken, heilenden Rauch aus brennenden Kräutern trieb.

Die Tage wurden immer länger, bis schließlich der Mittsommer gekommen war. Dann wurde das Heu geerntet, und man brachte viele Arbeitsstunden damit zu, auf allen Getreidefeldern Unkraut zu jäten und zu hacken. Zwischen dem Maifeiertag und Mittsommer wurden im allgemeinen auch die Schafe geschoren, und die Frauen machten sich an die langwierige Aufgabe, ihre Wolle zu spinnen. Für uns Städter ist der Sommer Ferienzeit, aber für Feldarbeiter war er die Zeit der größten Anstrengung, denn es war lebenswichtig, sicherzustellen, daß die Getreidefelder soviel Nahrung wie möglich produzierten. Zauber- und Bannsprüche wurden gesprochen und Lieder gesungen, während die Menschen, die auf dem Land arbeiteten, ihren schweren und mühevollen, aber lebenswichtigen Aufgaben nachgingen. An einigen Orten wurde Torf aus den morastigen, vor Insekten wimmelnden Sümpfen gestochen und anschließend zum Trocknen in die Dörfer oder Bauernhäuser gebracht.

Schließlich begannen die Tage der Kornernte mit allen Arten von Bräuchen, die selbst in der Zeit der Mähdrescher hier und da noch gepflegt werden, bis die letzte Korngarbe auf jedem Feld eingesammelt worden war. Mit Girlanden verzierte Pferde zogen Wagen mit goldenen Ähren durch die Dörfer, und beim Ernteessen wurde abends gefeiert. Manche Tänze und Lieder erinnern noch heute an die einfacheren Tage, an denen die beschwerliche Arbeit des Jahres erfolgreich zu Ende geführt wurde. Dann wurden Kornpuppen aus den schönsten Kornähren hergestellt; sie wurden nach den am Ort üblichen Mustern geflochten und mit roten Bändern verziert.

Ende September, am Michaelstag, kurz nach der Herbst-Tagundnachtgleiche, wurden Waldfrüchte und Obst eingesammelt und Kürbisse und Wurzelgemüse geerntet – beim Erntedankfest wurden dann alle Erzeugnisse in Kirchen oder Dorfsälen ausgestellt und zeigten so den Erfolg oder Mißerfolg der Arbeit des letzten Jahres an. Gänse wurden gemästet, und man tauchte ihre Füße in Teer und Sand, damit sie »Stiefel« für die Reise hatten und auf die Märkte in den Städten wandern konnten, um zu Michaeli die Festtafel zu schmücken. Sobald einmal alle Früchte des Bodens eingebracht, die Herden gelichtet waren und die ersten Winterfröste den Boden mit Reif bedeckten, kam wieder die Zeit für das alte »Halloween«-Fest. Es läutet noch heute eine Zeit der Verkleidungen

und der Glücksspiele ein und auch die Zeit derjenigen, die mit
Apfelschalen oder bei Kerzenlicht in dunklen Spiegeln die
Zukunft vorhersagen. Hier tritt der Weisheitsaspekt der Göttin zutage, und jetzt ist auch die Zeit gekommen, um sich bei
den mythischen Ureltern Rat zu holen, sie zu den Festen ein-
zuladen und ihnen im Sprechen und Schweigen von den Geburten und Todesfällen, den Hoffnungen und Befürchtungen
des Jahres zu erzählen.

Die Geschichte des Gottes

Innerhalb dieser jahreszeitlichen Veränderungen von Mutter
Erde wird die Geschichte des Gottes, des Sohnes der Göttin,
der Großen Mutter, erzählt. Namenlos an einem bescheide-
nen Ort mitten im Winter geboren, wächst er auf, und jeder
Tag ist wie ein Jahr in seinem Leben. In der zwölften Nacht,
beim Erscheinungsfest, wird er schließlich zum Manne. In der
alten Religion ist das die Zeit, in der ein junger Mann, der bei
der Durchführung des Rituals den Gott verkörpert, seinen
Namen und seine magischen Werkzeuge einfordert und seine
Initiation von seiner Mutter bzw. Großmutter bekommt.
Während er auf seinen eigenen Weg geschickt wird, wird die
Göttin durch ihre Verwandlungskünste wieder zum jungen
Mädchen.
Bis zum Frühlingsanfang ist der Gott zum Krieger geworden,
zum Vorkämpfer der Göttin, und genau wie die Helden Her-
kules oder König Artus muß er zwölf Aufgaben lösen, von denen jede mit einem der zwölf Tierkreiszeichen in Zusammenhang steht. In der Person eines örtlichen Helden oder eines
jungen Burschen, der durch das Los dazu auserwählt wurde,
diese Rolle zu übernehmen, tanzt er im Kreis herum, bewaff-
net mit dem Speer der Sonne und mit den Pfeilen der Leiden-

schaft. Er umwirbt die Göttin und schläft mit ihrer Erlaubnis mit ihr, dann schießt er Pfeile auf die untergehende Sonne ab und bricht zu seiner großen Reise auf. Das ist das Fest Mariä Verkündigung, an dem der Erzengel Gabriel zu Maria – selbst eine Göttin – kam, um ihr die Schwangerschaft zu verkünden, denn es sind jetzt noch genau neun Monate bis zum Julfest.

Wenn die Blüten des Weißdorns die Wegränder säumen, dann sucht der Gott als Jäger, als Hüter der Tiere, als Gehörnter seine Liebe im Wald, wo sie, die Göttin des Wandels, sich jetzt als weiße Hirschkuh versteckt. Wenn er sie findet, bringt er sie zu einer Waldlichtung, und in Begleitung der gesamten Dorfgemeinschaft springt er mit ihr über das Feuer und vermählt sich so mit ihr nach Art der Zigeuner.

Die Jahreszeiten nehmen ihren Lauf, die schwangere Göttin reift heran, so wie das Korn auf den Feldern in den Ähren schwillt. Jetzt ist der Gott zum Kornkönig geworden, in scharlachrote Mohnblüten gekleidet, die das Blutopfer auf den Feldern symbolisieren. Während die Schnitter durch das goldene Land ziehen und Schneisen durch die Kornfelder schneiden, ist der Kornkönig bereit, sein Leben für sein Volk zu opfern. Mit Girlanden aus Kornblumen, blau wie der Tod, mit Mohnblüten, rot wie Blut, und Kornrade, golden wie die untergehende Sonne, wird einer, der bei diesem Fest den Gott repräsentiert, niedergestreckt und auf eine Bahre oder in ein flaches Grab auf dem Feld gelegt. Jetzt trauert seine Witwe und Mutter über seinem leblosen Körper. Sie weiß, daß die Saat, die er in ihr gesät hat, weiterleben und in der dunklen Hälfte des Jahres zu dem neuen Gott heranreifen wird, aber jetzt ist sie allein zurückgeblieben. Im Norden Englands erinnert man sich Anfang August zu *Lammastide* oder *Lughnassadh* an diese traditionelle Trauer für den geopferten Gott. Seine Seele lebt weiter und ist in den Kornpuppen enthalten, die nach traditionellen Mustern geflochten werden und die im alten Ägypten, in Griechenland und all jenen Ländern gefunden wurden, in denen Getreide angebaut wird.

Jetzt werden die anderen Früchte eingebracht; Tag und Nacht werden wieder gleich lang, aber die Dunkelheit nimmt weiter zu, und die Sonne verblaßt am Himmel. Dies ist eine Zeit der Besinnung, der Rückschau auf die vollendeten Unternehmungen, eine Zeit, um das Gute vom Nutzlosen zu trennen, den Samen für das neue Jahr auszuwählen, egal, ob es sich nun um Feldfrüchte für das Land, Ideen für den Geist oder Inspirationen für das Herz handelt. Die Blumen verblassen, aber es werden magische Haselnüsse geerntet, die Weisheit verleihen, wenn sie den heiligen Lachs in seinem verborgenen Teich ernähren. Pilze werden als Nahrungs- und Heilmittel gesammelt und auch, um denjenigen, deren Hellsichtigkeit durch langes Training erwacht ist, Träume und Visionen zu geben. Der heilige Michael, dessen Fest am 29. September gefeiert wird, ist eine weitere christianisierte Form des Sonnengottes, und viele der ihm geweihten Kirchen befinden sich auf der Spitze heidnischer Berge. Er gleicht die dunkle Kraft aus, besonders jetzt, kurz nach der Herbst-Tagundnachtgleiche, genauso wie der Sommer den Winter ausgleicht; weder das eine noch das andere überwiegt; beide befinden sich in einem ewigen, ständig wechselnden Tanz.

Das keltische Jahr geht mit *Samhain*, dem »Ende des Sommers«, zu Ende, der Zeit des großen Sammelns, wenn alle nach Hause zurückkehren. Es ist eine Zeit der Feiern und der Erinnerung an jene, die sich aus ihrer irdischen Gestalt verabschiedet haben. Die Geister, die durch die offenen Türen eintreten und sich im Rauch des heiligen Feuers offenbaren, sind freundliche Geister, alte Freunde, Großeltern, Verwandte aus vielen Zeitaltern, die mit ihrer Weisheit und dem angehäuften Wissen von der Gemeinschaft und ihren Bedürfnissen herbeiströmen. Jetzt ist die Zeit der Orakel, die Zeit zu sehen, was im kommenden Jahr passieren wird. Es ist die Zeit, um sich von den Verstorbenen zu verabschieden und um die Neugeborenen und auch die Seelen von Kindern, die kaum empfangen worden oder noch nicht geboren sind, zu begrüßen. Die ganze Familie kommt zusammen und nimmt am Festmahl teil, bei dem die besten und fettesten Tiere, das hellste Brot, der süßeste Honig und die köstlichsten Früchte dieser kurzen Zeit der Fülle verzehrt werden, bevor die harte Knappheit des Winters hereinbricht.

Hier ist die Göttin sowohl die Schwangere als auch die alte, weise Frau – in dieser dunklen Zeit, in der der Schleier zwischen den Welten am dünnsten ist und Wissen und spirituelle Kräfte hin- und herfließen können. Sie ist immer eine veränderliche Göttin, paradox in ihrer Erscheinung, fähig, zwischen tierischer und menschlicher Form zu wechseln, aber dennoch immer sie selbst, in der Gestalt, die ihrer jeweiligen Absicht entspricht. Sie ist die Herrscherin der Anderswelt, in der ihr Gott bzw. Liebhaber zwischen seinen Inkarnationen ruht. Sie ist Persephone, Königin der Toten und der Ungeborenen, die diejenigen, die geboren werden sollen, durch den Schleier des Lebens trägt, und diejenigen, die sich aus der Welt des Fleisches verabschiedet haben, über die dunklen, stillen Gewässer des Flusses der Nacht hinüberbringt. Sie ist die Allwissende, die alles sieht und alles denjenigen enthüllt, die es wagen, ihr die richtigen Fragen zu stellen.

Wie die Mysterienspiele, die auf den Geschichten des Alten Testamentes beruhen, wurde die Geschichte der Göttin und ihres Sohnes/Liebhabers/Opfergottes in Form einer Pantomime oder eines »Mummenschanzes« von Mitgliedern der Dorfgemeinschaft auf Feldern oder in Scheunen, in kleinen Bauernhäusern und im Saal des Gutsherrn dargestellt. An einigen Orten gibt es dieses Schauspiel noch heute. Man vergab die Rollen, indem man Lose zog oder eine Bohne in einem

Kuchen finden mußte, damit die alten Götter ihre eigene Entscheidung hinsichtlich ihrer wechselnden Gestalten treffen konnten. Es gab keine festgelegten Dialoge, sondern jeder Schauspieler ließ sich unmittelbar von der Gottheit inspirieren, die er verkörperte. Die Handlung sowie Lieder, Musik, Pantomime oder Texte erzählten jedes Jahr eine neue Version der ewigen Geschichte. Über diese Rollenspiele gibt es nur wenige schriftliche Aufzeichnungen, sie sind jedoch im Lauf des Wassers aufgeschrieben, in den Zweigen der Bäume festgehalten, sie werden von den Vögeln bei ihrem Chor im Morgengrauen gesungen.

Wenn Sie beschließen, den alten Weg zu beschreiten, dann werden Sie allmählich etwas von der Einfachheit der traditionellen Feste begreifen, denn wer Sie auch sind, Sie werden die Gottheiten in sich entdecken. Sie sind Ihre magischen Vorfahren, ihre Feste sind Teile Ihres eigenen sich entfaltenden Musters. Im Winter dürfen Sie ruhen, Ihren letzten Zyklus von Arbeit und Leistung, von Mißerfolgen und Verlusten überdenken. In Ihnen schläft das Kind Ihres sich entfaltenden Selbst, das in der dunkelsten Nacht der Julzeit geboren wird – der Seelensohn der Sonne des Lebens. Zeigen sich die ersten Blumen in Ihrem Garten, dann schreiten Sie gereinigt und erfrischt voran, als erneuerte Göttin oder ihr Begleiter in das neue Jahr initiiert. Arbeiten Sie Ihre eigene Liste der zwölf von März bis März durchzuführenden Aufgaben aus. Suchen Sie Ihren inneren Geliebten auf, als geheime zweite Hälfte Ihres eigenen Wesens, als Ihren wahren Seelengefährten, und überprüfen Sie Ihre Beziehungen zu den Menschen, die Sie umgeben. Wie kommen Ihrem Geliebten diese Beziehungen zugute?

Bis zum Mittsommer sollten Sie ein größeres Verständnis von dem haben, was Sie erreichen möchten. Die Samen, die Sie zu Hause und bei der Arbeit, in Träumen oder bei kreativen

Beschäftigungen ausgesät haben, werden in dem Lebensfeld, in dem sie gepflanzt wurden, aufblühen. Wenn *Lammas*, die altsächsische »Brotmesse« kommt, die Zeit, in der das neue Mehl gemahlen wurde, dann können Sie wahrscheinlich eine Verschnaufpause einlegen. Schauen Sie sich jeweils den göttlichen Gefährten in Ihrem Innern an. Wie hat Sie dieses große Wesen gestärkt, Ihnen Licht oder Mut, Liebe oder Verständnis gebracht? Was werden Sie auf den Gabentisch legen können, wenn die Ernte in den Herbsttagen überprüft wird?

Wenn der Winter kommt, dann werden Sie nach innen schauen müssen. Welcher Teil von Ihnen ist gestorben, welchen haben Sie abgelegt? Welcher Teil von Ihnen hat ein Verständnis für die Anderswelt, das durch regelmäßige Meditation oder durch lange, stille Zwiegespräche mit dem Gott oder der Göttin in der Natur erworben wurde? Lernen Sie zuzuhören, still zu sein, und mit jenem inneren Ohr die Stimme der weisen Alten zu hören. Beobachten Sie Ihre Träume, um festzustellen, ob Sie Weisheit darin entdecken können, und Ihre Intuition, um zu sehen, ob Ihre Sinne erwacht sind. Beginnen Sie das neue Jahr mit einer neuen Vision, in der Sie sich ein realistisches, für Sie erreichbares Ziel setzen. Fühlen Sie die Ebbe und Flut der jährlichen Gezeiten, die bestimmte Aspekte Ihres Lebens hervorbringen oder hinwegschwemmen können, und lernen Sie, mit ihnen zu fließen.

Übungen

Nachdem Sie sich schon zwei Monde lang auf den alten Pfaden bewegt haben, sollten Sie im dritten Mond in der Lage sein, Veränderungen in Ihrer Weltsicht und Ihrer Einstellung gegenüber den Dingen zu erkennen. Wenn Sie jeden Tag einige Minuten damit zubringen konnten, über die heidnischen

Götter, die alten Feste oder die Bedeutung des religiösen Lebens nachzudenken oder zu meditieren, dann haben Sie vielleicht neue Tiefen in Ihrem Wesen entdeckt.

Im folgenden noch einige weitere Dinge, die Sie während des dritten Mondes beachten sollten.

Schauen Sie sich alte heilige Plätze an, wenn möglich an Ort und Stelle oder aber in Büchern, und überlegen Sie sich, welche machtvollen Motive die Menschen früher dazu gebracht haben, so gewaltige Steinkreise, Erdbauten oder Hügelgräber zu bauen. Wieviel Mühe, Zeit und Meditation sind Sie bereit für Ihre persönliche Neuentdeckung der alten Wege und die Kontaktaufnahme mit den Ureltern zu opfern? Erforschen Sie wirklich die lokalen Sitten und Gebräuche, machen Sie Listen zu den Eigenschaften des Gottes und der Göttin, zu den Baumarten, die in Ihrer Gegend wachsen? Oder nehmen Sie sich das immer nur vor?

Denken Sie über die Daten der alten Feste nach, und fügen Sie diese ebenso in Ihren Kalenderkreis ein wie die grünen und weißen Ernten zu jedem Fest. Welche Farbe hat die Ernte des Erscheinungsfestes, haben Sie eine Vorstellung davon? Warum, glauben Sie, übergehen die meisten modernen Hexen dieses Datum? Entscheiden Sie, welche Symbole, wie zum Beispiel ein Osterei, Sie für jedes der Feste in Ihrem Haus offen hinlegen könnten, und zeichnen Sie diese Symbole in Ihren Kalenderkreis ein.

Was wurde bei Übergangsriten gefeiert? Haben Sie schon einmal an einem solchen Ritus teilgenommen? Welches sind wohl die heidnischen Übergangsriten, und wann würde man sie feiern? Inwiefern gehören Mummenschanzspiele in die jahreszeitliche Darstellung der alten Götter?

Gehen Sie nach draußen, und schauen Sie sich den Mond an, beobachten Sie sein Antlitz zwischen den Wolken, und achten Sie darauf, wie Sie sich dabei fühlen. Nehmen Sie sein Licht in Ihr Bewußtsein auf, und spüren Sie, wie es Ihre übersinnlichen Kräfte weckt. Erkennen Sie, wie die Struktur Ihrer Träume die Mondphasen widerspiegelt. Schreiben Sie alles, was Ihnen dazu einfällt, in Ihrem Buch auf.

Suchen Sie nach jahreszeitlichen Liedern, Volkssagen oder lokalen Mythen. Wo, glauben Sie, könnten Sie Freundinnen oder Freunde gewinnen, die sich für Folklore, die alten Wege oder heidnische Religion interessieren? Haben Sie probiert, mit Gleichgesinnten Kontakt aufzunehmen? Sie könnten auch versuchen, in Büchern, die Sie in der Bibliothek ausleihen, einen kleinen Zettel mit Ihrer Adresse zu hinterlassen, und andere Leser dieser Bücher bitten, sich mit Ihnen in Verbindung zu setzen. Wenigstens würden Menschen, die darauf reagieren, in Ihrer Nähe leben, und wenn Sie Glück haben, dann befinden sie sich auf demselben Weg.

Im folgenden wieder einige Buchempfehlungen:

Joseph Campbell: *Der Heros in tausend Gestalten.* Suhrkamp, Frankfurt 1978

Vivianne Crowley: *WICCA. Die alte Religion im neuen Zeitalter.* Edition Ananael, Bad Ischl 1993

Sir James Frazer: *Der Goldene Zweig. Das Geheimnis von Glauben und Sitten der Völker.* Rowohlt, Reinbek 1989

Ute Manan-Schiran: *Menschenfrauen fliegen wieder* (siehe Kapitel 1)

Anne Ross und Don Robins: *Der Tod des Druidenfürsten. Die Geschichte einer archäologischen Sensation.* VGS, Köln 1990

4 Ein Kreis zwischen den Welten

Der Wind kommt vom Frühlingsstern im Osten;
das Feuer vom Sommerstern im Süden;
das Wasser vom Herbststern im Westen;
Weisheit, Stille und Tod kommen vom Stern im Norden.

Fiona Macleod: *The Divine Adventure*

Der Kreis ist vielleicht das älteste Symbol, das von Menschen benutzt, von Künstlern dargestellt und selbst von kleinen Kindern erkannt wird. Der Kreis ist ein Symbol der Ewigkeit, der Gleichheit, der Beständigkeit und des Wandels. Das Antlitz der aufgehenden Sonne ist rund, die Regentropfen, die in einen Tümpel hineinfallen, bilden Kreise, die sich immer weiter nach außen ausbreiten, die Lichtstrahlen, die aus einer einzigen Flamme oder einem mächtigen Feuer hervorgehen, breiten Wärme und Licht in Form eines Kreises aus. Ob es sich nun um Gruppen spielender Kinder oder die bedeutendsten Zusammenkünfte von Gelehrten handelt, die Form, die sie bilden, ist oft ein Kreis, denn in einem Kreis können alle gehört werden, alle können Ratschläge geben, alle können gleichermaßen an dem teilhaben, was vereinbart wird. Genauso ist es in der Magie.

Der Kreis, der vom zeremoniellen Magier gezogen oder von der alten weisen Frau mit dem Besen auf dem Erdboden frei gefegt wird, stellt eine Art Raumschiff dar – ein Schiff für Zeitreisen, dessen Insassen in andere Zeiten oder an andere Orte gebracht werden können. Seine Verwendung ist uralt und seine Kraft ist unfehlbar. Der Kreis kann schützen, beruhigen, heilen oder kräftigen. Er kann so klein sein wie die Spanne Ihrer Arme oder sich wie der große Tierkreis über endlose Himmelsweiten erstrecken. Sie können ihn mit Hilfe

Ihrer Willenskraft erschaffen, um für einige Augenblicke der Meditation inneren Frieden herbeizuführen, oder es kann sich um einen Kreis handeln, der aus mächtigen Steinen und Erdwällen über Jahrhunderte hinweg erbaut worden ist und seit Tausenden von Jahren fortbesteht wie die Monumente in Avebury, Callanish oder Stonehenge.

Ich werde oft gefragt, ob es immer notwendig sei, einen magischen Kreis zu ziehen, um irgendeine Art von magischer Arbeit zu tun, und wie bei einem Großteil der alten Künste lautet die Antwort paradoxerweise ja und nein zugleich!

Die wichtigste Fähigkeit, die jede Hexe, jeder Magier, jeder Druide oder Heiler entwickeln sollte, ist diejenige der Intuition. Intuition bedeutet wörtlich »unmittelbare Anschauung« und bezeichnet jenes Gefühl, daß eine Handlung, ein Gedanke oder ein esoterischer Weg »richtig« ist. Wenn Sie ein wenig praktische Erfahrung in den magischen Künsten gewonnen haben, dann werden Sie intuitiv wissen, wann der richtige Moment ist, um einen Kreis zu ziehen und wann nicht. Nur Sie können das wissen, kein Buch und kein Lehrer können es Ihnen sagen, und keine Lehrmeinung kann es diktieren. Sie müssen in diesem relativ unwichtigen Punkt Ihre Entscheidung selbst treffen, genau wie bei so vielen anderen, die Ihnen im Laufe Ihrer Ausbildung in den nächsten Jahren begegnen werden.

Geistig und körperlich wird das Ziehen eines magischen Kreises wahrscheinlich die erste rituelle Handlung sein, die Sie ausprobieren werden. Das kann eine sehr einfache Sache sein, die nur einen oder zwei Momente der Überlegung und einige Minuten der Durchführung erfordert. Unter anderen Umständen oder in Begleitung von Freunden auf dem Weg kann es eine halbe Stunde oder sogar noch länger dauern. Es ist Ihre Aufgabe, damit zu experimentieren, Ihre Vorlieben und Abneigungen, Ihre persönliche Situation und den Ort, an dem

Sie arbeiten möchten, zu erforschen. Anfangs lohnt es sich wirklich, sich die Mühe zu machen, dieses kleine Ritual sorgfältig und vollständig durchzuführen; wenn Sie dann mehr Erfahrung haben, können Sie den Prozeß abkürzen, vereinfachen oder sogar internalisieren, so daß Sie alles im Kopf machen, anstatt in Ihrem Haus, Ihrem Garten oder Ihrem Lieblingsplatz im Wald.

So wie es auch andere paradoxe Dinge in der Magie gibt, sind rituelle Kreise in Wirklichkeit Quadrate! Das bedeutet, daß man immer die vier Kardinalpunkte, die vier Himmelsrichtungen, ehrt, vielleicht indem man ein Symbol des Elementes darbringt, das normalerweise mit der jeweiligen Richtung assoziiert wird, oder indem man die entsprechenden Schutzwesen, Erzengel, Totemtiere oder Elementarkräfte willkommen heißt. Man kann auch einen geweihten Gegenstand darbringen, eine Kerze anzünden oder den Namen einer Gottheit anrufen und sie bitten, bei dem Ritual zu helfen. Eine Gruppe moderner Hexen verwendet die Namen der vier Winde, und zwar auf griechisch, während die Menschen in Großbritannien früher manchmal »einen blassen Wind und einen purpurfarbenen Wind, einen schwarzen Wind und einen weißen Wind ...« anriefen, um ihren heiligen Platz von Störungen freizuhalten, ihn vor Unheil zu schützen und um ihren Zaubersprüchen Kraft zu verleihen.

Die erste Überlegung betrifft den Raum. Wenn Sie Ihre Übungen im Haus ausführen, dann werden Sie durch den Raum begrenzt, den Sie zur Verfügung haben, und die Ausgelassenheit Ihrer Aktivitäten wird sich nach den Räumlichkeiten richten, denn tanzen, singen, einen Zauberstab schwenken oder sogar flach ausgestreckt daliegen, um göttliche Inspiration zu empfangen – all das sind mögliche Aspekte der Arbeit. Es betrübt mich ziemlich, daß einige moderne Hexen wild darauf sind, bei ihren Ritualen im »Himmelskleid«

(nackt) und völlig frei zu sein, denn dafür daß sie ihre Kleider ablegen, müssen sie nun oft ein Haus »tragen«. In den Augen der Erdmutter ist es sicherlich besser, bequeme Kleidung zu tragen und dafür in der Natur zu sein, vom Wind und vom Mondlicht umgeben. Ein leichtes Gewand, ein warmer Umhang oder sogar ein besonderer Mantel, der ausschließlich solchen Begegnungen mit der Natur dient, wird das Fließen der Kraft nicht aufhalten, das die Sterne auf ihrer Umlaufbahn bewegen kann, ihren Kurs zu ändern. Dort draußen können die Stimmen der wilden Natur auf Ihre Anrufungen reagieren, Ihre Bitten erfüllen oder in Form von Omen Ihre Gebete erhören.

Auch hier werden Sie wieder selbst entscheiden müssen, aber wenn Ihnen diese Künste neu sind, dann wird es vielleicht einfacher sein und sich sicherer anfühlen, wenn Sie im Haus sind, in vertrauter Umgebung, wo Sie Dinge finden können, die Sie zur Kennzeichnung des Kreises und der vier Kardinalpunkte brauchen. Die einfachste Ausstattung an Symbolen für die Elemente Erde, Wasser, Feuer und Luft sind Erde aus dem Garten, Wasser aus dem Hahn, eine angezündete Kerze und etwas Duftendes. Sie können als Symbol für die Erde einen Stein, einen Kiesel oder ein Stück Holz nehmen, das auf der Erde gewachsen ist. Wenn Sie Quellwasser, Obstsaft oder Wein für das Element Wasser nehmen, dann können Sie es später trinken. Das Feuer sollte in jedem Fall durch etwas verkörpert werden, was brennt, obwohl ein schwelendes Räucherstäbchen für Feuer und Luft zugleich stehen könnte. Für die Luft könnten Sie auch Räucherwerk jeder Art verwenden, das Sie auf Holzkohle verbrennen, oder aber eine duftende Blume, einen Kräuterstrauß, ja sogar einen Fächer oder eine Feder. Draußen, an einem natürlichen Ort, könnten Sie überrascht feststellen, wie leicht es ist, etwas zu finden, das die Elemente verkörpern kann – von winzigen Eicheltäßchen für das

Wasser über duftende Sträucher für die Luft und rote oder gelbe Blüten oder Blätter für das Feuer bis zu allen Arten von Erde, Steinen, Holz oder Sand für die Erde.

Diese traditionellen vier Elemente stehen für die Speichen eines Rades, die sowohl Gleichgewicht als auch Macht verleihen. Indem Sie diese traditionellen Elemente anrufen, erzeugen Sie eine Art Wirbel, der die Energie beschleunigt, die Sie aus der Erde selbst nach oben ziehen, und sie mit der Kraft vermischt, die vom Himmel herabkommt. Dadurch entsteht eine machtvolle Quelle an magischer Kraft, die Ihren Zaubersprüchen Wirksamkeit verleiht. Sie halten diese Kraft in Bewegung, denn in Ihrem Ritual oder im Geist werden Sie um den Kreis herumgehen, herumtanzen oder herumfegen, um wie ein Löffel in einer Teetasse jene ausgeglichenen Energielinien in einem Strang von Licht aufzuwirbeln, der genau wie eine elektrische Spule die Energie dorthin lenken kann, wo sie benötigt wird. Wenn Ihre Hellsichtigkeit zunimmt, dann werden Sie tatsächlich in der Lage sein, die Kraft der Elementarwesen in Form verschiedener Farben zu sehen, sie als Strahlen von Regenbogenlicht wahrzunehmen oder sie als Hitze oder Kühle zu spüren.

Erfinden Sie kleine Gedichte oder Anrufungen, um diese Kräfte zu begrüßen und sie anzuerkennen, zum Beispiel:

Erde unten, Himmel oben, laßt mich Eure Liebe loben;
Urnatur und Kraft der Erde, helft mir, daß ich mächtig werde;
Wasserläufe, Frühlingsregen, gebt mir Euren sanften Segen;
Sommerfeuer, Flammenlicht, ohne Euch gedeih' ich nicht;
Wind des Herbstes, Atemluft, zeigt mir Euren reinen Duft;
Kreis ringsum und Licht in mir: Unsre Kraft vereint sich hier.

Während Sie diese kurzen Anrufungen aussprechen (oder solche, die Sie selbst gedichtet haben, die schöner sind oder Ihrer eigenen Symbolik mehr entsprechen), schauen Sie zum Himmel nach oben, zur Erde nach unten, zeigen Sie für die elementale Erde nach Norden, für das Wasser nach Westen, für das Feuer nach Süden und für die Luft nach Osten. (Um die jeweilige Himmelsrichtung zu ermitteln, können Sie die Sterne oder die Sonne am Himmel als Hilfsmittel benutzen oder aber sich einen zuverlässigen Kompaß kaufen.)

Idealerweise sollten Sie zu den jeweiligen Punkten nacheinander im Kreis herumgehen. Wenn Sie dabei der Anleitung genau folgen, dann werden Sie feststellen, daß Sie gegen den Uhrzeigersinn gehen, bzw. *widdershins*, wie man in Schottland sagt. Nun gefällt den meisten modernen Hexen die Vorstellung nicht, daß sie gegen den Uhrzeigersinn gehen, da sie sich nicht bewußt sind, daß das im Grunde genommen die Richtung ist, in der sich die Erde selbst dreht, aber Sie können es machen, wie Sie wollen. Es könnte sein, daß Sie zu Anfang Ihrer Arbeit als Hexe Dinge wegräumen möchten, wie zum Beispiel Möbel oder alte Ideen. Um dieses Problem zu lösen, können Sie einen Wirbel im Uhrzeigersinn bilden, indem Sie von Norden aus einen Dreiviertelkreis gehen, bis Sie zum Westen kommen, wo sich das Wasser befinden sollte. Sagen Sie die entsprechenden Worte, dann gehen Sie einen Dreiviertelkreis bis zum Feuer im Süden und schließlich einen Dreiviertelkreis gen Osten, wo Sie das Symbol für die Luft vorfinden werden. Stellen Sie sich mit dem Gesicht zur Mitte und visualisieren Sie einen großen Kreis aus weißgoldenem Licht, der um Sie herumschwebt und in dessen Zentrum, in Ihrem eigenen Herzen, sich ein winziger diamanthelller Punkt aus silbernem Feuer befindet.

Probieren Sie einmal diese einfache Übung aus, wenn Sie einen Platz dafür freigemacht und ihn so gut gesäubert haben, wie Sie können. Legen Sie die vier Symbole für die Elemente an ihre jeweiligen Plätze; lernen Sie, welches sich in welcher

93

Richtung befindet, damit Sie, ohne zu zögern, zum Beispiel von Norden nach Westen oder von Osten nach Süden schauen können. Lernen Sie auch, sich für eine Bewegung im Uhrzeigersinn *(deosil)* nach rechts zu drehen und für eine gegen den Uhrzeigersinn *(widdershins)* nach links. Wenn Sie die Elemente vorbereitet haben und die drei vollständigen Kreise wie oben abgeschritten haben (bzw. den einen Kreis, wenn es Ihnen nichts ausmacht, »widdershins« zu gehen), dann setzen Sie sich in die Mitte, entspannen Sie sich, und schließen Sie die Augen. Fühlen Sie den Kreis um sich herum so, als ob er ein runder Zauberteppich wäre, der sich hin und her neigt und Energie aufbaut, um dann mit Ihnen aufzusteigen und Sie an den Ort der Hexenkraft, in das alte Land zu bringen, wo die Göttin und ihr Geliebter bereit sind, Sie willkommen zu heißen.

Bewegen Sie sich nicht, seien Sie absolut still, spüren und lauschen Sie, und seien Sie vor allem bewußter als normal. Stehen Sie nach einigen Minuten auf, und lösen Sie den Kreis in der Gegenrichtung zu derjenigen auf, in der Sie begonnen haben. Danken Sie mit Ihren eigenen Worten jedem Element, und sagen Sie ihm Lebewohl. Sie können diesen Kräften nicht befehlen, zu Ihnen zu kommen, und Sie sollten auch nicht versuchen, sie zu verbannen. Sie sind Bestandteile des universalen Gleichgewichts, und Sie werden sich ihrer lediglich zunehmend bewußt, denn sie sind die ganze Zeit über physisch präsent. Seien Sie immer höflich und respektvoll, denn im Grunde genommen sprechen Sie in dieser Phase mit einem höheren Aspekt Ihres eigenen Wesens. Je langsamer und sanfter Sie diese ersten einfachen Schritte üben, um so kraftvoller werden sie ausfallen. Arbeiten Sie immer mit größter Sorgfalt, räumen Sie auf, räumen Sie Dinge weg, und bemühen Sie sich wirklich, den Unterschied in dem Raum wahrzunehmen, den Sie vorübergehend dafür geweiht haben.

In früheren Zeiten war es nicht notwendig, einen Bereich für die Magie zu weihen, denn unter den natürlichen Orten auf der ganzen Welt gibt es viele besondere Plätze: Hügel oder Bergspitzen, auf denen die Himmelsgötter nach ihren Reisen ausruhen; Quellen und Brunnen, an denen die Göttin der inneren Erde der Göttin der äußeren Erde begegnet; Höhlen, die Schöße der Erdmutter; und sonnendurchflutete Lichtungen im tiefen, unberührten Wald, in dem der »grüne Hans« seine Tier- und Menschenkinder gleichermaßen willkommen heißt.

Die Kraft einiger dieser Plätze war durch den Bau von Erdwällen oder Wassergräben, durch Steinkreise aus aufrecht stehenden Steinen oder auch nur einen einzelnen aufrecht stehenden Stein markiert. Andere wurden als heilig anerkannt, weil ein besonderer Baum dort wuchs oder sich an dieser Stelle ein fremdartiger Felsen befand, der für die Landschaft untypisch war, oder weil ein Dichter dort einen Traum gehabt hatte oder jemand dort geheilt worden war oder eine Zukunftsvision gehabt hatte. Diese Dinge können immer noch passieren, wenn wir fest daran glauben und die Plätze aufsuchen, die dafür günstig sind.

Besonders kraftvoll sind die »Marksteine des Gedächtnisses«, ruhige Orte, die sich häufig unter den überhängenden Zweigen des Weißdorns oder der Buche befinden, der Bäume der Frühlingsgöttin. Wenn man sich in einen traumähnlichen Zustand begibt, dann ist es möglich, die zeitlosen Geschichten, die Heldensagen, Gedichte und Lieder erneut zu hören, welche die uralte Weisheit verkünden, die im Wind geschrieben steht, die Hymnen an die Göttin, die in ihrer eigenen heiligen Stimme gesungen werden und im Lärm der modernen Welt oft nicht mehr zu hören sind. Zu solchen Plätzen haben die Harfespieler, Barden und Geschichtenerzähler der alten Zeit Zuflucht genommen, um sich inspirieren zu lassen oder die

Musik einer anderen Sphäre zu vernehmen, die aus den Toren der Anderswelt drang.

Ganz allmählich werden Sie solche Plätze erkennen lernen, von denen sich viele unbeachtet ganz in der Nähe der Wohnorte gewöhnlicher Menschen befinden und im Alltag zugänglich sind, sobald Sie einmal wissen, wonach Sie suchen müssen. Sie werden auch solche heiligen Plätze entdecken, die für gewöhnliche Menschen nahezu unsichtbar sind, und wenn Sie sich dort mit der richtigen Geisteshaltung aufhalten, dann werden Sie beschützt und sind unsichtbar. Diejenigen, die ihre magischen Handlungen an solchen Plätzen durchführen, werden nur selten durch andere Menschen gestört, und ihre Arbeit wird auch nicht durch Kinder oder Tiere, die sich in der Nähe aufhalten, beeinträchtigt. Diese Plätze werden wirklich beschützt, und es ist Ihre Aufgabe, darauf vertrauen zu lernen, daß die Alten Ihre Meditationen schützen und Ihre Aktivitäten vor zufälligen Beobachtern abschirmen.

Es ist viel über die Notwendigkeit von Schwertern, Messern, Kelchen und Pentakeln geschrieben worden, aber all diese Dinge sind nicht unbedingt notwendig, besonders nicht für die Hexe, die alleine arbeitet. Was Sie vielleicht brauchen, ist ein Trinkbecher aus Keramik, Holz, Stein oder Horn, denn das entspricht der Tradition; außerdem einen langen Spazierstock oder Zauberstab und ein wirklich scharfes Messer, um Wünschelruten zu schneiden. Heutzutage sind zu diesem Zweck besonders die Schweizer Armeemesser geeignet, denn sie haben einen Korkenzieher, Ahlen zum Bohren von Löchern in Holz oder Leder und eine Feile oder sogar eine kleine Säge, um dickere Äste zu schneiden. Oft haben sie zusätzlich noch einen Schraubenzieher, um einen Stecker oder eine Lampe zu reparieren.

Auch wenn Sie Lebensmittel oder Kräuter schneiden, sollten die Klingen immer scharf und sauber sein. In der modernen

Magie gibt es weder symbolisch noch praktisch Platz für stumpfe Klingen. Messer sollten schneiden und dem Baum oder anderen Materialien den geringstmöglichen Schaden zufügen – genau wie dem Besitzer, denn es werden mehr Menschen durch stumpfe Klingen verletzt, weil dabei viel mehr Druck ausgeübt wird, um überhaupt einen Schnitt ausführen zu können, so daß die Spitze leicht in Ihrer Hand zerbricht. Wenn Sie einen Unfall haben, dann heilt außerdem eine durch eine scharfe Klinge herbeigeführte Schnittverletzung wesentlich schneller und sauberer. Der Gebrauch von Messern bei der magischen Arbeit hat auch einen symbolischen Aspekt, der im Mittelalter relevant gewesen sein mag, aber heute ein alter Hut ist. Dasselbe gilt für Schwerter. Sie sind teuer, schwer zu handhaben und gefährlich, wenn man sie mit sich herumträgt; und ihr Symbolgehalt kann darüber hinaus leicht durch etwas weitaus weniger Gefährliches dargestellt werden.

Ein langer, gegabelter Spazierstock ist praktisch und nützlich zugleich. Solche Stöcke bzw. Stäbe sind schon immer mit Magiern in Verbindung gebracht worden und wurden häufig zum Schutz oder als Hilfsmittel bei langen Fußmärschen benutzt. In einigen heidnischen Kulturen sind sie das einzige Mittel, um einen Altar herzustellen, indem man sie an einem geeigneten Ort in den Boden steckt und sie dann mit Blumen oder Grün der Jahreszeit schmückt, die zu einer Girlande gewunden und um den Stab geschlungen werden. Wenn Sie dann noch zusätzlich eine Kerze oder eine Lampe in einem Gefäß davor stellen, dann haben Sie alles, was Sie benötigen, um einen der alten Götter willkommen zu heißen. Sie werden bald lernen, rankende Efeuzweige, Gräser oder Geißblattwedel zu finden, die Sie leicht zu einem Kranz flechten und auf die Gabeln des Stocks stecken können. In diesen Kranz können Sie dann noch Blumen, Knospen, Blätter und Beeren von Bäumen, die zu der jeweiligen Jahreszeit heilig sind, stecken. Am Ende des Rituals kann man den Kranz an einen Zweig hängen, damit Vögel und andere Tiere die Samen oder Beeren fressen können, oder Sie können die Bestandteile auch auf der Erde verstreuen.

Traditionellerweise bewegt sich die heilige Richtung mit dem Jahreslauf im Kreis herum, und die Zeiten für Feste variieren mit dem Tageslauf. Stellen Sie sich zu Jule bzw. Weihnachten bei Mitternacht mit dem Gesicht nach Norden, suchen Sie den Stern der Hoffnung, der das Kind der Hoffnung auf die Erde zurückbringt. Schmücken Sie Ihren Stab mit Stechpalme und Efeu, und winden Sie Bänder so rot wie das Leben darum. Am Dreikönigstag drehen Sie sich vor der Morgendämmerung ein wenig nach rechts, um mit dem Gesicht nach Nordnordost zu stehen, was Sie leicht überprüfen können, wenn Sie einen Kompaß mit genauer Gradeinteilung besitzen. Befestigen Sie einen Stern an der Spitze Ihres Stabes, winden Sie goldene Bänder, Tannenzweige und andere immergrüne Gewächse darum (wenn Sie Eiben verwenden, dann sollten Sie beachten, daß die Blätter giftig sind), und begrüßen Sie die drei Weisen, die gekommen sind, um Ihnen Geschenke zu bringen. Pflücken Sie zu Mariä Lichtmeß bei Tagesanbruch ein paar Schneeglöckchen, die ersten Veilchen und auch wieder Efeu, das Symbol der Frühlingsgöttin, und plazieren Sie Ihren Stab im heiligen Kreis in nordöstlicher Richtung. Binden Sie zum Frühlingsanfang bzw. zu Ostern ein paar gelbe Narzissen, ein Sträußchen Jasmin und die ersten weißen Schlehenblüten zu einem Kranz, und stellen Sie Ihren Stab bei Sonnenaufgang nach Osten.

Wenn der Weißdorn blüht, dann begrüßen Sie die Maienkönigin mit einem Kranz aus den ihr geweihten Blüten und mit den Wildblumen, die Sie in jeder Hecke und Wiese finden. Es war früher tabu, Maiblumen mit ins Haus zu nehmen, denn die Göttin läßt sich lieber in der Welt des Grüns begrüßen als in einem Haus. Tanzen Sie am Morgen um das südöstliche Symbol der Göttin. Winden Sie am Mittsommertag zur Mittagszeit einen Kranz für Ihren Stab aus Johanniskrautblüten, die golden wie Sonnenstrahlen sind, und auch aus all den leuchtenden und schönsten rosafarbenen, blauen, malvenfarbenen und weißen Wildblumen, die Sie finden können. Fügen Sie zuletzt noch die frischen grünen Blätter aller Sommerbäume hinzu, besonders Eichenblätter. Stellen Sie sich mit dem Gesicht nach Süden, und begrüßen Sie die Kraft der Sonne in ihrem Zenit.

Wenn zu *Lammastide* das Korn eingebracht wird und der Erntegott im Feld stirbt, dann schmücken Sie den Stab mit rotem Klatschmohn, mit Weizen-, Gersten- oder Haferähren, mit Heckenblumen, mit Ranken von Bingelkraut, Labkraut und Winde und blicken Sie nach Südwesten, wo die flammende Sonne des Gottes jetzt am Nachmittag mit ihrem Abstieg beginnt. Wenn die Ernte eingebracht ist, dann suchen Sie wilde Früchte, Beeren, Samen und Ranken der Waldrebe, um sie bei Sonnenuntergang und mit dem Gesicht nach Westen gewandt um Ihren Stab zu winden. Legen Sie Nüsse und Äpfel als Opfergabe für die Kreatur vor den Stab, und streuen Sie Brotkrumen und Samen aus.

Schmücken Sie den Stab am dunklen *Halloween*-Abend mit Immergrün, den Blumen des Todes, die oft verwendet wurden, um jene zu schmücken, die aufs Schafott geführt wurden. Nehmen Sie als weiteren Schmuck Eibenzweige, leuchtende Vogelbeeren, Hagebutten und Mehlbeeren und die schwarzen Früchte von Schlehe und Holunder, wenn es noch welche gibt. Schauen Sie nach Nordwesten, und halten Sie nach denen Ausschau, die in die Anderswelt gereist sind, durch den Tod, über die Geburt hinaus, oder suchen Sie nach jenen ersten Urahnen, den Alten, den Großen, die unser aller Eltern sind.

Damit ist der Kreis für das Jahr vollendet. Wenn man sich im Haus befindet, dann ist es nicht leicht, die Kraft zu spüren, die aus jeder einzelnen Richtung kommt, und wenn Sie zu jedem der alten Feste umfangreiche Rituale durchführen möchten, dann sollten Sie versuchen, wenigstens eine gewisse Zeit im Garten oder in der Natur zu verbringen, zur Sonne oder auf die Sterne zu schauen und mit Ihren eigenen Händen die Blumen oder die Zweige zu pflücken. Bitte kaufen Sie nicht einfach Schnittblumen, sie werden oft künstlich ernährt und sind so hochgezüchtet, daß selbst ein paar Stengel blühenden Unkrauts mehr Leben in sich haben. Wenn Sie Blumen nicht schneiden mögen, warum pflanzen Sie dann nicht ein paar geeignete Kräuter, blühende Pflanzen oder kleine Bäume in Töpfe, damit diese dann den Mittelpunkt Ihrer Feier bilden können? Wenn man sie vor den Stab stellt, der seinerseits in einer festen Unterlage wie zum Beispiel einem Eimer mit Sand steckt, und sie mit farbigen, zur Jahreszeit passenden Bändern schmückt, dann rufen sie sehr viel stärkere Eindrücke wach als ein Kastenaltar.

All das funktioniert am besten draußen, selbst an einem so »zahmen« Ort wie Ihrem Garten hinterm Haus. Wenn Sie glauben, daß man Sie beobachten könnte, dann überlegen Sie sich einmal, wie oft Sie in den letzten sechs Monaten beobachtet haben, was Ihre Nachbarn taten. Wenn Sie Ihre Nachbarn nie wahrgenommen haben, dann bezweifle ich, daß diese Sie bemerken würden. Wenn Sie geistig einen Unsichtbarkeitskreis ziehen, dann wird man Sie nicht sehen, was ich in den letzten 25 Jahren vielfach bewiesen habe. Ich konnte Rituale oder Feste privat oder in der Öffentlichkeit feiern, bei Anbruch der Dämmerung, zur Mittagszeit oder bei Nacht und bin nie gestört worden. Auch wenn ich mich in der Gesellschaft anderer befand, sind wir nie gestört worden, selbst wenn sich andere Menschen zufällig in der Nähe aufhielten. Lernen Sie, den Großen Göttern zu vertrauen, zu deren Ehre Sie sich treffen und deren Hilfe Sie suchen, und diese werden Sie sicherlich beschützen.

Eine andere Art von Kreis, dessen Sie sich bewußt werden sollten, ist der große Kreis der Jahreszeiten und der vier mächtigen Gezeiten, die unser Leben unterteilen, ob wir uns nun dessen bewußt sind oder nicht. Diese sind von den Anhängern der hohen Magie als *Reinigungszeit* (zwischen Jule und dem Frühlingsanfang), als *Wachstumszeit* (von März bis Juni), als *Reifezeit* (vom Mittsommer bis zum Herbstanfang) und als *Ruhezeit* (von September bis Jule) beschrieben worden. Grob gesehen, folgen sie dem Ablauf des bäuerlichen Jahres, aber sie wirken sowohl auf die inneren psychischen Ebenen des Eingeweihten oder Novizen ein als auch auf dessen magische Arbeit.

Oft hat man das Gefühl, daß die dunklen Wintermonate nach den hellen Lichtern von Weihnachten trübe und deprimierend sind. Diese Monate sind oft, wie es scheint, eine Zeit der Veränderung zum Schlimmeren hin, eine Zeit, in der Freundschaften ins Wanken geraten und Depressionen einsetzen können. Wissenschaftler sagen heutzutage, daß zu dieser Zeit Vitamin-D-Mangel, bedingt durch das Fehlen natürlichen Sonnenlichts, das Wohlbefinden des Menschen beeinträchtigen kann, aber die Weisen sehen, daß es noch einen viel älteren Grund dafür gibt. Diese Zeit war immer hart; alte Menschen starben vielleicht und Babys wurden nicht kräftig, wenn die Nahrung knapp war, und tatsächlich gab es einen Mangel an Sonnenlicht und Vitaminen, da es zu dieser Zeit nur wenig frische Nahrung gab, aber es gibt darüber hinaus auch eine innere Strömung, nach der sich unser Leben richtet.

Es ist sicherlich so, daß die Todesrate im Januar und Februar ansteigt. Von Todesfällen infolge von Krankheiten oder schlechten Lebensbedingungen zu hören ist auch nicht gerade hilfreich, wenn man sich ohnehin schon angeschlagen fühlt. Da jetzt jedoch *Reinigungszeit* ist, ist es wirklich an der Zeit, daß Sie Ihre Angelegenheiten selbst in die Hand nehmen und bereit sind, all jene unbefriedigenden Beziehungen, jene Schränke der Psyche, die mit unerledigten Arbeiten und den halb beendeten Projekten von vor ein paar Jahren vollgestopft sind, aufzuräumen. Seien Sie mutig, bleiben Sie hart, und werfen Sie altes Zeug weg, und recyceln Sie gleichzeitig alles, was aufbewahrt werden kann. Die Dinge *werden* in dieser Zeit zu Ende gehen, ob einem das nun paßt oder nicht, aber je mehr Sie die durch nichts zu stoppende Macht dieser Gezeiten erkennen, um so stärker können Sie sie nutzen, statt es ihnen zu erlauben, einfach durch Ihr Leben zu rauschen wie die Februarflut, die durch das Land fließt. Seien Sie auf Veränderungen gefaßt, die sich nach den unvermeidlichen Umwälzungen als die beste Lösung herausstellen, genau wie das frischgeputzte Haus Sie für die Arbeit entschädigt, die Sie sich gemacht haben, um es in einen so makellosen Zustand zu versetzen.

In der nächsten Jahreszeit, der *Wachstumszeit*, nehmen all Ihre magischen Pläne einen neuen Aufschwung, nachdem sie in den vorangegangenen Monaten der Auflösung ausgemistet und gereinigt worden sind. Es sollten jetzt neue Ideen aufblühen, Sie sollten Gesellschaft finden, gemeinsame Aktivitäten entwickeln und ein nach außen gerichtetes Gefühl von Fortschritt und Erfolg haben. Das wird sich über den März, April und Mai bis zum Mittsommer erstrecken, wenn die großen Gezeiten des Kosmos sich von neuem verändern.

Die Sommersonnenwende markiert den Anfang der *Erntezeit*, wenn sich die harte Arbeit auszuzahlen beginnt, die erforderlich war, um all jene blühenden Pläne, Geschicke, Fähigkeiten und neuen Unternehmungen zum Erfolg zu führen. Neue Talente werden ihren Wert zeigen, egal, ob es sich um das Verständnis der Tarotkarten, eine Heilmethode oder einfach nur darum handelt, daß Ihre Beziehung zu den alten Göttern sich bezahlt zu machen beginnt und daß Sie Selbstvertrauen und Unterstützung aus diesen ewigen Quellen der Kraft und der Weisheit ziehen. Sie werden nicht nur in der Lage sein, von diesen neuerworbenen Fähigkeiten zu profitieren, sondern dadurch, daß Sie sie als zusätzliche Informationsquellen nutzen, auch den vor Ihnen liegenden Lebensweg klarer sehen. Ganz wörtlich werden Sie nun die Frucht all Ihrer früheren Anstrengungen in diesem Jahr ernten können.

Wenn die Ernte eingebracht ist und sich die Natur zur Ruhe begibt, dann werden auch Sie in die sehr viel friedlichere und nachdenklichere Ruhezeit eintauchen. Sie werden Zeit haben, Ihre persönlichen Fortschritte zu bewerten, und eine größere Bereitschaft besitzen, die subtilen inneren Fähigkeiten und Bewußtheiten an die Oberfläche kommen zu lassen. Obwohl das eine sehr sanfte Zeit sein kann, ist sie positiv und kraftvoll, so wie die Wachstumszeit auch. Wenn Sie zum Ende des Sommers Rückschau halten, dann werden Sie in der Lage sein, Ihre Triumphe anzuerkennen und auch die Fehlschläge, die in der nächsten Reinigungszeit hinweggefegt werden, damit der Zyklus weitergehen kann. Erfolg und Mißerfolg sind natürliche Bestandteile des individuellen Fortschrittes innerhalb der alten magischen Künste, seien es nun die der allein arbeitenden Hexe oder die des Zaubermeisters.

Allmählich werden Sie feststellen, wie viele Bereiche des Lebens in Wirklichkeit zyklisch geordnet sind. Beziehungen können ähnlichen Gesetzmäßigkeiten folgen, nämlich denen der Entwicklung, der Stabilität, des Niedergangs und der Ruhe, genau wie die Bäume zunächst wenig Leben zeigen, dann das volle Sommergrün entwickeln und schließlich einen

sanften Verfall bis hin zur Ruhephase erleben. In ähnlicher
Weise zeigen die Geschichten der Göttin und ihres Gefährten, wie sie sich verändert, wie sie wächst, sich entwickelt und
dann zu verblassen scheint, so wie der leuchtende Mond am
klaren Himmel. Sie werden begreifen, daß es bei jeglichem
Leben um Veränderung geht und daß sowohl ein Aufwallen
von Kraft als auch ein langsamer Abstieg in den Verfall natürlich und richtig sind. Wir können nicht fortfahren voranzu-
stürmen, wenn wir uns nicht auch gelegentlich zurückziehen,
ausruhen und jene Dinge, Ideen, Beziehungen und Erfahrungen wegwerfen, die abgenutzt sind und sich überholt haben.

Für viele Menschen erfordert eine solche Erkenntnis beträchtlichen Mut, denn etwas wegzuwerfen kann wie eine unerträgliche Handlung aussehen, etwa so, wie einem fast das Herz bricht, wenn man in einer Sache versagt. Trotzdem ist es die Bereitschaft, etwas zu wagen, weiter auszugreifen, tiefschürfendere Überlegungen anzustellen und über die Grenzen des gewöhnlichen Lebens hinaus und in die inneren Welten der übersinnlichen Wahrnehmung und der Magie hineinzugehen, die das Wandeln auf den alten Pfaden so faszinierend macht.

Sie werden schließlich begreifen, daß die Kreise, die einen so wichtigen Aspekt der »grünen Magie« bilden, in Wirklichkeit Spiralen sind, die sich um ein ruhiges Zentrum drehen, aber im Grunde genommen in verschiedene Ebenen der Existenz aufsteigen. Innerhalb dieses magischen Machtkegels werden Sie alle Talente entdecken, die Sie für die Magie, für Heilung und Divination haben, und hier, in dem ruhigen Kreis, werden Sie schließlich auch der Göttin des Landes und ihrem Herrn des Lebens begegnen.

Ein weiterer Kreis, der für Sie wichtig sein könnte, ist derjenige der Freundschaft. Die alten magischen Künste sind nicht für diejenigen bestimmt, die egozentrisch, selbstsüchtig oder machtbesessen sind. Sie werden auch nicht von den sehr Jungen, den Grausamen oder denjenigen erlernt, die sexuelle Befriedigung suchen oder Macht über andere besitzen wollen. Die alten Künste stehen auf einer sehr hohen moralischen Grundlage. Das Hauptziel der Arbeit mit einem magischen Kreis, egal, ob heidnisch oder der hohen Magie zugehörig, liegt darin, sich selbst zu verbessern, an Weisheit zu wachsen und anderen durch die eigenen wachsenden Fähigkeiten zu dienen. Die Zeitungen sind nur allzu schnell bereit, etwa zu behaupten, daß Hexen Kinder schänden oder Tiere opfern, daß sie perverse sexuelle Handlungen vollziehen oder Drogen nehmen. All das hat in der Hexenkunst, in der alten Religion oder der zeremoniellen Magie *nicht das geringste* zu suchen. Viele Hexen leben in fest zusammengewachsenen Familien, sie halten Haustiere und sind Vegetarierinnen oder sogar Veganerinnen. Die meisten haben eine liebevolle, langjährige Partnerschaft, die fast immer in eine Heirat mündet, auch wenn in manchen Fällen die bürgerliche Zeremonie durch ein heidnisches Ritual ersetzt wird, bei dem sich das Paar bei den Händen hält und in Gegenwart der Göttin einander seine Liebe gelobt.

Keiner der seriösen Coven und keine der Ausbildungsschulen wird junge Menschen unter achtzehn aufnehmen, sofern sie nicht selbst schon aus einer heidnischen Familie kommen. Diejenigen, die Initiation anbieten, gehen normalerweise nicht davon aus, daß junge Menschen geistig, spirituell oder religiös dazu bereit sind, bis sie mindestens zwanzig Jahre alt sind; oft muß man sogar noch älter sein. Natürlich gibt es keine Obergrenze, und einige sehr reife und bereits pensionierte Menschen haben die alten Wege entdeckt und gesehen, daß sie ihnen einen spirituellen Pfad anbieten, der ihnen in ihrem langen Leben bisher gefehlt hat. Unter den Hexen gibt es viele enge Freundschaften und Arbeitsbeziehungen, in denen bedingungslose Liebe und Vertrauen eine solide Beziehungsgrundlage darstellen. Einige davon sind lebenslange Bindungen, andere dauern nur so lange an, bis ein bestimmtes Stück Arbeit, ein bestimmtes Maß an Heilung oder Ausbildung stattgefunden hat.

Die beste Weise, in der jede zukünftige oder bereits ausgebildete Hexe der Gemeinschaft dienen kann, besteht darin, ein wertvolles Mitglied der Gesellschaft zu sein. Oft ist es so, daß ein Nachbar sich schon seit vielen Jahren mit der Magie des alten Pfades beschäftigt hat, aber Sie erfahren nur von seinen guten Werken, weil er immer gut gelaunt ist und immer einen optimistischen Kommentar zum Wetter oder der allgemeinen Weltlage abzugeben hat. Wenn Sie in Not sind, dann werden Sie von solchen Nachbarn Hilfe bekommen. Erst später erwähnen diese dann vielleicht einmal, daß sie sich für die ländlichen Traditionen interessieren, für alternative Heilmethoden, für Volkskunde oder etwas Ähnliches. Wirkliche Hexen haben sich nie »Hexen« genannt und tun es bis heute nicht; das ist eine Bezeichnung, die ihnen von anderen gegeben worden ist. Vielleicht sagen sie, daß sie sich für die alten Wege interessieren; vielleicht sogar, daß sie sich als Heiden ansehen, aber obwohl alle Hexen Heiden der einen oder anderen Art sind, sind nicht alle Heiden gleichzeitig Hexen, und einige Hexen sind Anhänger orthodoxer Glaubensrichtungen.

Wenn Sie anfangen, Ihren Kreis einzurichten, sich seiner Schutzfunktion und seiner Stille bewußt werden und spüren, wie er Ihre eigenen Fähigkeiten wachsen läßt, während Sie sich in ihm befinden, dann werden Sie eine wertvolle Lektion lernen, die niemand anders für Sie lernen kann. Erinnern Sie sich ebenfalls daran, daß Sie, wenn Sie Bannriten durchführen, die Sie aus einem Buch gelernt haben, unter Umständen auch Freunde, Liebhaber, Haustiere und viele der guten Dinge in Ihrem Leben verbannen könnten. Wenn Sie einen geschützten Raum für Ihre Meditation geschaffen haben, dann denken Sie nach Abschluß des Rituals daran, ihn wieder aufzuheben. Am Anfang sind Sie vielleicht nicht in der Lage, solche Kreise zu spüren oder zu sehen, aber sie sind da und sind von Anfang an real und wirksam. Vergewissern Sie sich also, daß Sie sie sanft wegfegen und daß Sie den großen Mächten, die Sie dazu eingeladen haben, Ihnen zu helfen, gebührend danken, damit sie auch bei anderer Gelegenheit wieder angerufen werden können.

Übungen

Nachdem Sie mehrere Monate hauptsächlich damit zugebracht haben, nachzudenken, Forschungen anzustellen und Ihre Neugierde in bezug auf den Ursprung von Dingen zu entwickeln, die die ganze Zeit um Sie herum passieren, ist es jetzt an der Zeit, mit den grundlegendsten praktischen Übungen zu beginnen.

Wenn Sie Teil einer magischen Gruppe oder eines Covens gewesen sind, dann werden Ihnen einige der Ideen im Vergleich zu den langen Ansprachen, den Anrufungen der Göttin und den komplexen Ritualen der Covenhexen sehr einfach oder sogar primitiv erscheinen, und sie sind es tatsächlich. Magie ist in jeder Form ihrem Wesen nach einfach, weil sich ein Großteil der Arbeit in Ihrem Bewußtsein vollzieht und im »Auge des Geistes« gesehen wird. Das ganze Drama, die rituellen Gesten, das ganze Drum und Dran, die Werkzeuge und Geräte der Hexen sind für das Funktionieren von Magie nicht notwendig. Sie tragen nur dazu bei, den richtigen psychologischen Rahmen im Geiste des Übenden zu schaffen, der seinen ganz persönlichen und vollkommen aufrichtigen Kontakt zu den Großen Göttern in der Gestalt, in der er oder sie ihm begegnen möchte, hergestellt hat und nun die Kraft wirken läßt. Denken Sie darüber nach. Magie ist außerordentlich alt, und ihre Kraft ist seit vielen Jahrhunderten ungebrochen. In früheren Zeiten besaßen die Menschen nicht den ganzen Kram der Zivilisation, und ein Großteil davon wird zur überflüssigen Requisite, sobald einmal die direkte Verbindung hergestellt worden ist. Im folgenden einige der wirksamsten und grundsätzlichsten Vorgehensweisen.

Gehen Sie in die Natur hinaus, nehmen Sie eine scharfe Säge oder ein Messer mit, und suchen Sie sich einen einzigen Ast einer Esche oder eines Haselstrauches, den Sie zurechtschneiden können, um daraus einen Stab zu machen, der so hoch ist wie Ihre Schulter. Idealerweise sollte er ziemlich gerade sein und an der Spitze eine Gabel haben. (Ja, bestimmte Händler bieten solche Stäbe zum Verkauf an, aber Sie sollten die alten Künste eigenständig erlernen. Sparen Sie Ihr Geld, und machen Sie sich die *Mühe*!) Schneiden Sie sorgfältig etwaige Seitentriebe ab, und bieten Sie dem Baum, wenn möglich, etwas dar, selbst wenn es nur Spucke ist. (Etwas Wasser und Pflanzennahrung wären empfehlenswert.) Nehmen Sie den Stab mit nach Hause, glätten Sie ihn überall dort, wo er noch rauh ist, lassen Sie ihn trocknen, und hängen Sie ihn dann auf, um ihn gerade zu halten. Runden Sie die Spitzen ab, und wenn Sie dafür Geschick haben, dann schnitzen Sie etwas hinein oder dekorieren Sie ihn in irgendeiner anderen Form. Sie sollten die Rinde dranlassen. Lernen Sie, Ihren Stab zu lieben und zu ehren, denn er ist der Altar, das Zentrum Ihrer magischen Arbeit. Lernen Sie, wie man Girlanden macht, entweder in Form von Kränzen, die Sie dann über die Gabel hängen können, oder so, daß Sie sie um den aufrechten Stab herumwinden können. Wenn Sie das untere Ende des Stabes anspitzen, dann können Sie ihn auch in den Boden stecken.

Lernen Sie, wie man einen magischen Kreis einrichtet, so wie es in diesem Kapitel beschrieben ist. Üben Sie das zunächst schweigend in Ihrem Garten und dann an wilderen Orten. Erzeugen Sie den Kreis mit Ihrem Willen, spüren Sie seine Kraft und seine Schutzfunktion. Erleben Sie, daß er real ist.

Vermerken Sie in Ihrem Buch unter den Spalten mit den Überschriften Norden, Westen, Süden und Osten die natürlichen und magischen Symbole (wie auf den Tarotkarten), Farben, Tages- und Jahreszeiten, heilige Tiere, Szenerien für innere Reisen und alle anderen Dinge, die Sie bei Ihren Übungen entdecken und die Sie in Ihrem »Buch der Inspiration« festhalten möchten.

Machen Sie einen Spaziergang auf dem Lande, und suchen Sie dort einen natürlichen Gegenstand für jedes Element – Erde, Wasser, Feuer und Luft. Markieren Sie damit die vier Himmelsrichtungen in Ihrem Kreis.

Im folgenden eine Auswahl von Büchern, die Sie in diesem Mond lesen können:

Marian Green: *Naturmagie* (siehe Kapitel 1)
John und Caitlín Matthews: *Der westliche Weg, Band I.* Rowohlt, Reinbek 1988
Dolores Ashcroft Nowicki: *Magische Rituale. Ein Lehrgang.* Bauer, Freiburg, 3. Aufl. 1994
Doreen Valiente: *Natural Magic.* Robert Hale, G. B. (o. J.)

Sie sind jetzt vielleicht dazu bereit, ein magisches Gewand zu entwerfen – einen einfachen ärmellosen Kaftan, der an den Seiten offen ist, oder eine Robe: In den meisten Bibliotheken gibt es gute Bücher über Theaterkostüme mit sehr einfachen Schnittmustern, die ideal sind, weil sie nur ein Minimum an Zuschnitt und Näharbeit erfordern!

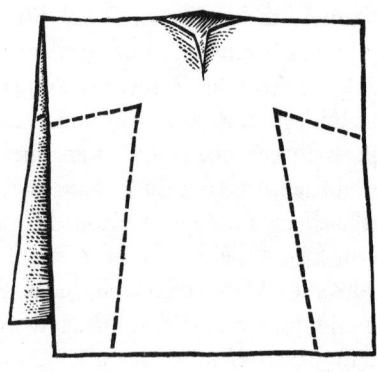

5 Die Reise in die Anderswelt

Ich kehrte über das Wasser zu meinem Tempel zurück – eine gefährliche Reise über fließendes Gewässer, das den Magnetismus ab-
sorbiert und wegnimmt und das die Projektion aufheben kann. In
meinen Tempel zurückgekehrt, aus dem die astralen Formen, die
wir mit soviel Sorgfalt aufbauen, niemals vertrieben werden, legte
ich meine Hände auf den Altar und schaute auf das Mondsymbol,
das von dem Spiegel herabhing, der wie eine zweiseitige Tür in eine
andere Ebene ist; in jenem Spiegel sah ich mein eigenes Spiegelbild
mit dem Bild der Großen Göttin hinter mir – und jener Schatten-
form, die vom Geist geschaffen wird, überließ ich die vitale Kraft,
die ich in mich hineingezogen hatte ...

Dion Fortune: *Mondmagie*

Magie ist die Kunst, Veränderungen im Bewußtsein herbeizuführen, denn in einem veränderten Bewußtseinszustand
werden die Samen der Magie gesät, die Visionen der Vergangenheit, Zukunft oder entfernter Ereignisse empfangen, und
dort kann auch die wahre Zwiesprache mit den Großen Göttern in ihren vielen Formen stattfinden. Viele moderne Hexen
machen sich nicht die Mühe, zu lernen, wie sie durch Meditation ihren Körper still werden lassen und ihren Geist erwecken können, noch üben sie die Kunst der Visualisierung
bzw. des magischen inneren Geschichtenerzählens. Und
ebensowenig verbessern sie ihre Konzentration durch Beharrlichkeit und regelmäßige Arbeit. All das sind im Grunde genommen sehr einfache Aktivitäten, aber aufgrund ihrer
scheinbaren Einfachheit würdigen Anfänger selten die Kräfte,
die ihnen innewohnen.

In der Lage zu sein, das Maß der eigenen Bewußtheit zu kontrollieren, ist eine sehr wertvolle Fähigkeit. Es ist viel regelmäßige und beständige Übung notwendig, um jenen wider-

spenstigsten Teil unseres Wesens unter Kontrolle zu bringen; aber ohne diese Selbstbeherrschung werden alle magischen Akte, Rituale oder Divinationen nur blasse Schatten dessen sein, was sie sein könnten, wenn der Wille vorhanden ist, die innere Wahrnehmung ganz genau auf das Ziel des jeweiligen Augenblicks zu richten. Diese Übung kann tage- oder sogar wochenlang schwierig sein und undankbar erscheinen, aber plötzlich stellt sich dann jene subtile Kontrolle ein, bei der der physische Körper vollkommen entspannt und in Frieden sein kann und der Geist gleichzeitig scharf fokussiert und hellwach ist.

In diesem ausgeglichenen Zustand der ruhigen Wachheit erfährt man die Klarheit der Vision, man nimmt Symbole und die Stimmen der Götter wahr und erkennt andere Bereiche der Wirklichkeit und die Wesen, die in ihnen wohnen, ganz klar. Das mag sehr viel Mühe kosten, aber nahezu jeder, der die Kunst der Magie wirklich meistern möchte, kann sich diese Methoden selbst beibringen, indem er jeden Tag so lange daran arbeitet, bis sich schließlich Erfolg einstellt.

Heute, in der Geschäftigkeit des modernen Lebens, haben wir nicht viele Momente der Ruhe, während unsere Vorfahren, die ein sehr viel langsameres, einfacheres und körperlich anstrengenderes Leben führten, mit der Geschwindigkeit des Zugpferdes reisten und nicht mit den High-Tech-Pferdestärken des Autos. Viele Aufgaben wurden mühsam mit den Händen erledigt, und während der Körper mit dem Pflug, dem Webrahmen, der Säge oder Axt beschäftigt war, konnte der Geist frei umherwandern. In jenen Tagen, in denen Gedrucktes noch nicht so weit verbreitet war, war das Gedächtnis ebenso scharf wie das Sehvermögen und das Bewußtsein von den Einzelheiten und dem sich wandelnden Gesicht der Natur, dem Wachstum, Reifen und Verwelken der Pflanzen, den

Aktivitäten der Tiere und der Interaktion mit den menschlichen Gefährten. Unsere Vorfahren nannten ihr Nachsinnen nicht »Meditation«, aber oft tauchten praktische Lösungen für alltägliche Schwierigkeiten oder Verbesserungen für Arbeitsabläufe in derselben Weise an der Schwelle des Bewußtseins auf, wie einem modernen Meditierer »Erkenntnisse« kommen.

Man muß sich darüber klar sein, daß das größte Verdienst magischer Arbeit, besonders derjenigen, die von einem Menschen allein ausgeübt wird, in der Fähigkeit liegt, kontrolliert in einen veränderten Bewußtseinszustand zu gehen, denn genau das erlaubt es dem Suchenden, den alten Göttern in ihren eigenen Welten von Angesicht zu Angesicht zu begegnen. Indem man geistig innerhalb eines magischen »fliegenden« Kreises in diesen veränderten Zustand eintritt, wird die Anderswelt sichtbar und real, und sie tritt mit dem Wanderer zwischen den Welten in Kontakt. Sobald der Kreis einmal gezogen worden ist, sollte er zu einem Fahrzeug werden, mit dem wir durch Zeit und Raum und die Bereiche der Natur reisen können, in denen all die sich verändernden Dinge ihre Wurzeln und ihre ursprüngliche Struktur haben und in denen Veränderungen in die Wege geleitet werden können, die sich dann in unserer Welt manifestieren.

Es gibt keinen einfachen Weg, um zu lernen, wie man schnell in die Anderswelt reisen kann, außer dem, regelmäßig damit zu experimentieren. Niemand anderes kann das für Sie tun oder es Ihnen wirklich beibringen. Was Sie dort erfahren, wird persönlich sein, so daß das, was Ihnen eine andere Person über ihre Abenteuer berichtet, Ihnen nicht helfen wird. Die gewöhnliche Erfahrung, die dem am nächsten kommt und die Sie wahrscheinlich schon oft gemacht haben, ist das, was Sie erleben, wenn Sie sich vollkommen in ein gutes Buch oder vielleicht einen Film vertiefen. Die Lektüre eines Buches ist die Aktivität, die sich damit am ehesten vergleichen läßt, denn wenn Sie die Szene, die Charaktere und den Schauplatz in Ihrem Geist Gestalt annehmen lassen und sich vollkommen in die Worte versenken, dann führt Sie Ihr gesamtes Erleben außerhalb von Zeit und gegenwärtigem Raum. Was Sie für Ihre magischen Experimente lernen müssen, ist, sich vollkommen in die Schaffung der Szenerie zu versenken, mit geschlossenen Augen die Atmosphäre, den Wind, das Sonnen- oder Mondlicht zu spüren. Das erfordert Konzentration, setzt aber auch Entspannung voraus. Wenn Sie Ihre Muskeln anspannen, so wie Sie es vielleicht tun, wenn Sie Ihre physische Stärke beweisen wollen, dann werden Sie nicht in der Lage sein, Ihr Bewußtsein in die Anderswelt zu bringen.

Wie bei vielen anderen okkulten Fähigkeiten, so handelt es sich auch hier um eine besondere Gabe, eine Kunst, die man nur ganz oder gar nicht erlernen kann. Sie können nicht halb meditieren oder fast Fahrrad fahren oder nahezu schwimmen. Bei jedem dieser Beispiele gibt es einen Zustand des Nichtkönnens und dann, wenn auch am Anfang noch unvollkommen, stellt sich die tatsächliche Fähigkeit zu meditieren, zu schwimmen oder Fahrrad zu fahren, ein. Auch hier gilt: Übung macht den Meister.

Wenn es Ihnen schon leichtfällt, sich in ein gutes Buch zu versenken und so die Welt zu vergessen, dann werden Ihnen auch die inneren Künste keine großen Schwierigkeiten bereiten. Die Methode, die im Westen verwendet wird, ist die sehr alte Kunst des Geschichtenerzählens, die vielen von uns aus der Kindheit vertraut ist und die mit Kindern auf der ganzen Welt angewendet wird. Der einzige Unterschied zwischen dem Erzählen von Geschichten zur Unterhaltung und als Bestandteil eines Zaubertrainings oder um Inspirationen zu bekommen, ist die Anstrengung, die der Zuhörer dabei machen muß. In einem magischen Kontext versucht der Zuhörer, die Handlung der Geschichte zu entwickeln, sie zu sehen oder in sie einzudringen, den Helden zu treffen, durch den Wald zu gehen, dem Drachen oder Herausforderer zu begegnen, den Schatz zu entdecken.

Natürlich haben wir heute auch die Art von Spiel – als Buch und als Videospiel –, in dem es um Verliese und Drachen geht, wo Sie der Handlung folgen und Entscheidungen treffen, Feinde besiegen, Waffen und Schätze sammeln oder sich bestimmte Vorteile verschaffen. In den Hexenkünsten, die wahrscheinlich so alt sind wie die Magie der alten Stammeskulturen, können Sie wirklichen Charakteren, Göttern und Göttinnen begegnen, sehr real erscheinende Verliese entdecken und auf eigene Faust zum Helden bzw. zur Heldin werden. Je mehr Anstrengung Sie darein legen, das wahrzunehmen, was beschrieben wird, um so mehr können Sie sich auf entspannte Weise auf die Handlung konzentrieren, und um so klarer und realer wird Ihre Erfahrung sein.

Heutzutage gibt es viele innere Reisen, viele Arten von »Pfadarbeit« sowie kreative Visualisierungsübungen auf Kassette. Ich habe selbst einige grundlegende Übungen ausgearbeitet. Das ist der wirksamste Weg, um die Technik zu erlernen, weil Sie sich entspannen können, sich bequem an einen ruhigen Platz setzen und einen Kassettenrecorder oder eine Stereoanlage anschalten können und dann einfach den Worten lauschen und die beschriebenen Szenen vor Ihrem geistigen Auge entstehen lassen können. Das ist sehr viel leichter, als in einem Buch einen Abschnitt nach dem anderen zu lesen und gleichzeitig zu versuchen, entspannt und aufmerksam zu bleiben; und natürlich ist es unmöglich zu lesen, wenn Sie die Augen geschlossen haben. Die meisten Menschen mögen den Klang ihrer eigenen Stimme auf Kassette nicht, aber solange Sie noch in der Ausbildung sind, lohnt es sich wirklich, die Mythen der Göttin oder die Beschreibung eines Platzes, der dem Sonnengott geweiht ist, auf Kassette zu sprechen. Während Sie dann die Kassette abspielen, können Sie die Szenen vor Ihrem geistigen Auge entstehen lassen, anstatt den Entspannungszustand zu opfern, um sich selbst etwas aus einem Buch vorzulesen. Vielleicht haben Sie auch einen Freund oder eine Freundin mit einer ruhigen, sanften Stimme, der oder die bereit sind, für Sie einen passenden Text aus einem Buch auf Kassette zu sprechen.

Sie sollten sich dabei in einen angenehmen, schläfrigen Geisteszustand gleiten lassen, bei dem Ihr Körper bequem entspannt ist und die Bilder, die man Ihnen beschreibt, vor Ihrem inneren Auge abrollen. In jedem beliebigen Moment, wenn das Telefon klingelt, Sie das Baby schreien hören oder jemand Ihre Aufmerksamkeit braucht, müssen Sie lediglich Ihre Augen öffnen, um wieder in der gewöhnlichen Welt zu sein. Natürlich werden Sie, wenn Sie vernünftig sind, so viele Ablenkungen wie möglich ausschalten, denn zu wissen, daß Sie gestört werden könnten, wird es Ihnen mit Sicherheit unmöglich machen, sich vollkommen zu entspannen.

Nach einigen Sitzungen, in denen Sie immer wieder dieselbe Erzählung verwenden, werden Sie feststellen, daß die Bilder klarer werden; daß Sie beginnen, die Atmosphäre zu spüren, das Sonnenlicht zu sehen, das grüne Laub, das Räucherstäbchen, oder was immer beschrieben wird, zu riechen. Wie bei vielen ähnlichen Aktivitäten lohnt es sich, das Tempo nur sehr allmählich zu beschleunigen. Nehmen Sie sich Zeit. Über eine Woche verteilt je eine Sitzung pro Tag und dann einige freie Tage werden Sie zu besseren Ergebnissen führen als drei oder vier Sitzungen an einem Tag und dann einen Monat lang gar keine!

Der Geist läßt sich wie ein Tier am leichtesten durch Techniken trainieren, die man sparsam, aber häufig anwendet. Anhaltendes und regelmäßiges Bemühen, entweder am frühen

Morgen oder nachmittags ist besser, als spätabends oder in unregelmäßigen Abständen zu üben.

Obwohl es so scheinen mag, als ob das sehr weit von den Aktivitäten der alten Dorfhexe oder des Stammesmagiers entfernt sei, ist es ein Aspekt der Künste, die unsere Vorfahren mehr oder weniger unbewußt verwendet haben. In unserem modernen Leben lassen wir uns ständig von Tönen, Musik, Bildern von anderen Orten und den Aktivitäten anderer Menschen bombardieren, während unsere Vorfahren weitaus weniger Input hatten und ihr Geist mehr Freiheit hatte, um durch Zeit und Raum zu wandern, während sie selbst sich ihren Weg durch die harte und langweilige Tretmühle manueller Arbeit bahnten. Aus der großen Zahl von Volks- und Arbeitsliedern wissen wir, daß diese Stunden jeden Tag mit neuen Ideen, alten Erzählungen und rhythmischen Klängen angefüllt waren, die alle Tätigkeiten begleiteten. Natürlich sind viele dieser Gesänge derb, andere jedoch gaben die ältesten Legenden wieder, die Geschichte der Menschen oder der Arbeit, die sie verrichteten. Es gibt einen großen Schatz an gesungenem und mündlichem Material, das von modernen Gelehrten weitgehend ignoriert wird, das aber dennoch wertvolle Einblicke in die Tiefe traditioneller Weisheit, alter Überlieferungen, gesungener Gebete und jahreszeitlicher Festgesänge vermittelt, wenn wir lernen können, die einfachen Dinge aus der Vergangenheit zu schätzen.

Bei dem bekannten englischen Volkslied *Scarborough Fair* zum Beispiel handelt es sich um einen Rätselgesang, in dem es um das Aussäen von Samen zwischen der salzigen See und dem weißen Strand geht, darum, wie man ein Hemd ohne Säume und ohne Näharbeiten macht – außerdem um Petersilie, Salbei, Rosmarin und Thymian, die allesamt Küchenkräuter mit magischen Eigenschaften sind. *Scarborough Fair* ist ein Werbungslied, alt wie die Hügel, mit dessen Hilfe der Eingeweihte versucht, die Hand des Mädchens zu gewinnen, das er liebt, indem er einige unmögliche Aufgaben meistert.

Ähnliche Bestandteile finden sich auch in vielen Märchen, in denen die Helden aufgrund ihrer Freundlichkeit gegenüber Tieren Hilfe beim Aussortieren von Samen, beim Spinnen riesiger Mengen von Fäden oder ähnlichem bekommen. Diesen Geschichten liegt das Mysterium zugrunde, das magische Herz des Mythos, in dem die Hauptfigur in der Lage ist, Hilfe aus der Anderswelt zu erbitten, oft in Form kleiner Tiere oder Vögel dargestellt, um eine anscheinend unmögliche Aufgabe zu meistern. Viele unserer modernen Pantomimen basieren auf Märchen und Erzählungen wie zum Beispiel *Rumpelstilzchen*, *Aschenputtel*, *Die Schöne und das Biest*, in denen magische Ereignisse herbeigeführt werden. Viele dieser Geschichten werden in weiten Teilen der Welt erzählt, und viele von ihnen sind sehr alt. *Aschenputtel* zum Beispiel findet man in ganz Europa, in Afrika und sogar in einem so entfernten Land wie China, wobei die Versionen von Land zu Land leicht variieren.

Wir müssen uns bewußt werden, daß es viele Wege gibt, die in die Anderswelt führen; viele von ihnen sind gewöhnlich und bekannt, ohne daß man jedoch ihre Relevanz für die Magie würdigen würde. Fangen Sie an, sich wieder einmal mit Geschichten zu befassen, die Sie zuletzt als Kind gelesen haben oder die Sie vielleicht Ihren eigenen Kindern vorlesen. Schauen Sie, ob Kinder immer noch die alten Spiele mit Seilen oder Reimen, Liedern oder Handlungen spielen. Selbst Dinge wie das Himmel-und-Hölle-Spiel mit seinen zehn Quadraten könnten auf dem Lebensbaum der Kabbala basieren, die den hebräischen Okkultisten zufolge ein Diagramm von der Schöpfung des Universums ist! Die Geschichte von König Artus und seinen Rittern und ihrer Suche nach dem Heiligen Gral enthält eine große Menge an Material über die Suche des

Initiaten nach einem verborgenen Schatz, die Prüfung seines gesunden Menschenverstandes, seiner Stärken, seiner religiösen Überzeugungen und seiner Beziehungen zu jungen Frauen. Dieser Legendenschatz enthält viele wertvolle Schlüssel zu dem alten magischen System der Kelten, in dem Tiere als Führer oder als Omen gesehen wurden und in dem wilde Orte aufgesucht wurden, an denen Einsiedler in heiligen Hainen lebten oder gefährliche Tiere aus der Anderswelt ihr Versteck hatten. Diese uralte Suche ist nach wie vor ein wertvoller Teil unseres eigenen Erbes, und genau wie der Weg der einzelnen Hexe mußte sie oft alleine durchgeführt werden, wobei vor allem individuelle Fähigkeiten und persönliche Ressourcen zur Anwendung kamen.

Wenn Sie einige dieser alten Erzählungen und traditionellen Legenden noch einmal lesen, dann achten Sie darauf, wie das, was sie aussagen, für die heutige persönliche Suche nach Erleuchtung und magischer Kraft relevant sein kann. Alle Schlüssel sind dort zu finden, nur daß wir heute durch den gleichermaßen wilden und erschreckenden Betondschungel reisen und unsere Wildnis von unbekannten Menschen oder Maschinen bevölkert ist anstelle von Riesen oder Ungeheuern. Wir müssen immer noch die Jungfrau aus den Klauen des Drachen erretten, aber jetzt sehen wir vielleicht, daß sie unser inneres weibliches Wesen repräsentiert oder eine Rolle der Göttin, die wir bei unseren Gebetsriten annehmen können. Vielleicht begreifen wir, daß das treue Pferd unser physischer Körper ist, der richtig ernährt, trainiert und gepflegt werden will, denn ohne ihn werden wir nicht in der Lage sein, durch irgendeine Welt zu reisen, geschweige denn durch jene inneren Reiche, in denen wir ihn getrost zurücklassen können. Vielleicht müssen wir das Schwert unseres Geistes schärfen und den Schild unseres gesunden Menschenverstandes und unserer guten Laune stärken, wenn wir uns in die geistigen

Reiche der Anderswelt hineinbegeben, so daß wir uns durch nichts erschrecken lassen, was uns dort begegnen kann, und auch nicht in Ehrfurcht vor der Kraft erstarren, die wir dort entdecken werden. Alles, was uns auf unserer magischen Reise Schrecken bereiten könnte, kommt ebenso wie die aufsteigende Kraft ursprünglich aus unserem Inneren. Wir können es nicht vertreiben oder überwinden, genausowenig, wie wir uns einen Fuß abschneiden können oder uns an einem sonnigen Tag von unserem Schatten lösen können.

Die besten und sichersten Wege in die Anderswelt beginnen an den wilden Orten dieser Welt. Verlassene Heidemoore, brachliegende Wiesen mit wilden Blumen, die nur von Rehen und Hasen abgefressen werden, heilige Haine mit Bäumen, die um eine sprudelnde Quelle herum stehen, oder unberührte Wälder stellen eine wahrhaftige und sichere Pforte in die Anderswelt dar. Desgleichen eine Höhle, eine vom Meer umspülte Grotte oder ein noch nicht bestiegener Berggipfel – aber die erstgenannten Vorschläge werden leichter vorstellbar, klarer sichtbar und sanfter sein, wenn Sie Ihre ersten Schritte in die inneren Reiche machen.

Im folgenden eine einfache Übung. Lesen Sie die Worte einige Male, um sie sich einzuprägen, und nehmen Sie dann eine bequeme, aufrechte Position ein, bei der Sie sich mit dem Rücken gegen die Stuhllehne oder an einen Baum lehnen. Atmen Sie ein halbes Dutzend mal langsam, sanft und tief durch; fühlen Sie, wie jegliche Spannung Ihren Körper verläßt, aber bleiben Sie trotzdem wach und aufmerksam, körperlich jedoch entspannt und in Frieden. Schließen Sie Ihre Augen, ohne sie zusammenzukneifen, und spüren Sie in Ihren Körper hinein, um festzustellen, ob es noch irgendwo Unbehagen oder Spannungen gibt. Vergewissern Sie sich, daß weder Arme noch Beine gekreuzt sind, so daß der Energiefluß nicht behindert wird, wenn Sie in einen Andersweltzustand hineingehen. Dann visualisieren Sie nacheinander die folgenden Bilder; tauchen Sie dabei so langsam wie nötig und so vollständig wie möglich nacheinander in jedes der folgenden Bilder ein:

Visualisieren Sie zunächst ein weiches, braunes Gewand aus Schafwolle, das Sie um sich herumgewickelt haben. Fühlen Sie seine angenehme Struktur, seine Wärme und Bequemlichkeit. Das wird Sie schützen, Sie unsichtbar machen, wenn Sie draußen sind oder Ihr Bewußtsein drinnen von eindringenden Gedanken oder Störungen ablösen. Werden Sie sich dieses Gewandes wirklich bewußt, bevor Sie zum nächsten Bild übergehen.

Jetzt, immer noch von dem schützenden Gewand umhüllt, stehen Sie auf und sehen, daß Sie auf einem schmalen Pfad stehen, der durch ein Feld mit wilden Blumen führt. Der Tag ist angenehm sonnig, und eine leichte Brise streift Ihre Wangen. Sie können den Geruch von Heu und von zahlreichen Blumen riechen und den Wind fühlen, der frei bläst. Vielleicht hören Sie das schläfrige Brummen der Hummeln, das Zirpen von Grillen, das Summen von Insekten zwischen den Blumen und das Säuseln des Windes im Gras. Ansonsten ist es sehr still.

Sie gehen den Weg entlang und sehen, daß er sich einen Hügel hinaufwindet und zu einer kleinen Baumgruppe führt. Sie spüren einen großen Frieden, wie Sie so im Sonnenschein dahinschlendern. Bald kommen Sie der Baumgruppe näher und sehen, daß alle Bäume dunkelgrün sind und ihr volles Sommerlaub haben. Vielleicht erkennen Sie junge Eichen, kleine Eschen, das dunklere Grün der Stechpalmen, die gezähnten Blätter des Weißdorns mit Trauben grüner Beeren zwischen den Zweigen. Sie begeben sich in den kühleren Schatten und beginnen, das Zirpen der Vögel und das Rauschen der leichten Brise in den Zweigen zu hören. In dem gedämpfteren Licht halten Sie an.

Nach einigen Augenblicken fällt Ihnen etwas Helleres ins Auge, und

Sie gehen weiter und bahnen sich Ihren Weg zwischen den Bäumen hindurch. Sie sehen das saftige Gras am Wegesrand, in dem weiße und malvenfarbene Blumen blühen. Sie beginnen, andere Wesen wahrzunehmen, vielleicht sind es nur Vögel oder kleine Tiere, vielleicht sind es auch jene beobachtenden Geister, die überall in der Natur zu finden sind.

Sorgsam suchen Sie sich weiter Ihren Weg, denn die Bäume wachsen hier dichter, und der Pfad hat sich in einer lehmigbraunen Lauberde verloren, die den Waldboden bedeckt.

Sie schauen sich um und sind nicht sicher, welchen Weg Sie einschlagen sollen.

Sie drehen sich um und suchen den Weg, aber er ist verschwunden. Die mit Blättern bedeckten Zweige streifen Ihr Haar, und die Baumstämme bewegen sich scheinbar auf Sie zu. Das trübe grüne Zwielicht verdunkelt sich, und Sie beginnen sich allein und verirrt zu fühlen. Vor Ihnen scheint sich so etwas wie ein Torbogen aus schlanken Vogelbeeren aufzutun, die sich einander zuneigen, und jenseits von ihnen scheint eine hellere Lichtung einen sichereren Weg zu bieten. Sie machen sich Ihren Weg frei durch die tiefhängenden Zweige, die hier und dort mit dem pfeffrigen Aroma der in Büscheln herunterhängenden weißen Blüten der Vogelbeeren gewürzt sind. Es fühlt sich so an, als ob sich vor Ihnen eine Tür zum Licht öffnet, als Sie zwischen den glatten, schlanken, graugrünen Stämmen hindurchgehen. Vor Ihnen liegt ein umgestürzter Baum, von Efeu und Kletterpflanzen überwachsen, aber ein Teil des Baumstammes ist unbewachsen, und Sie setzen sich dankbar darauf, um sich eine Weile auszuruhen.

Das Licht, das unter den Bäumen zu verblassen scheint, fängt jetzt an, sich aufzuhellen, und jedes Blatt glitzert und schimmert und wird von glänzenden Punkten aus Sonnenlicht beschienen. Alle Vögel singen vielstimmig im Chor. Um Sie herum scheint der Wind in den Zweigen zu rascheln, und kleine Wirbelwinde wirbeln Staubwolken auf. Während Sie all diese Dinge auf einmal spüren, kommt ein unsichtbares Wesen auf Sie zu, und eine glockenähnliche Stimme erhebt sich hinter Ihnen.

»Willkommen, mein Kind, warum bist du durch die Tür im Herzen des grünen Waldes gekommen?«

Sie versuchen, sich umzudrehen, um zu sehen, wer hinter Ihnen steht, aber Ihr Körper weigert sich, und alles, was Sie aus dem Augenwinkel heraus erspähen können, ist ein grünlicher Schatten. Irgendwie gelingt es Ihnen, zu sprechen und zu antworten. Neue Fragen folgen, und Sie erhalten lange Antworten; zumindest erscheint Ihnen die Zeit sehr lang.

Schließlich herrscht Schweigen, das Licht wird dunkler, der Vogelgesang erstirbt, und die Bäume sind still. Sie schauen sich um und sehen vielleicht gerade noch ein davonhuschendes grünes Gewand, das zwischen den Baumstämmen verschwindet, eine große Gestalt, die sich schnell in die Finsternis aus Blättern hineinbewegt. Für einen Moment denken Sie über das nach, was gesagt worden ist, dann stehen Sie langsam auf.

Zwischen den überhängenden Vogelbeerzweigen sehen Sie den Weg, der jetzt ganz klar und gerade vor Ihnen liegt. Sie gehen auf ihm weiter. Die Bäume, die sich auf Sie zuzubewegen schienen, berühren jetzt leicht Ihr Haar und geben Ihnen einen Segen mit auf den Weg. Der Geruch nach grünem Laub, wilden Blumen und weicher Lehmerde erfüllt Ihre Nasenlöcher, und Sie atmen diese freie, frische Luft tief ein. Bald verlassen Sie den Wald, sehen, wie winzig er erscheint, wie sicher und vertraut die Bäume sind. Sie überqueren die blühende Wiese, nehmen wieder genau die Farben der Blumen, die Berührung der Gräser, das Gezwitscher der aufsteigenden Lerchen und das leise Summen der Bienen wahr.

Als Sie sich umschauen, wird die Szene neblig und trüb. Sie sind sehr glücklich und entspannt, aber jene Bilder, Gefühle und Erfahrungen klingen in Ihnen nach. Bald sind Sie bereit, Ihre Augen zu öffnen und sanft aber vollständig in Ihre vertraute Welt zurückzukehren. Kommen Sie zurück und erinnern Sie sich!

Machen Sie diese Reise mehrere Male, achten Sie jedesmal darauf, was Sie sehen, fühlen und hören – einschließlich der Alltagsgeräusche, die Sie ablenken, und der Fragen, die Ihnen das Wesen im Wald stellt. Jedesmal werden Sie neue Aspekte dieser sehr einfachen, aber kraftvollen Übung entdecken, denn sie ist ein Schlüssel zum Tor der Anderswelt. Wenn Sie mit der Technik vertraut sind, dann werden Sie feststellen, daß sich, wenn Sie sich auf diesen Pfad begeben, immer neue Wege zwischen dieser und der Anderswelt eröffnen. Sie werden die Reise zu geistigen Entdeckungen und Abenteuern antreten und neue Aspekte dieses inneren Reiches erspüren. Der Zutritt zu ihm ist frei, seine Pfade sind geschützt, und all das, wovor Sie sich fürchten, bringen Sie selbst mit.

Begeben Sie sich auch auf wirkliche Reisen, um ruhige Feldwege auf dem Lande, alte Dörfer, Flußufer, klippenumsäumte Strände und weite Moore zu besuchen. Hier werden Sie entdecken können, daß das, was Sie vor Ihrem inneren Auge sehen, was Sie in Ihrem eigenen Zimmer, im Garten oder an einem ruhigen Ort heraufbeschworen haben, reale natürliche Entsprechungen hat. Desgleichen werden Sie herausfinden, daß Sie in der Wildnis den großen Wesen der Natur, den Göttern und Göttinnen der grünen Welt, den Naturgeistern, Dryaden oder Baumwächtern, Totemtieren, realen Tieren oder auch mythischen wilden Tieren begegnen können, wenn Sie ihnen auf halbem Wege entgegenkommen. Es handelt sich dabei um einen einfachen Willensakt, um mit entspanntem Körper, geschlossenen Augen und einem erwachten Bewußtsein ihre Gegenwart wahrzunehmen.

Nur regelmäßige Arbeit mit diesen grundsätzlichen Übungen wird Ihnen mit Sicherheit klare Visionen, umfassende Sinneseindrücke und wertvolle Erfahrungen verschaffen. Die realen Ausflüge in die Natur und die Übungen in Ihrem eigenen Haus müssen Hand in Hand gehen, denn mit beiden bauen Sie Datenbanken an Wissen, Symbolen und Erfahrungen auf.

Denken Sie daran: Ihnen werden reale Wesen begegnen, deren Welt mit der Ihren interagiert, aber für die meisten Menschen sind sie unsichtbar, und ihre Berührung ist für sie nicht spürbar. Sobald Sie erst einmal im Geist durch einige der alten Türen in die Anderswelt eingetreten sind, werden Sie vielleicht beginnen, noch klarer wahrzunehmen, wo sich die beiden Welten überschneiden und wo sie ineinandergreifen. Aus diesem Grunde können Sie die alten Götter, die Ihnen begegnen, nicht herbeirufen, ihnen Befehle erteilen oder sie vertreiben. Sie sind immer da, und es ist nur Ihre eigene Sicht und Fähigkeit zur Interaktion mit Ihnen, über die Sie gebieten können. Wie Muskeln, so müssen auch die inneren Augen des Reisens in die Anderswelt langsam, sanft und sorgfältig geübt werden, um die besten Resultate zu erzielen.

Jede Kreatur, jeder Baum, jede Quelle, jeder wilde Flecken Natur, jeder Gott oder Naturgeist hat seinen eigenen Platz im allgemeinen Plan der Dinge. Alle können für Sie sichtbar werden, wenn Sie sich die Mühe machen, sie kennenzulernen. Seien Sie höflich, respektvoll und vernünftig im Umgang mit den weisen Alten aus anderen Dimensionen. Sie können Ihnen Weisheit, Heilung, Macht und Liebe bringen und werden sehr wenig als Gegenleistung verlangen. Oft werden sie Ihnen Geschenke geben, die, obwohl sie normalerweise in Ihnen unsichtbar werden, bevor Sie vollständig in diese Welt zurückkehren, real und nach den Gesetzen der Anderswelt oft auch wertvoll sind.

Bedanken Sie sich immer für solche Geschenke, selbst wenn Sie zu der Zeit, wo Sie sie empfangen, nicht wissen, was sie sind oder wozu sie dienen könnten. Jedes ist wahrscheinlich ein Schlüssel, um Tore zu Ihren eigenen Türen in die Anderswelt zu öffnen, hinter denen Sie das Wissen, die Erfahrungen, die magische Energie oder die Hellsicht finden können, die Sie am dringendsten benötigen.

Eines Tages werden Sie anfangen zu sehen, daß es überall um Sie herum Türen in die Anderswelt gibt und immer gegeben hat. Sie können Sie von Ihrer eigenen Straße weg in das Märchenland hineinführen oder aus Ihrer Stadt in das Herz des grünen Waldes. Durch persönliche Erfahrung werden Sie allmählich begreifen, daß das innere Auge nicht die einzige Möglichkeit ist, um diese anderen Welten wahrzunehmen. Einige von Ihnen werden die Atmosphäre, die Wärme, Kälte oder Energie nur fühlen oder spüren; andere werden hören, mit vielen Stimmen sprechen – entweder nur in ihrem Kopf oder auch für gewöhnliche Ohren vernehmbar. Einige Orte oder Wesen aus der Anderswelt, insbesondere Tierformen, die unter anderem den Geruch als Sprache haben, können anhand der Luft gerochen oder geschmeckt werden, ähnlich wie Ihnen der salzige Tang mitteilt, daß Sie sich in der Nähe eines Meeres befinden, oder wie Sie wissen, daß es regnet, wenn der beißende Geruch eines nassen Hundes ihm vorausgeht, bevor er ins Haus kommt. Unsere Sinne sind durch so schlechte Gewohnheiten wie Rauchen, den Verzehr unnatürlicher Nahrung und das Leben in Räumen mit Zentralheizung abgestumpft im Vergleich zu denen unserer Vorfahren, aber wir sollten so weitreichend von ihnen Gebrauch machen wie möglich, besonders dann, wenn unser Sehsinn, der Sinn, den wir mehr als alle anderen benutzen, uns genommen wird, indem wir die Augen schließen und den Fokus auf andere Reiche verlagern.

Sie werden bald dem magischen Paradox begegnen, das sich in der Frage zusammenfassen läßt: »Erfinde ich das alles nur?« Denken Sie einmal darüber nach, was diese Frage in unserem Zusammenhang bedeutet. Ist das »Erfinden« nicht eine höchst kreative Tätigkeit? Was Sie sagen wollen – wahrscheinlich zu sich selbst, als die Art von Frage, die auftaucht, wenn Sie sich allein Ihren Weg erkämpfen –, ist, daß Sie sich das, was Sie fühlen, riechen, spüren oder in anderer Form wahrnehmen, nur »ausgedacht« haben. Und doch lernen Sie dabei, die Dinge auf neue Weise wahrzunehmen, was Ihnen vielleicht zunächst irrational erscheinen mag. Allmählich werden Sie dann feststellen, daß die Frage eigentlich keine Bedeutung hat. Es spielt einfach keine Rolle, ob Sie Dinge »erfinden«, sie sich »ausdenken« oder ob Sie wirklich Dinge über das Normale hinaus sehen und spüren, solange Sie tatsächlich lernen, sich ihrer bewußt zu werden. Sie können dabei versuchen, sich selbst zu überraschen, genauso, wie Sie einige der Szenen, denen Sie in der Anderswelt begegnen, überraschen werden. Dabei werden Sie das Wesen des okkulten Wissens verstehen lernen.

»Elementale« sind natürliche Energien, die zu den Elementen Erde, Wasser, Feuer und Luft gehören. Wir können nicht wirklich sicher sein, wie sie in ihren eigenen Reichen aussehen, denn wie alle Wesen, die vor unserem getrübten inneren Auge erscheinen, werden sie oft nach unserer eigenen Vorstellungskraft geformt. Ein einfaches Beispiel hierfür sind die Engel. Sie können sich zu diesem Zweck Bilder aus verschiedenen Zeiten christlicher Tradition anschauen und werden Illustrationen von Figuren in langen Gewändern mit Flügeln sehen, die in verschiedenen Farben und Aufmachungen und mit unterschiedlichem Realitätsgrad gemalt sind. Zeigen Sie ein solches Bild einem Ausländer oder einem Kind, dann werden diese wahrscheinlich in der Lage sein, das Bild als Darstellung eines Engels zu identifizieren. Engel sehen aber in Wirklichkeit nicht so aus – sie sind keine fliegenden Wesen, sondern große, formlose Energiegebilde in Regenbogenfarben. Das werden Sie erkennen, wenn Sie sie jemals in ihren eigenen Formen sehen, was Sie tun können, wenn Sie sie bitten, Ihnen so zu erscheinen. Aber menschliche Künstler haben über viele Hunderte von Jahren hinweg jenes stereotype Abbild geschaffen, das zwar einer Vision entstammte, aber dann in menschliche Formen übersetzt wurde.

Das gleiche gilt für die Elementarwesen. Sie sehen aus wie ihr Element – fließende, strömende, helle, nahezu unsichtbare, große Wirbel, die als Nymphen oder Dryaden bzw. als Sylphen oder Gnome wahrgenommen werden können. Sobald Sie gelernt haben, ihnen unbemerkt nahe zu kommen, indem Sie sanft ihre Welten betreten, ohne über verschiedene Dimensionen hinweg Wellen zu erzeugen, können Sie sie so sehen, wie sie in Wirklichkeit sind. Werden Sie sich jedoch bewußt, daß all diese Wesen unermeßlich groß, erhaben und expansiv sind. Sie sich als kleine tierähnliche Geister vorzustellen setzt sie herab und wertet ihre Macht ab. Sie sind ewig, ehrfurchtgebietend, mächtig und weitaus weiser als die Kinder der Erde.

Ein Teil der alten Künste besteht im Akzeptieren anderer Dimensionen, anderer Bereiche, anderer Realitäten, von denen wir nur durch Ignoranz oder vielleicht auch durch übergroße Skepsis abgeschnitten sind. Wir können Fernsehbilder nicht ohne Fernsehgerät, Strom und Antenne empfangen, aber die dazugehörigen Informationswellen befinden sich überall um uns herum. Wir können Elementale oder Engel nicht sehen, aber wenn wir sie uns im Geiste vorstellen und so auf geistigem Wege den Strom, die Antenne und den Empfänger bereitstellen, dann können wir sie sehr wohl wahrnehmen. Wenn wir diese Sinne einstellen, auf dieselbe Weise, wie ein Fernsehtechniker einen Satellitenempfänger einstellt, dann wird das Bild deutlicher, der Klang klarer und unser Verständnis dessen, was übermittelt wird, immer größer. Jeder von uns ist mit der Fähigkeit geboren worden, diese »astralen« Signale aus der Sternenwelt zu empfangen.

Vielen von uns war als Kindern sehr bewußt, daß wir durch die Lüfte reisen und Elfen, Tieren oder anderen Kindheitshelden begegnen konnten. Wir sind ihnen in den meisten Nächten in unseren »Träumen« begegnet, aber als Erwachsene mußten wir von neuem jene kindliche Einfachheit erlernen, das Akzeptieren dessen, was unserer Erwachsenenlogik als unwahrscheinlich erscheint. Das ist das Geheimnis des Betretens der Anderswelt, sich bewußt zu werden, daß es dort Dinge geben kann, deren wir uns im Alltagszustand unseres Geistes nicht bewußt sind, die uns jedoch die alten Künste enthüllen können, wenn wir unserer Intuition und ererbten Weisheit vertrauen. Es kann sein, daß wir zu diesem Zwecke riesige kulturelle Sprünge machen müssen, aber das ist ein Aspekt dessen, »eine Hexe zu werden« oder allein den Weg in die Reiche der Großen Götter zu betreten. Wir werden mit Sicherheit überrascht sein, denn das ist ein deutliches Anzeichen dafür, daß in unserem Leben Magie am Werke ist, daß wir durch den hauchzarten Schleier des bewußten Akzeptierens hindurchgegangen sind und begonnen haben, für uns selbst zu sehen und Erfahrungen zu machen. Probieren Sie es aus: Es könnte Ihr Leben von Grund auf verändern!

Übungen

Heutzutage benutzen wir psychologische Ausdrücke, um die verschiedenen Zustände zu beschreiben, die man während der Meditation oder bei kreativen inneren Reisen erfährt. In alter Zeit waren solche Zustände Bestandteil der eintönigen und sich wiederholenden Arbeit, die die meisten Menschen ertragen mußten. Weil solche Zustände heute selten vorkommen, müssen diejenigen, die die Meditation als äußerst wichtiges Werkzeug für ihre inneren Studien verwenden wollen, diese

einfache Kunst, die sich als überraschend schwierig herausstellen kann, erlernen.

Die Techniken, die während des vierten Mondes durchgear-
beitet werden, müssen für jede Art von magischer Arbeit ge-
meistert werden, und nur sie erlauben es dem Übenden, persönliche Visionen von den Göttern und Göttinnen in einer
kontrollierten Form zu haben.

Beginnen Sie, indem Sie eine Beschreibung einer der Gottheiten lesen, und fangen Sie dann mit geschlossenen Augen
und in entspannter Haltung an, sich diese Beschreibung nach-
zuerzählen. Bauen Sie das Bild dabei so lange auf, bis es klar
ist. Versuchen Sie, das mindestens vier Tage lang für jeweils
etwa eine Viertelstunde zu machen.

Eine andere wertvolle Übung besteht darin, daß Sie sich eine
reale Blume oder Pflanze anschauen, die sich vor Ihnen befindet, und dann Ihre Augen schließen und versuchen, sie vor Ihrem geistigen Auge zu »sehen«. Sie wissen, daß sie real ist, daß
sie Leben hat, aber sie mit geschlossenen Augen zu sehen,
kann am Anfang sehr schwierig sein. Üben Sie dies so viele Sitzungen lang, bis Sie ein klares geistiges Abbild von der Pflanze
haben. Sie können die Pflanze auch einige Sitzungen lang im
Geiste erblühen lassen, indem Sie zunächst Knospen, dann
Blüten, dann Früchte oder Samen entstehen lassen. Sie werden in der Lage sein müssen, Bilder als magische Handlungen
zu erzeugen und sie dann zu verändern; je eher Sie also den
Kniff heraus haben, um so besser.

Schauen Sie sich einige bekannte Märchen an, und versuchen
Sie den magischen Kern in ihnen zu finden. Vielleicht werden
Sie überrascht sein. Wie klar führen Ihre Lieblingsschriftstel-
ler Sie in die Welt ihrer Phantasie? Versuchen Sie ebenfalls,
das okkulte Thema einer beliebigen Kindergeschichte zu ent-
schlüsseln.

Probieren Sie die innere Reise, die in diesem Kapitel beschrieben wird, mindestens dreimal aus. Schreiben Sie in Ihrem Buch auf, was Sie gesehen, gefühlt und sich vorgestellt haben und was sich zwischen dem ersten und dem dritten Versuch verändert hat. Schreiben Sie die Fragen und Antworten auf, die Sie jedesmal bekommen haben.

Nehmen Sie sich Zeit, um an einfachen Orten spazierenzugehen, und arbeiten Sie eine innere Reise aus, die auf einem realen Spaziergang an einem Feldweg, einem Fluß oder am Meer entlang basiert. Probieren Sie diese Reise ebenfalls mehrere Male aus, und schauen Sie, was passiert. Vergleichen Sie das mit dem, was Sie bei der gewollt magischen Reise in den grünen Wald fühlen und spüren.

Warum sind die Wesen aus der Anderswelt real? Wie können Sie ihre Realität beweisen, und sei es nur sich selbst gegenüber?

Versuchen Sie, einen inneren Ort zu betreten, an dem Sie sich mit den Elementalen der Erde und danach mit denen des Wassers treffen können. Schreiben Sie auf, was passiert ist; und später, wenn Sie mehr Übung haben, probieren Sie das gleiche mit den Elementarwesen des Feuers und der Luft aus. Passiert irgend etwas Neues in Ihren Träumen?

Im folgenden einige Bücher mit Anleitungen für Meditationen oder innere Reisen.

Dolores Ashcroft-Nowicki: *Magische Rituale* (siehe Kapitel 4)
Korra Deaver: *Magische Kräfte und Spiritualität.* Knaur, München 1993
Marian Green: *Ritualmagie* (siehe Kapitel 1)
Naomi Humphrey: *Der innere Weg.* Econ-TB, Düsseldorf 1989
Katja Wolff: *Magie. Kunst des Wollens, Macht des Willens.* Knaur, München 1992

In Buchhandlungen und Esoterikläden finden Sie auch eine große Auswahl an *Musikcassetten* mit Anleitungen zur Visualisation und geführten Meditationen.

Wenn Sie es trotz zahlreicher Versuche nicht schaffen, jenen geeigneten, entspannten Geisteszustand herbeizuführen, durch den Sie bei diesen Übungen zu Ergebnissen kommen, dann machen Sie sich klar, daß Sie sich vielleicht zu sehr anstrengen. Spielen Sie also damit, machen Sie es mehr zu einem Experiment, das sich in einer Haltung wie »Naja, es ist nicht wirklich wichtig, aber ich werd's mal ausprobieren!« ausdrückt. Versuchen Sie es auch zu verschiedenen Tageszeiten; der frühe Morgen ist normalerweise die beste Zeit, aber der Mittag oder, wenn es die Umstände erlauben, der frühe Abend könnten für Sie ebenfalls passende Zeiten sein.

6 Spuren des heidnischen Glaubens

Die alten heidnischen Briten hatten es sich zur Gewohnheit gemacht, Jahrmärkte abzuhalten, wenn sie sich in den heiligen Zentren für die großen Sonnenfeste versammelten. Die Jahrmärkte ähnelten sich immer, egal, ob sie nun heidnisch oder christlich waren, und die missionarischen Zentren entstanden dort, wo die Menge zusammenkam. Als der König konvertiert war, tauschten sie einfach die Sonne durch den Gottessohn aus. Die gewöhnlichen Menschen wurden sich des Unterschieds nie bewußt. Sie gingen auf die Jahrmärkte, um Spaß zu haben, und nahmen an den Zeremonien teil, die ihnen Glück bringen und ihre Felder fruchtbar machen sollten. Was kümmerte sie der Unterschied zwischen Karfreitag und dem Frühlingspflügefest?

Dion Fortune: *The Goatfoot God*

Obwohl wir in einem christlichen Land leben, haben viele der heiligen Stätten, der Tage für die Kirchenfeste und der Feiern in Stadt und Land Wurzeln, die viel weiter zurückreichen als diejenigen des Christentums. Heute vergessen wir vielleicht, daß die gewöhnlichen Menschen, die auf dem Lande lebten, wenig mit der Religion der Herrscher zu tun hatten, und über einen sehr langen Zeitraum fanden die Riten, an denen sie teilzunehmen hatten, in lateinischer Sprache statt, so daß die nicht näher erläuterten Gebete der Priester für etwa neunzig Prozent der Gemeinde nur geringe Bedeutung hatten. Auf ihre eigene Weise und an Plätzen, die von der Natur schon lange als heilig erklärt worden waren, führten diese Menschen ihre eigenen einfachen Rituale durch. Die traditionellen Schauplätze für Opfergaben, Bittgebete und Danksagungen befanden sich unter alten Bäumen, an markanten Felsen, Gipfeln, Höhlen oder Quellen. Das waren die heiligen

Plätze für die Angehörigen der alten Religion. Außer einem sternenbesetzten Nachthimmel oder einem Blätterdach aus grünen Zweigen brauchten sie kein Dach, um ihre Schreine zu bedecken. Ihre Götter und Göttinnen waren die Urahnen, riesige, uralte und unermeßliche Wesen, die trotz dieser Eigenschaften für gewöhnliche Menschen mit ihren Alltagssorgen, Kümmernissen und Wünschen erreichbar waren.

Natürlich sind viele der uralten heiligen Stätten bekannte Orte von historischem oder archäologischem Interesse – berühmt wegen ihrer riesigen Steinkreise, Erdbauten, Wälle, Gräben und Hügelgräber. Man wird erst jetzt gewahr, wie alt viele dieser enormen Zeugnisse menschlichen Bemühens wirklich sind, und datiert sie immer weiter zurück. Viele der wirklich kunstvollen Monumente, wie New Grange in Irland und Stonehenge, sind vielleicht schon vor nahezu 6000 Jahren errichtet worden, und sie haben viele Phasen des Aufbaus und Wiederaufbaus durchlaufen. Diese mächtigen Monumente hatten mit Sicherheit religiöse und magische Bedeutung und waren nicht ausschließlich rituelle Begräbnisstätten für die wenigen auserwählten Toten, genausowenig, wie etwa die riesigen mittelalterlichen Kathedralen lediglich ganz besondere Grabstätten für einige alte Bischöfe waren!

Ebenso wie die riesigen, berühmten alten Stätten sind buchstäblich Tausende viel einfacherer, aber bestimmt genauso alter Anlagen über ganz Europa, den Mittelmeerraum und Nordafrika verstreut. Von einigen zeitlosen Bauten weiß man, daß sie komplexe Tempel darstellten, die wahrscheinlich der Erdmutter, in deren Form sie erbaut wurden, geweiht waren; so zum Beispiel die Tempel auf Malta und der Nachbarinsel Gozo, in denen viele kleinere Figurinen mit dicken, schwangeren Göttinnen entdeckt worden sind. An anderen Orten finden wir jetzt nur noch einzelne aufrecht stehende Steine, kleine Erhebungen auf heiligen Grabhügeln, partielle Kreise oder Reihen von Steinen verschiedener Größe. Der Ruhm und die Kraft einiger dieser alten Heiligtümer liegt im verborgenen, aber denjenigen, die bereit sind, die alten Wege des Sehens anzuwenden, können diese Tempel in Visionen so erscheinen, wie sie zu ihrer Blütezeit aussahen.

Lassen Sie sich von dieser Möglichkeit überraschen. Suchen Sie allein einen nahegelegenen Ort mit wirklich sehr alten Monumenten dieser Art auf, seien es nun Grabhügel, Hünengräber, Steinkreise, Dolmen, Menhire oder etwas Ähnliches. Setzen Sie sich dort hin, entspannen Sie sich, und erlauben Sie es Ihrem Geist, den weiten Fluß der Zeit zu durchqueren, der jene Anlage zu ihrer Gründungszeit von unserer modernen, schnellebigen Welt trennt. Versinken Sie in Meditation, mit der stillen Bitte auf den Lippen und in Ihrem Herzen, etwas über die Weisheit, mit der diese Kultstätte errichtet wurde, erfahren zu dürfen, etwas über die Kräfte, mit denen dort umgegangen wurde, und die Aspekte der Göttin und des Gottes, die dort geehrt wurden. Werden Sie so still und geistig wach, wie Sie nur können, und stellen Sie sich einen Nebel vor, der die Zeit aufhebt und Sie und den heiligen Ort, den Sie besuchen, vollkommen einhüllt. Der Nebel repräsentiert die vielen Jahre, die vergangen sind, und wenn er dann allmählich verschwindet, könnte es sein, daß die Landschaft, die Sie zu sehen oder zu spüren beginnen, sich verändert hat. Wenn Sie Menschen sehen, dann bitten Sie sie im Geiste darum, mit ihnen kommunizieren zu dürfen, und darum, daß sie erkennen mögen, daß Sie als Freund und Sucher ihre heilige Stätte betreten. Was sie Ihnen zu sagen haben, werden Sie wahrscheinlich in Ihrem Kopf hören oder hinter verschlossenen Lidern sehen, aber es wird für Sie einen tiefen Sinn haben.

Obwohl es sich hierbei um eine sehr einfache Übung handelt, werden Sie, wenn Sie einige der an früherer Stelle empfohlenen Meditationstechniken geübt haben, einen sicheren Weg beschreiten und klaren Zugang zum Wissen der Vergangenheit erlangen. Nichts kann je vollkommen verlorengehen. Wir haben lediglich die Schlüssel unserer Vorfahren zu dem verloren, was einstmals bekannt war und was wir vielleicht auch selbst in einem früheren Leben wußten. Die gewachsene Weisheit der Großeltern wird nicht mehr wie früher an die jüngere Generation weitergegeben, als jung und alt im Winter um die Feuerstätte herum saßen, und auch die traditionellen handwerklichen und geistigen Fähigkeiten werden nicht mehr im Garten oder in der Werkstatt miteinander geteilt. Unsere Großeltern sind vielleicht schon gestorben, sie sind vielleicht in einem Altersheim untergebracht, durch Familienstreitigkeiten oder einfach durch die Entfernung von uns getrennt. Wir achten die älteren Menschen nicht mehr, und vielleicht sind wir sogar damit aufgewachsen, uns über sie lustig zu machen und ihre vermeintlich altmodischen Ideen zu mißbilligen. Diejenigen, die auf den Wegen der alten Götter wandeln möchten, werden die verwandtschaftlichen Bindungen, den Wert von ererbtem Wissen und die Kraft der vergessenen Überlieferung von neuem kennenlernen müssen.

Da wir in einer Welt leben, die sich von Woche zu Woche, anstatt wie früher von Generation zu Generation, verändert, sind wir vielleicht gar nicht mehr in der Lage, mit dem Tempo der Veränderung mitzuhalten; dabei ist Veränderung der eigentliche Kern der Magie. Magie ist die Kunst, mit der Veränderung zu arbeiten, sie vorherzusagen und sie durch unseren konzentrierten Willen zu gestalten. Jetzt, im Übergang vom Fischezeitalter zum Wassermannzeitalter, rauscht die Welt in immer schnellerem Tempo an uns vorbei. Vielleicht ist die schwierigste Lektion, die wir lernen müssen, diejenige, unser Tempo zu verlangsamen, zur Geschwindigkeit von Pferd und Wagen zurückzukehren und nicht zu derjenigen von Eisenbahn oder Flugzeug. Indem wir unser Tempo verlangsamen, ändern wir unseren Fokus, unsere Sicht der Dinge, etwa so, wie wir in Träumen das Gefühl haben, daß wir durch Sirup stapfen oder uns so bewegen, als ob wir unter dem Einfluß der Schwerkraft des Mondes stünden und nicht unter demjenigen der Erde.

Indem wir still werden und die Natur bei ihrer Arbeit und beim Spiel beobachten, füllen wir unsere entleerten Vorräte an natürlicher Energie und unser Bewußtsein von dem, worum es in der Welt wirklich geht, wieder auf. Egal, wie urban wir New-Age-Heiden auch sein mögen, wir können Menschen, Tiere, die Blumen und Bäume um uns herum genauso beobachten, wie unsere heidnischen Vorfahren ihre Welt an den Schwellen ihrer Hütten haben vorbeiziehen sehen. Durch Beobachtung können wir lernen, die Stimmung von Menschen und Tieren zu beurteilen. Wissenschaftler drücken das durch den Begriff »Körpersprache« aus. Es ist die alte Art, wie wilde Tiere und Insekten miteinander kommunizieren und wie Menschen in einem Code, den nur wenige von uns zu lesen gelernt haben, unbewußt einige ihrer innersten Gefühle zum Ausdruck bringen. Ein alter Landbewohner konnte eine Kuh auf einem weitentfernten Feld sehen und wußte, daß sie bereit war zu kalben, daß ein Pferd lahm wurde oder daß der Hofhund einen Fremden gewittert hatte. All das konnte er an der Art und Weise ablesen, in der ein Tier dastand.

Diese scheinbar trivialen Informationen machten den riesigen Wissensvorrat aus, aus dem die weise Frau im Dorf oder der Hexenmeister schöpfen konnten. Das meiste Wissen war in erster Linie intuitiver Art; aufgrund ihrer Intuition wußte die weise Frau, die für ihren Liebeszauber bekannt war, bereits im voraus, daß das Mädchen, das zu ihr in ihre Hütte kam, um Rat bitten würde, weil sie es auf einen bestimmten Mann abgesehen hatte, oder daß einer der jungen Burschen sein Auge auf eine bestimmte verheiratete Frau geworfen hatte. Sie

137

wußte auch schon im voraus, wie sie unpassende Verbindungen abwehren konnte oder mit Hilfe von Magie und der Psychologie des gesunden Menschenverstandes jene Beziehungen fördern konnte, mit denen sie einverstanden war. Heutzutage machen wir das mit der Heiratsvermittlung per Computer!

Viele der alten heiligen Stätten, der uralten heiligen Plätze und heilenden Quellen befinden sich geradewegs vor unseren Augen, aber unsere Augen, die eher an das Fernsehen gewöhnt sind, sehen sie nicht, weil sie keine Untertitel tragen. Wir müssen lernen, auf all das zu schauen, was uns helfen könnte, die Dinge in einem neuen Licht zu sehen; schauen Sie sich lokale Bräuche und Prozessionen, traditionelle Gerichte, Tänze und Jahrmärkte noch einmal genauer an. Jede dieser Traditionen hilft, einige der Fäden zu finden, mit denen wir mit unserem magischen und heidnischen Erbe verbunden sind; und mit ein wenig Zeit, Glück und Überlegung könnte es uns gelingen, das ganze Knäuel zu entwirren und wieder seine heiligen Farben, seine geheimen Bilder und seine lang verlorene Weisheit zu sehen. Jede Stadt mußte zum Beispiel in der Nähe eines Gewässers gegründet werden. Das mag trivial klingen, aber es stimmt! Selbst unterhalb von London (das heißt »Lager des Llud«, des Gottkönigs der vorrömischen Zeit), befinden sich unterirdische Heilquellen, Brunnen und alte Wasserläufe, wie man aus den alten Bezeichnungen für manche Stadtteile, Straßen und Gebäude entnehmen kann. Die Verbindungen zum Wasser werden nur allzu deutlich, wenn Sie erst einmal nach ihnen Ausschau halten.

Nehmen Sie als Beispiel auch einige der berühmten Kirchen in London – St. Paul's wurde viele Male errichtet und umgebaut, jedoch immer auf jenem Hügel, auf dem sich in heidnischer Zeit ein Tempel zu Ehren der Mondgöttin Diana befand. Vielleicht hat deshalb der mystisch veranlagte Prinz

Charles beschlossen, seine Diana dort zu ehelichen! Viele der Londoner Kirchen sind durch die kraftvollen »Ley-Linien« miteinander verbunden, die auch bekanntere heilige Orte wie zum Beispiel Glastonbury und Avebury miteinander verbinden. Die Temple-Kirche in der Nähe der Themse, die im letzten Krieg beschädigt wurde, wurde von Rittern des Templerordens errichtet, jener magischen Bruderschaft, deren Riten eine weitere Schicht der westlichen Mysterientradition bilden. Ihre Überreste zeigen immer noch den kreisförmigen Kapitelsaal, der von mysteriösen Antlitzen geschmückt ist, die auf die vom Feuer versehrten Bildnisse der alten Ritter hinabblicken.

Nahezu alle alten Kirchen in Großbritannien, und mit Sicherheit diejenigen, die vor 1500 n. Chr. errichtet wurden, sind geheime Fundgruben für heidnische Symbolik und uralte Macht. Wenn einige neue Heiden die christliche Religion ablehnen, werfen sie gleichzeitig ihr Erbe, das in vielen Dorfkirchen in Form von Abbildern aus Stein erhalten geblieben ist, aufgrund seines neuen religiösen Zusammenhangs zum Fenster hinaus. Diese neuen Heiden sollten bereit sein, die Augen zu öffnen, und mit der Einfachheit ihrer Vorfahren auf dem Lande die verborgenen Botschaften lesen, die sich in Holzschnitzereien und bemalten Fenstern zeigen und die die Gewölbe im Innern und die Spitzen alter Kirchen und Kapellen überall auf dem Land schmücken.

Die Altäre der meisten älteren Kirchen sind nach Osten hin ausgerichtet, der ersten Stelle, die sowohl von heidnischen als auch von christlichen Zeremonien abgesegnet wurde. Es ist sogar so, daß die Rückseite des Altars vieler alter Kirchen auf den Ort hin ausgerichtet wurde, an dem die Sonne am Namenstag jenes Heiligen aufging, dem dieses Gebäude geweiht war. Viele Heilige waren keltische Schutzgeister oder heidnische Götter und Göttinnen, deren ursprüngliche Funktion nur wenig getarnt war. Wenn Sie ein wenig über die Abstammung des Heiligen nachlesen, dem die Kirche an Ihrem Ort geweiht ist, dann können Sie faszinierende Entdeckungen machen! Die Nordtür war fast immer verschlossen, sie war in einigen Kirchen unter dem Namen »Teufelstür« bekannt. Ich nehme an, sie war hauptsächlich deshalb verschlossen, weil weder der Priester noch die Gemeinde es besonders geschätzt hätten, wenn ein kalter Nordwind durch diese Tür in die Kirche geblasen hätte. Für die Heiden des Nordens war diese Himmelsrichtung jedoch heilig, und in nördlich gelegenen Kirchen finden sich in der Regel an den nördlichen Außenfassaden bis zum heutigen Tage viele heidnische Skulpturen und Symbole. Die Darstellungen reichen von Katzen-, Hirsch- oder Bärenköpfen bis hin zu zahlreichen unterschiedlichen Darstellungen des grünen Mannes, belaubter Köpfe oder von Symbolen des Tierkreises. Auch auf den Dächern oder Turmspitzen befinden sich, dem normalen Blickfeld entzogen, oft Wasserspeier in Form von Tieren oder kleinen Dämonen, Wesen, die die Zunge herausstrecken, oder Kreaturen, die halb Mensch, halb Tier sind und in manchen Fällen übertriebene Geschlechtsteile aufweisen.

Überall in Europa werden Sie Spuren der alten Götter finden, wo immer Sie Ihren Blick auch hinwenden. In meiner Heimat vielleicht am weitesten verbreitet ist der grüne Mann, den man nicht nur in vielen Dorfkirchen und städtischen Kathedralen findet, sondern auch in gewöhnlichen viktorianischen Häusern und als Name oder Schild an Gasthäusern. Er ist der Gott der Hexen, der Gott all dessen, was wächst, der in der Volkskunde als »Hans im Grün«, als Hauskobold oder sogar als Robin Hood bekannt ist. Sein Antlitz besteht teilweise aus Blättern, Früchten, Trauben oder Blätterranken, die wie Worte, die er nie gesprochen hat, aus seinem Mund hervorquellen oder in sein Haar oder seinen Bart geschlungen sind. Er ist der

Sohn Pans, des griechischen Gottes der wilden Natur, und er hat dieselben spitzen Ohren, dasselbe alte Gesicht und dasselbe Lächeln.

Man findet ihn nicht nur überall an Wohnhäusern, sondern es gibt auch viele Rathäuser, Universitätsgebäude und Theater, an denen sein Gesicht zu sehen ist, wie es aus seiner Blätterumkränzung hervorlugt. Viele dieser Reliefs sind relativ neu, denn es scheint so, als ob das Antlitz Pans den Viktorianern besonders gefallen habe. Natürlich haben sie ihre städtischen Gebäude häufig mit klassischen Figuren und mit Göttinnen oder Göttern, die mit Kunst, Musik, Recht oder Handel in Verbindung gebracht wurden, geschmückt. Dafür, daß dieses heidnische Gesicht so häufig in solch elitärer Runde auftaucht, gibt es keine eindeutige Erklärung, aber im ganzen Land verstreut findet sich der grüne Mann auf den eleganten öffentlichen Gebäuden vieler Stadtzentren in Gips gegossen, in Stein gehauen, aus Backsteinen oder Ziegeln geformt. Die Kraft des wilden Aspektes der Natur, die in den Innenstädten und den großen Wohnsiedlungen so häufig fehlt, scheint Steinmetze, Architekten und Baumeister dazu inspiriert zu haben, seine ältere Gegenwart zu erspüren und sie in ihren von Menschen wimmelnden Gebäuden manifest zu machen. Sehen Sie sich einmal genau die Häuser in alten Städten an, und schauen Sie, ob Sie diesen lächelnden alten Naturgott über den Türen, am Kopfende von Fenstern oder als dekoratives Detail an den Hausfassaden entdecken können. Außer diesem Kopf finden sich oft noch Göttinnen mit Halbmonden im Haar oder königliche Mütternaturen, die auf die Vorübergehenden herablächeln. Auch die Dekorationen zu beiden Seiten von Fenstern weisen häufig einige der heiligen Vögel, wilden Tiere oder Blumen auf, die seit alters mit heidnischen Ideen in Verbindung gebracht werden. Ich wüßte nicht, daß christliche Symbole in ähnlicher Weise Verwendung gefunden hätten oder daß sie die zahlreichen Vororte und Siedlungen schmücken würden, die man gebaut hat, um zu Beginn des 19. Jahrhunderts die Arbeiter darin unterzubringen. Aber Sie werden des öfteren dort wirklich schöne Backstein- oder Ziegelformen mit Äpfeln oder Granatäpfeln finden, die beide in der griechischen und der keltischen Tradition der Göttin geweiht waren; darüber hinaus auch Rosen, Lilien, Sonnenblumen und Lorbeer, dessen Blätter einst die Orakelpriester kauten, um »heller« zu sehen. Die Vogelmotive in Flachrelief stellen häufig Raben oder Zaunkönige, Feldlerchen oder Reiher dar, alles Vögel, die in ihrer jeweils spezifischen Art den alten Göttern geweiht waren.

Der grüne Mann ist eine Figur, die auch recht häufig als Name für Gaststätten verwendet wird. Darüber hinaus taucht er bei vielen der jahreszeitlichen ländlichen Bräuche auf. In Staffordshire zum Beispiel führt eine Gruppe grüngekleideter Tänzer jedes Jahr zu Anfang September einen uralten Tanz auf. Die Tänzer tragen dabei Geweihe von Rentieren, die in jenem Landesteil schon lange ausgestorben sind, was auf eine sehr alte, ungebrochene Tradition schließen läßt. An anderen Orten ist der grüne Mann Teil des Gefolges der Maienkönigin, die nahezu immer ein junges Mädchen ist, das in der weißen Farbe der Göttin gekleidet und mit Blumen und Bändern geschmückt ist. Sie wird von Robin Hood oder dem Waldkönig begleitet. Manchmal wird der grüne Mann als Riese dargestellt, der von einem Gestell aus Draht oder Zweigen umgeben ist, in das die ersten Blätter oder Blumen des Jahres hineingewoben sind. Manchmal geht er durchs Dorf oder reitet um seine Grenzen herum, um so seinen alten Herrschaftsbereich zu markieren. In vielen anderen, jährlich abgehaltenen lokalen Prozessionen kommen grüngekleidete Männer vor, die immer etwas mit der heidnischen Vergangenheit zu tun haben, als das Tragen grüner Zweige oder von Blumengirlanden der beste Weg für die Menschen auf dem Lande war, um die jahreszeitlichen Übergänge des bäuerlichen Jahres zu feiern.

Die Römer haben die Druiden, jene geheimnisvollen keltischen Priester, angeklagt, Menschen in Weidenkörben zu verbrennen, aber in Wirklichkeit ist das äußerst unglaubwürdig. Es ist viel wahrscheinlicher, daß die Druiden Weidenfiguren gebastelt oder geflochten und sie mit Blättern oder Blumen zugedeckt haben. Diese Figuren wurden dann ins Feuer oder ins Meer geworfen, oder man überließ sie in einem heiligen Hain dem Verfall, um den Kräften der Elemente eine Opfergabe darzubringen. Heute gibt es immer noch viele verschiedene Arten von Kornpuppen oder Kornkönigen, die aus den letzten Weizen-, Roggen-, Hafer- oder Gerstenähren geflochten und mit blutroten Bändern zusammengebunden werden, welche die Lebenskraft bezeichnen, die immer noch in ihnen enthalten ist. An verschiedenen Orten gibt es besondere Formen dieses Brauches, die ein traditionelles Konzept des Korngeistes verkörpern. Man findet sie nicht nur in Großbritannien, sondern auch im ganzen übrigen Europa, in Indien und Südamerika.

Es lohnt sich wirklich, sich einmal die lokalen Bräuche anzuschauen, die vielleicht in Ihrer Gegend gefeiert werden oder auch dort, wo Sie Ihre Ferien verbringen, denn der wilde heidnische Geist hat an erstaunlich vielen Orten überlebt, und er zeigt seine den Tod besiegende Lebenskraft in einer großen Bandbreite verschiedener regionaler Ausdrucksformen. Es gibt zahlreiche Bücher über Kalenderbräuche und Volksfeste; das eine oder andere können Sie in Ihrer Bibliothek ausleihen. In England gibt es die schon erwähnten »Morrismänner«, die ihre Wettermagie mit Taschentüchern und ihre männliche Fruchtbarkeitsmagie mit Stöcken vorführen oder die rituelle Tänze mit langen Schwertern durchführen. Sie sind die jüngsten Erben einer langlebigen Tradition von weißgekleideten Tänzern, die ihre Feste im Freien begehen. Ihre Glocken wehren Unheil ab, mit ihren bunten Bändern und Blumen erbitten sie den Segen der alten Götter; ihre weißen Kleider werden zu Ehren der weißen Göttin, der Frühlingsjungfrau oder der fruchtbaren Erdmutter der langen Sommertage getragen. Selbst ihr Name, Morris, könnte von dem der heiligen Mutter Maria abgeleitet sein, dann sind sie »Marias Männer«! Frauen haben einige dieser Tänze übernommen, aber ihre eigenen Tänze waren anders; sie wurden im Familienverband durchgeführt, mit Spindeln und Besen anstelle von Stöcken; und sie tanzten zu Ehren der Mondgöttin. An diese Tänze konnte man sich immer erinnern, sei es mit Hilfe einer Art Ur- oder Ferngedächtnis oder durch die Erinnerung an vergangene Leben.

Viele Tänze beginnen heute außerhalb, seltener auch im Innern alter Kirchen. Das mag seltsam anmuten, aber oft waren dies die früheren heiligen Stätten der Heiden, und zumindest ist eine kleine Kirche auf solch heiligem Grund besser als ein großer Supermarkt. Man kann das Alter und den heiligen Charakter solcher Orte zum Beispiel an der kreisförmigen Friedhofsmauer erkennen oder an der alten Eibe, die dort steht. Eiben waren der dunklen Göttin geweiht, die die Toten zur Ruhe bettet, und sie standen dort unter Umständen schon lange, bevor die Kirche errichtet wurde. Wenn Sie eine alte Kirche mit einer großen Eibe finden, dann suchen Sie auch nach den Überresten von aufrecht stehenden Steinen, die in die Wand oder in die Einfriedung eingelassen sind, die das Gelände umgibt. Schauen Sie sich, vielleicht mit einem Fernglas, die Gesichter an, die die Nordwand oder den Kirchturm schmücken. Gehen Sie langsam um die Kirche herum, fühlen Sie die Energien, die Kraftlinien, die von dem neueren Gebäude nicht verändert worden sind. Untersuchen Sie die Vorhalle, etwaige Antlitze über der Tür, die eckigen Zeichen der Steinmetze, die in den Stein eingeritzt sind und zu denen oft der magische fünfzackige Stern oder das Pentagramm gehört, das bei den modernen Hexen, die seine uralte Bedeutung wahrscheinlich nicht zu schätzen wissen, so beliebt ist.

Gehen Sie hinein, sprechen Sie ein stilles Gebet für die heiligen Mütter und alle Gottessöhne, die sich geopfert haben, und suchen Sie nach den Symbolen der Macht. In den Dachbossen, die wie Radnaben in den Dachbalken wirken, finden sich oft Schnitzereien oder Malereien auf Holz oder Stein, und hier kann man auch am häufigsten heidnische oder andere Symbole entdecken. Viele von ihnen sind mit Drachen, den Köpfen wilder Tiere, magischen Blumen und Irrgärten verziert. Sie werden Göttinnen sehen, die Sie anlächeln, oder grüne Männer mit belaubten Köpfen, Bärten aus Blättern und Haaren aus Früchten. Vielleicht entdecken Sie auch Ziegen, Einhörner und Meerjungfrauen – besonders als Schnitzereien an Kirchenstühlen in Dorfkirchen, die am Meer liegen, oder als »Miserikordien« (mit Schnitzereien versehene Vorsprünge) an den Klappsitzen des Chorgestühls in erhabenen Kathedralen, jenen uralten Zentren der Macht. Denken Sie daran, daß die meisten Steinmetze, Schnitzer und Baumeister Mitglieder geheimer Bruderschaften waren, die genauso eine Handwerksgilde waren wie die Hexencoven. Jede dieser Bruderschaften fand ihre eigenen Methoden, um ihre eigene Mythologie mit ihren heiligen Symbolen, ihren Tieren und Kraftbäumen zu wahren.

Die Kirche hat, ohne es zu wissen, nicht nur die Antlitze der alten Götter in ihren Dächern und auf ihren Türmen bewahrt, sondern auch die alten vorchristlichen Feste. Einer der frühen Kirchenväter bestand darauf, daß die neuen Kirchen an Plätzen errichtet werden sollten, an denen die Menschen bereits früher gewohnt waren zu beten oder Feste zu feiern. Aus diesem Grunde gibt es kleine, einsame Kapellen auf manch einer unbewohnten Hügelspitze oder in entlegenen Dörfern. Viele dieser Kirchen sind dem heiligen Michael geweiht, der viele Aspekte des früheren Sonnengottes übernommen hat. Michaeli wird zur Zeit des Herbstanfangs gefeiert, wenn Tag und Nacht gleich lang sind; und Michael ist ein Heiliger, der mit der Kraft der Dunkelheit kämpft, die im neueren Glauben mit dem Teufel identifiziert wird. Im Gegensatz zum heiligen Georg, einem weiteren Heiligen, der mit der Sonne assoziiert wird, erschlägt der heilige Michael seinen Widersacher nicht, sondern überwindet ihn. So bildet der Gott des Feuers, der heilige Michael, ein Gegengewicht zum Lichtbringer Luzifer. Im Frühling kehrt sich dieses Muster um.

Die Tatsache, daß die alten, hochgelegenen heiligen Plätze in Ehren gehalten, ihre magischen oder heilenden Quellen in der neuen Religion genutzt wurden (in alten Kapellen findet man häufig einen Brunnen) und daß Ernten, Wachen, Zusammenkünfte und Abschiede auf den traditionellen heiligen Plätzen gefeiert wurden, hat es uns ermöglicht, uns zwei-, vier- oder sogar zehntausend Jahre später an jene Dinge zu erinnern, die gesegnet oder magisch waren. Nehmen Sie die Scheuklappen ab, die Sie daran hindern, sich Teile der neuen Religion anzuschauen, und Sie werden unter ihrer dunklen Oberfläche das grüne Feuer der Religion von Mutter Natur erkennen – ihre heiligen Zentren, ihre Feiertage, die immer noch lebendig sind und Beachtung finden. Die Göttin stirbt niemals; sie kann nicht sterben, da sie diejenige ist, die das Leben bringt, genauso, wie der Gott das Licht bringt.

Übungen

Sie sollten an jedem Tag, an dem Ihnen das möglich ist, mindestens 15–20 Minuten lang irgendeine Meditationspraxis
ausüben. Sie können das tun, während Sie spazierengehen
oder irgendeine einfache Arbeit erledigen, während Sie auf
ein Verkehrsmittel warten oder darin unterwegs sind oder
auch zu speziell für diesen Zweck reservierten Zeiten am Anfang oder Ende des Tages. Wählen Sie Aspekte der Götter-,
Volks- oder Heldensagen, Symbole oder Informationen, die
Sie selbst entdecken, als Thema aus. Schreiben Sie auf, was Sie
entdeckt haben, denn Ihre Recherchen könnten sich als sehr
wertvoll erweisen.

Im Laufe des sechsten Mondes halten Sie um sich herum Ausschau nach Spuren und Überresten der alten Religion, von denen sich viele direkt vor Ihrer Nase befinden. Räumen Sie mit
allen falschen Vorstellungen auf, und untersuchen Sie alte
Kirchen oder historische Bauwerke in Ihrer Nähe. Stellen Sie

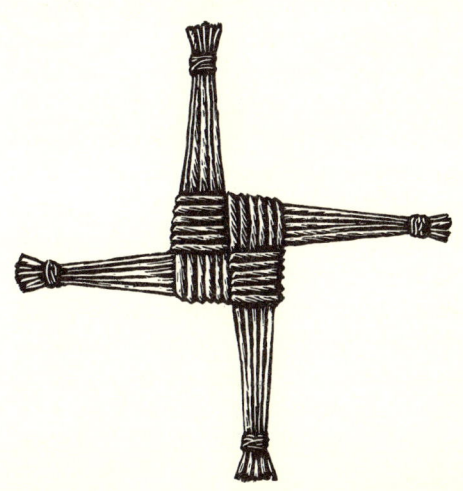

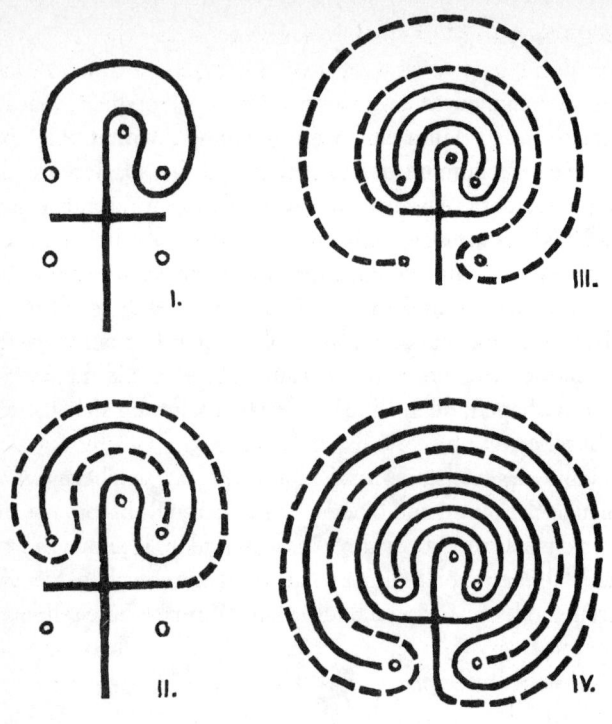

fest, wann sie erbaut wurden, und denken Sie über die Menschen nach, die daran gearbeitet haben.

Versuchen Sie auch herauszufinden, welches die ältesten Bauwerke an Ihrem Ort sind und ob je Archäologen in Ihrer Gegend gegraben haben. Berichte über frühe Funde werden Sie in der Bibliothek Ihres Ortes oder im Heimatmuseum finden. Suchen Sie dort auch nach alten Artefakten, Bildern und Berichten von traditionellen Ereignissen, die jetzt vielleicht nicht mehr stattfinden. Welche heidnischen Spuren können Sie hier finden?

Stellen Sie eine Maske des grünen Mannes her. Verwenden Sie dazu dünnen Karton, auf den Sie selbstgesuchte Blätter kleben; wenn gerade Winter ist, dann machen Sie die Blätter aus grünem Karton oder malen Sie sie auf. Schauen Sie, ob Sie Hinweise auf irgendein »Maskengebet« finden können, das einige Heiden gesprochen haben, bevor sie ihre magische Persönlichkeit angenommen haben. Oder schreiben Sie selbst ein Gebet, in dem Sie um Hilfe dafür bitten, Ihr magisches Selbst werden zu dürfen.

Welche Göttin hat man in Ihrer Gegend mit dem grünen Mann assoziiert? Stellen Sie eine Maske oder einen Kranz her, um ihre magischen Kräfte darzustellen.

Gibt es in Ihrer Gegend einen Maibaum, und wählt man eine Maienkönigin oder einen Maienkönig? Gibt es einen Irrgarten aus Torf oder ein Heckenlabyrinth? Nehmen Sie ein Kreuz mit vier gleich langen Seiten und einem Punkt zwischen den Seiten als Muster, um davon ausgehend einen Irrgarten zu zeichnen (siehe Abbildung I–IV). Sie können ihn so groß machen, daß man darin herumspazieren kann, und die Wände mit Bindfaden oder abgemähtem Gras markieren!

Finden Sie heraus, wie man Kornpuppen macht; Sets zum Selberbasteln oder Anleitungen können Sie in manchen Bastelgeschäften bekommen. Diese Puppen können auch aus Lavendelstielen und verschiedenen Binsenarten gemacht werden, die man zum Beispiel zu einem Sankt-Birgit-Kreuz zusammenfügen kann (siehe Abbildung S. 147).

Machen Sie in einen dünnen Streifen Papier einen Knoten, und glätten Sie diesen dann sorgfältig, bis er eine gleichmäßige Form hat. Warum ist das ein Hexengeheimnis? Wozu können Sie eine solche Form verwenden?

Im folgenden auch hierzu einige Literaturempfehlungen:

Paul Devereux und Nigel Pennick: *Leys und lineare Rätsel in der Geomantie*. Edition Astroterra, M + T Verlag, Chur 1991

Gisela Graichen: *Das Kultplatzbuch. Ein Führer zu den alten Opferplätzen, Heiligtümern und Kulturstätten in Deutschland.* Knaur, München 1991

Marian Green: *Naturmagie* (siehe Kapitel 1)

Nigel Pennick: *Das Geheimnis der Labyrinthe. Eine Reise in die Welt der Irrgärten*. Goldmann, München 1992

Martha Sills-Fuchs: *Wiederkehr der Kelten*. Knaur, München 1986

7 Die alten Heilkünste der Hexen

Wie sich herausgestellt hat, kann man die konventionelle Medizin besser ausüben, wenn man den Körper als eine Ansammlung von Teilen behandelt und nicht als unteilbares Ganzes. Die alternative Medizin hingegen vertritt heute eine andere Auffassung von Gesundheit, nämlich daß kein Teil des Körpers geheilt werden kann, wenn nicht die zugrundeliegende Ursache ebenfalls entdeckt und behandelt wird ...

John Lloyd Fraser: *The Medicine Man*

Bevor Sie anfangen, sich mit irgendeiner Art von Heilkunst zu beschäftigen, selbst wenn Sie nur mit sich selbst experimentieren möchten, sollten Sie sehr gründlich über die gesamte ethische Situation nachdenken und sich bewußtmachen, daß das Wissen um Heilung eine sehr große Verantwortung mit sich bringt. Es mag zwar so scheinen, als ob magisches Wissen auf hervorragende und angemessene Weise Anwendung finden könnte, wenn Sie den Menschen in Ihrer Umgebung Ihre Heilkünste anbieten, doch sollten Sie sich das Ganze noch einmal durch den Kopf gehen lassen.

Im Auf und Ab des täglichen Lebens erhalten Menschen Lektionen, sie lernen Dinge und bekommen, oft ohne es zu merken, Führung, die ihnen vermittelt, wie sie ihr Leben bestmöglich gestalten können. Wenn in psychologischen Kreisen heute über Krankheit diskutiert wird, wird sie oft in einem anderen Licht gesehen als früher. Manchmal wird sie als »Lehrsituation« betrachtet und nicht nur als etwas, das Unbehagen verursacht oder das tägliche Leben stört. Ein ganz neuer Aspekt, nämlich, daß Krankheiten uns nur dann befallen, wenn wir sie auch zulassen, rückt in den Vordergrund. Das hört sich vielleicht seltsam an; schließlich will doch niemand krank werden, oder? Schauen Sie sich das Ganze jedoch einmal aus einem anderen Blickwinkel an. Krankheit erlaubt es Ihnen, freie Zeit in einem ermüdenden und vielleicht stressigen Leben zu gewinnen; sie gibt Ihnen die Möglichkeit, Sympathie, Hilfe oder Trost bei denjenigen zu suchen, die Sie umgeben und die Ihre Aktivitäten vielleicht als selbstverständlich ansehen. Krankheit macht es Ihnen möglich, sich auszuruhen, länger als gewöhnlich im Bett zu liegen, zu schlafen, sich verwöhnen zu lassen und nur ausgewählte Gerichte zu essen anstelle derer, die die übrigen Familienmitglieder bekommen.

In einem anderen, umfassenderen Ansatz gehen einige Psychologen davon aus, daß Krankheit ein Weg ist, auf dem wir unsere karmischen Schulden bezahlen. Wenn wir anderen in einem früheren Leben geschadet haben, dann kommen die Verletzungen, die jene Personen erlitten haben, nicht als direkte Handlung der Betroffenen im gegenwärtigen Leben, sondern als Schmerzen oder Behinderungen auf uns zurück. Wenn wir Tyrannen, Folterknechte oder brutale Sklavenhalter gewesen sind oder uns grausam gegenüber Tieren verhalten haben, dann werden uns vielleicht auf diese Weise wertvolle Lektionen erteilt. Die Vorstellung, daß alle Krankheiten uns deshalb widerfahren, weil wir sie herbeigewünscht oder zugelassen hätten, akzeptiere ich nicht, aber sicher ist in einigen Fällen – wenn man alle Dinge in Betracht zieht – der Faktor des ausgleichenden Karmas relevant. Schließlich schwirren Krankheitserreger in Form von Viren und Bakterien Tag für Tag in der Luft herum und umgeben uns. Die Belastungen oder Schadstoffe, die zu Veränderungen in unserem Körper führen können, die dann Krebs oder Arthritis auslösen, betreffen uns genauso wie unsere Nachbarn, bei denen dann tatsächlich eine solche Krankheit ausbricht.

Denken Sie über diese Vorstellungen gründlich nach, bevor Sie irgendeine Art von Heilmethode ausprobieren. Denken

Sie auch über die Krankheiten nach, an denen Sie selbst in den letzten Jahren gelitten haben. Wann hat die Krankheit angefangen? Passierte damals irgend etwas in Ihrem Leben, das Sie verletzlicher gemacht hat? Ist irgend jemand aus Ihrer Familie aufgrund Ihrer Einstellung oder aufgrund dessen, wie Sie ihn oder sie behandelt haben, krank geworden?

Heilung kann viele Formen annehmen, von einer vollständigen und schnellen Genesung bis hin zu anhaltenden Beschwerden, für die es keine Heilung geben kann, aus denen sich aber spirituelle Einsicht und eine ungeheure Verbesserung der Lebensqualität ergeben können. Durch Krankheiten oder Unfälle kann der Betroffene lernen, sich sehr viel deutlicher des Wertes, den ein normales Leben hat, bewußt zu werden; es kann daraus ein größeres Verständnis für eine Behinderung und darüber hinaus auch ein tieferes Mitgefühl mit denjenigen entstehen, die in ähnlicher Weise behindert sind. Manchmal stellt sich einfach nur ein tieferes Verständnis von »Gesundheit« oder »Heilung« und ein erweitertes Bewußtsein davon ein, wie vielschichtig diese Konzepte sind. Jede Erfahrung dieser Art wird vielerlei Auswirkungen auf den Betroffenen haben, und solche Dinge müssen von denjenigen bedacht werden, die Heilung oder Rat anbieten wollen.

Der wichtigste Aspekt bei jeder Art von Gesundheitsberatung oder Heilkunst ist der, daß die ganze Person behandelt wird und nicht nur der schmerzende Bereich oder einzelne Symptome. Die ganzheitliche Sicht bildet die Grundlage vieler alternativer Therapien, die in den letzten Jahren populärer und leichter zugänglich geworden sind. Dazu gehören Homöopathie, Geistheilen, Aromatherapie, Reflexzonenmassage, Heilen mit Kräutern und Naturheilkunde. Auch Akupunktur und die mit ihr verwandten Formen Shiatsu, Touch for Health und sogar Massage behandeln ausnahmslos das gesamte Individuum.

Viele der Heilkünste, die aus dem Fernen Osten stammen, erkennen an, daß jeder Mensch eine grundlegende Lebenskraft namens *Chi* in sich trägt, die zwei Komponenten beinhaltet, nämlich Yin und Yang, positiv und negativ, männlich und weiblich. Krankheit, Schmerz und Unbehagen können durch eine Störung dieses essentiellen Flusses von *Chi* bzw. von Lebensenergie verursacht sein. Manchmal gibt es zuwenig Yin und zuviel Yang oder umgekehrt; in anderen Fällen sind die Kanäle, durch die diese Energie fließt, die Meridiane, blockiert oder erweitert. Man wendet sehr dünne Nadeln an oder übt Druck auf bestimmte Punkte entlang dieser Meridiane aus, damit die Energie ihren ausgeglichenen Fluß wiederherstellen kann, wodurch nicht nur der unmittelbare Schmerz oder die Krankheit geheilt wird, sondern der ganze Patient – an Körper *und* Seele.

Aus einem anderen Blickwinkel betrachtet, vermitteln uns Forschungen der letzten Zeit neue Erkenntnisse über die Sensibilität des menschlichen Organismus. Tests weisen darauf hin, daß Menschen tatsächlich unsichtbare Energien wie Radioaktivität und Ultraschall sowie Veränderungen im Magnetfeld der Erde feststellen können. Zu solchen unerwarteten Schlußfolgerungen sind Wissenschaftler gekommen, die im Rahmen des »Drachenprojektes« die Positionen sehr alter Steinkreise untersuchten. Es wird immer deutlicher, daß die Gesteinsarten, die für die Errichtung von Monumenten verwendet wurden, ebenso von Bedeutung sind wie ihre Position und der Ort, an dem sie erbaut wurden. Die Hintergrundstrahlung zum Beispiel unterscheidet sich dort auf ungewöhnliche Weise von der sonst üblichen, und es treten seltsame Ultraschallimpulse oder magnetische Anomalien auf. Die Forscher sind davon überzeugt, daß unsere Urahnen, die die Monumente in dieser Weise ausgerichtet haben, sich dieser Abweichungen in irgendeiner Form bewußt waren und daß sie

sie bei der Wahl des Standorts, der Positionierung der Steine und der Auswahl der entsprechenden Materialien in Betracht gezogen haben.

Genauso wie Menschen vergangener Zeiten für solche unbewußt entdeckten Kräfte ein gutes Gespür hatten, so würden sie sicherlich auch die erhöhten Emissionen, die eine Folge der Aktivitäten der Zivilisation sind, wahrnehmen. Diese Emissionen könnten die Hauptursache für viele hartnäckige Krankheiten oder seelische und physische Beschwerden sein, die den Heilkräften der modernen Medizin zu trotzen scheinen. Geringe Strahlendosen, die entweder natürlichen Ursprungs sind oder als Begleiterscheinung der Atomenergie auftreten, die chemischen Beimischungen, die wir zusammen mit unseren Lebensmitteln und Getränken konsumieren, die verschmutzte Luft, die wir einatmen, die unnatürlichen Einwirkungen, mit denen wir ständig konfrontiert sind – all diese Dinge tun uns nichts Gutes, ja viele schaden uns und führen möglicherweise zu Krebs und zu Knochen- und Blutkrankheiten, die sehr schwer zu behandeln sind. Jüngste Studien haben gezeigt, daß auch Kinder, deren Väter am Arbeitsplatz der Gefahr von Strahlung ausgesetzt sind, Schäden erleiden können. Bestimmte Arten von Strahlung führen möglicherweise zu einem erhöhten Risiko, an Leukämie oder anderen schweren Leiden zu erkranken. Das größte Problem ist, daß wir einfach nicht wissen, welchen von diesen Belastungen wir in unserem Leben ausgesetzt sind!

Obwohl die von den alten Dorfhexen praktizierten Behandlungs- und Heilmethoden für die Probleme der heutigen Welt wahrscheinlich nicht ausreichen würden, waren fast alle bekannten Behandlungsformen immerhin ganzheitlich. Die Pflanzenmedizin entfaltet ihre Wirkung im ganzen Menschen und nicht nur in dem unmittelbaren Bereich, in dem sie angewandt wird. Einige Behandlungsformen wirken nicht nur

155

im physischen Körper, sondern sogar auf der subtileren ätherischen Ebene. (Die ätherische Hülle, die den Menschen umgibt, ist für die meisten ausgebildeten Hexen sichtbar, wenn sie bei gedämpftem Licht vor einem dunklen Hintergrund auf den nackten Körper blicken. Ein schmales Energieband ist deutlich sichtbar. Versuchen Sie es, indem Sie Ihr eigenes Bild im Spiegel anschauen und sich dabei auf die Ränder Ihrer Haut vor einem helleren – oder vielleicht auch dunkleren – einfarbigen Hintergrund konzentrieren.) Manche Menschen können sich so weit trainieren, daß sie über das schmale ätherische Band hinaus auch die weit ausgreifenden, regenbogenfarbenen Fäden der eigentlichen Aura sehen.

Auch die Aura kann ausgezeichnete Hinweise auf Gesundheit und Energieniveau geben, denn bei einem gesunden, ausgeglichenen Menschen ist sie heller und größer als bei einem müden oder kranken Menschen. Wenn Sie anfangen, Auren im entspannten, meditativen Zustand klar zu sehen, dann denken Sie daran, daß Sie dabei gleichzeitig durch Ihre eigene Aura hindurchblicken, und die Farben, die Sie um jemand anderen herum sehen, werden eine Mischung aus Ihren eigenen Farben und denen Ihres Gegenübers sein. Prüfen Sie die Form der Aura (man kann sie durch Pendeln feststellen, selbst wenn man sie nicht sehen kann), schauen Sie, wie weit sie nach oben reicht, wie stark sie mit Streifen, mit dunkleren Flecken, spezifischen Farben oder auch helleren Spiralen durchsetzt ist. In einigen Büchern wird der Versuch unternommen, diesen Merkmalen bestimmte Bedeutungen zuzuordnen, aber die meisten Menschen haben sehr individuelle Muster und Farben, so daß keine allzu starren Regeln angewendet werden sollten. Sobald Sie gelernt haben, dieses Energiefeld um lebende Menschen, Tiere, Bäume und sogar besondere Steine herum zu entdecken, werden Sie intuitiv die Bedeutung dessen verstehen, was Sie sehen oder spüren.

Sie müssen auch lernen, Kontrolle über Ihre übersinnlichen Fähigkeiten zu gewinnen, während Sie damit experimentieren, Auren zu lesen oder die Kraft heiliger Plätze zu spüren, denn es ist möglich, daß Sie sonst zu sensitiv werden. Sie können dann Ihre Sensibilität nicht willkürlich »abschalten« und stellen vielleicht fest, daß Sie nervlich stark belastet sind oder daß Sie sich in Gegenwart von Fremden bedrückt fühlen. Bitten Sie einfach darum, daß Ihre inneren Sinne unter Ihrer eigenen Kontrolle stehen mögen. Traditionellerweise haben Hexen und Magier dazu ein einfaches Ritual angewandt, das fast immer geistiger Natur ist, und zwar haben sie sich mit einer dünnen Schicht vorübergehenden Schutzes umgeben.

In einigen älteren Büchern werden Novizen darin unterwiesen, mächtige Bannungsrituale um sich selbst herum durchzuführen, aber diese verhindern jeglichen menschlichen Kontakt, und anstatt dem Betreffenden ein stärkeres Gefühl von Sicherheit zu geben, geben sie ihm das Gefühl, äußerst sensibel und verwundbar zu sein. Vielleicht müssen Sie die Schutzgöttin oder den Wächtergott bitten, über Sie zu wachen, oder aber Ihr höheres Selbst erwecken, um so zu verhindern, daß Ihre gerade erst erweiterten Sinne überwältigt werden und sich allmählich mit zunehmender Erfahrung an die gewachsenen Fertigkeiten und Gefühle gewöhnen.

In den alten Tagen verließen sich die Dorfbewohner vollkommen auf die Fähigkeiten der weisen Frau und des Hexenmeisters, um ihnen bei den Geburten zu helfen, ihnen bei Krankheiten und Unfällen beizustehen, ihr Vieh oder ihre Schafe zu heilen, die Fruchtbarkeit des Landes zu erhöhen, gebrochene Herzen zu kitten, Feinden Rache angedeihen zu lassen, in die Zukunft zu sehen und schließlich auch dafür zu sorgen, daß ihre Toten angemessen für die Beerdigung vorbereitet wurden. Viele dieser Aspekte des traditionellen Handwerks werden jetzt von einer Reihe von dazu ausgebildeten Menschen übernommen, aber sicher fällt die Unterstützung bei leichteren Beschwerden, die Klärung von Herzensangelegenheiten, das Sehen in die Zukunft oder Vergangenheit, um den Fragenden zu helfen, aus ihren Erfahrungen zu lernen, immer noch in den Kompetenzbereich der modernen Hexen und Magier. Außerdem ist es so, daß Sie, wenn Sie bereit sind, sich einer richtigen Ausbildung in Naturheilkunde, Reflexzonenmassage, Hypnotherapie, Massage oder Homöopathie zu unterziehen, zwar neuere Methoden anwenden, aber immer noch in den heilenden Fußstapfen Ihrer Vorfahren wandeln.

Gehen Sie mit Ihrem Wissen über Heilung und Ihren Fähigkeiten der Divination diskret um, denn es ist sehr leicht, sich anmaßenderweise in Dinge einzumischen, die einen nichts angehen. Wenn Sie auf Ihrer Arbeitsstelle ausplaudern, daß Sie etwas über Heilung wissen, dann könnte es sehr gut sein, daß Sie mit Bitten überhäuft werden, die wahrscheinlich Ihre Kompetenz übersteigen, falls Sie noch damit beschäftigt sind, sich in den Künsten zu üben. Einige Menschen werden vielleicht wunderbare Wirkungen erwarten oder es vorziehen, von einem Amateur Rat und Behandlung anzunehmen, anstatt sich anerkannten Diagnose- oder Behandlungsmethoden zu unterziehen. Außer bei sehr leichten Erkrankungen wie Erkältungen oder Grippe, blauen Flecken oder Müdigkeit ist es immer am besten, dem Patienten zu einem Besuch beim Arzt zu raten, bevor er sich der alternativen Therapie unterzieht, die Sie zufälligerweise gerade erlernen. Sicherlich können Sie mit sich selbst experimentieren, aber je mehr Sie Ihr Leben unter Kontrolle bekommen und anfangen, Einsichten und Inspiration in bezug auf Ihren Lebensweg zu gewinnen und Zugang zu ihren inneren Kräften zu bekommen, desto wahrscheinlicher ist es, daß Sie auf diesem Wege auch Ihre eigene Gesundheit verbessern, sofern das notwendig ist.

Zu den magischeren Formen des Heilens, die von den alten

Weisen verwendet wurden, gehört das, was man spirituelles Heilen nennen könnte, das Handauflegen, die Fernheilung und das rein esoterische Heilen, bei dem man sich häufig eines magischen Talismans oder eines Zauberspruchs bedient. In jedem Falle müssen Sie einige grundlegende Regeln befolgen. Erstens *muß* Sie der Patient oder jemand, der für ihn verantwortlich ist, wenn es sich um ein Kind handelt, um Hilfe gebeten haben. Versuchen Sie zweitens herauszufinden, worunter er genau leidet, und wenn er noch nicht beim Arzt war, jedoch das Gefühl hat, irgendeine Art von äußerer Hilfe zu brauchen, dann ermutigen Sie ihn, sich zumindest eine professionelle Diagnose erstellen zu lassen. Das könnte ihm das Leben retten, wenn er ernsthaft erkrankt ist! Drittens sagen Sie ihm, daß Sie ihm nur *helfen* können zu genesen – Sie sind nicht die Schöpferkraft, und er als Patient muß auf seine eigene Genesung hinarbeiten und sich nicht einfach nur darauf verlassen, daß Sie oder ein Arzt ihn heilt. Viertens sprechen Sie mit ihm über die Umstände seiner Krankheit, prüfen Sie, ob es einen äußeren Grund für seine Beschwerden gibt, wie zum Beispiel seinen Lebensstil, schlechte Gewohnheiten, beruflichen oder familiären Streß oder einfach die Tatsache, daß er Ruhe oder Tapetenwechsel braucht und »Kranksein« eine willkommene Entschuldigung dafür ist, sich ein paar Tage Urlaub zu nehmen.

Versuchen Sie, seine Mitwirkung bei dem, was Sie für ihn zu tun beabsichtigen, zu bekommen, natürlich erst dann, nachdem Sie in der betreffenden Methode ausgebildet worden sind. Wenn Sie die Absicht haben, Magie, Zaubersprüche oder einen Talisman zu verwenden, dann erklären Sie ihm das, denn manche Menschen könnten sehr erschrocken bei der Vorstellung sein, daß »Hexerei«, die häufig immer noch als böse Kunst angesehen wird, angewendet wird, um ihre Genesung herbeizuführen. Sie können die Situation noch ver-

schlimmern, wenn Sie einen Patienten in einen mit Weih-
rauchduft gefüllten Raum führen, wo seltsame Worte über
ihm gesprochen und mystische Symbole mit heiligem Öl auf
seinen entblößten Bauch geschmiert werden. Sie können
Menschen auch erschrecken, wenn Sie ihnen körperlich zu
nahe kommen; jemand, der es nicht gewöhnt ist, von anderen
Menschen berührt zu werden, könnte die Erfahrung, die Füße
massiert zu bekommen, wie bei der Reflexzonenmassage,
ziemlich abwegig finden! Schließlich möchten Sie denen, die
Heilung suchen, helfen und sie nicht zu Tode erschrecken.

Wenn der Kranke persönlich zu Ihnen gekommen ist, dann
könnten Sie goldene Kerzen abbrennen und darum bitten,
daß die heilende Kraft der Sonne über ihn scheinen möge,
aber echter Sonnenschein wird genauso wirksam sein. Sie
könnten vielleicht den Schmerz wegmassieren oder Ihre Hände auf den Klienten legen und darum bitten, daß die stärkende
Kraft der Göttin oder des Gottes durch Ihre Berührung hindurch zu fühlen sei, oder Sie könnten ihm einfach nur raten,
einen gesünderen Lebensstil zu wählen, und in Stille darum
bitten, daß Heilung in ihn hineinfließen möge. Wenn Ihr Kli-
ent nicht persönlich anwesend sein kann, dann könnten Sie
dasselbe mit einer Fotografie machen oder – wie früher – mit
einer Wachsfigur, die weitaus häufiger zur Heilung verwendet
wurde, als um jemandem zu schaden, aber man muß Sie in jedem Fall spezifisch um Hilfe gebeten haben. Wenden Sie Ihre
konzentrierte Vorstellungskraft an, indem Sie den Klienten
gesund und glücklich sehen. Machen Sie einen Talisman auf
einem goldenen Kreis, rufen Sie die gesundheitsspendende
Kraft der Sonne an, um die Bürde des Klienten zu mildern,
und geben Sie ihm verstärkt Energie.

Sie können die Kraft des zunehmenden Mondes nutzen, um
die Stärke und Widerstandskraft eines Menschen gegen
Krankheit zu fördern, und die abnehmende Kraft, um

Schmerzen, Sorgen und Komplikationen hinwegzunehmen, so daß Sie zu jeder Zeit mit Ihrer Behandlung beginnen können. Behandeln Sie nicht die Symptome, sondern wenden Sie Ihre übersinnlichen Kräfte an, um herauszufinden, wo die Krankheit ihren eigentlichen Sitz hat, und achten Sie darauf, daß auch die Kranken die Bedeutung ihrer Krankheit verstehen. Da der Mond unseren Geisteszustand regiert und nahezu alle Krankheiten eine geistige Komponente dahingehend haben, daß zum Beispiel ein Kranker einfach deshalb Angst hat, weil er krank ist, oder krank ist, weil er so gestreßt und voller Angst ist, wird sich das wechselnde Mondlicht besonders günstig auf den Heilungsprozeß auswirken.

Lernen Sie, sanft Ihren eigenen Puls am Handgelenk oder am Hals zu messen, so daß Sie feststellen können, wieviel entspannter oder auch weniger entspannt Sie nach einer Meditation oder einer rituellen Feier sind. Bringen Sie sich selbst die einfache Kunst bei, Kräutertees zu kochen, um sich zu beruhigen oder Energie zu tanken. Beschäftigen Sie sich mit dem Gebrauch von aromatisierten Ölen, Räucherstäbchen und Harzen. Finden Sie ein Geschäft, das reine Räucherharze verkauft, so daß Sie sie jeweils einzeln ausprobieren können, um herauszufinden, ob Sie den Duft mögen, wenn Sie sie auf Holzkohlestückchen verbrennen. Vergewissern Sie sich, daß Sie nicht zuviel nehmen; etwa ein halber Teelöffel auf einem kleinen Holzkohlestück reicht zum Ausprobieren vollkommen aus. Einige Räuchersubstanzen entwickeln beim Verbrennen dicken Rauch und können Hustenreiz auslösen; andere könnten dazu führen, daß Ihnen die Augen tränen.

Einige Krankheiten haben eine sehr starke psychologische Komponente, und um diese wirksam zu bekämpfen, hat Dr. Edward Bach, der in den vierziger Jahren tätig war, seine Sammlung kraftvoller Blütenessenzen, die sogenannten Bachblüten, entwickelt. Heute werden in Europa meist 38 solcher Essenzen verwendet, aber in den Vereinigten Staaten und in anderen Ländern (wie zum Beispiel Australien) gibt es noch weitaus mehr, wobei man auf örtliche Kräuter, Bäume und Pflanzen zurückgreift. Diese sanften Heilmittel wirken mit Hilfe dessen, was Naturheilkundige im Mittelalter als die »Tugend« bestimmter Bäume, Blumen, Sträucher oder Kräuter bezeichneten. Verschiedene Teile der Pflanze werden in Quellwasser getaucht, im Sonnenlicht gebadet und normalerweise durch den Zusatz von etwas Alkohol konserviert. Sie haben keine unmittelbare Auswirkung auf körperliche Krankheiten, sondern wirken auf den seelischen Zustand ein, der dem Problem zugrunde liegt.

Wenn zum Beispiel ein Kind Angst davor hat, durch eine Prüfung zu fallen, dann bekommt es vielleicht Bauchschmerzen oder leidet unter Übelkeit. Die Bachblüten würden sich in diesem Fall auf die unterschwellige Angst auswirken und nicht auf die äußerlichen Symptome. In ähnlicher Weise leiden viele Erwachsene unter seelischen Belastungen leichter oder ernster Art, die sich in Form körperlicher Krankheiten manifestieren können. Für all diese Fälle gibt es eine spezifische Pflanze, die recht langsam und sanft die Beschwerden lindert und es so der inneren Heilkraft der betroffenen Person erlaubt, die tatsächliche Krankheit oder Störung zu überwinden. Diese Heilmittel sind jetzt überall in guten Apotheken erhältlich. In einigen New-Age-Zentren gibt es auch Spezialisten für die Verwendung von Bachblüten, bei denen man Einzelsitzungen buchen oder an Workshops über die Wirkungen und Anwendungsmöglichkeiten von Bachblüten teilnehmen kann.

Seien Sie sich jedoch der Tatsache bewußt, daß viele scheinbar einfache Formen von Medizin oder Therapie sehr kraftvoll sein können, auch in den Händen von Menschen, die über keinerlei Erfahrung verfügen. Bei der Aromatherapie können die ätherischen Öle, die man verdampfen läßt, als Bestandteil von Massageölen verwendet oder auf bestimmte Körperzonen aufträgt, zu stark sein, und einige von ihnen rufen bei manchen Menschen negative Reaktionen hervor. Sorgen Sie dafür, daß Sie irgendeine Art von Ausbildung machen, und bleiben Sie bei ein oder zwei Systemen, bis Sie wirklich darin kompetent sind. Lernen Sie etwas über Ihre eigene Gesundheit, und betrachten Sie jeden Unfall und jede ernsthafte Krankheit, unter der Sie gelitten haben. Denken Sie über die geistigen, spirituellen und auch körperlichen Umstände nach, die zu jener Zeit vorherrschten.

Meditieren Sie einige Zeit über das dreifache Konzept von Körper, Geist und Seele, denn Krankheit kann sowohl bei Ihnen selbst als auch bei anderen in jedem dieser Bereiche ihren Anfang nehmen. Heutzutage haben wir den Kontakt zu den spirituellen Aspekten unseres Lebens verloren, wobei dieser Verlust gewöhnlich nicht klar wahrgenommen wird, außer von denjenigen, die irgendeine Art tiefgreifender religiöser Erfahrung suchen – eine Suche, die oft selbst ein klares Zeichen von Krankheit oder Unruhe in ihnen ist. Viele Menschen haben die Erfahrung gemacht, daß materieller Komfort, ja sogar Reichtum sie nicht vollkommen erfüllt, und manchmal besteht dann eine tiefe Sehnsucht nach etwas, das nicht definiert werden kann, weswegen es um so schwerer zu finden ist. C. G. Jung erkannte die Kraft dieses inneren Sehnens, und für ihn hatte der religiöse Impuls als einer der grundlegenden Antriebe, durch den unsere Handlungen bestimmt werden, einen ebenso hohen Stellenwert wie der sexuelle. Wir alle brauchen Ziele, nach denen wir streben, und diejenigen, die dadurch Zufriedenheit gewonnen haben, daß sie einen liebenswürdigen Partner, eine gute und lohnende Arbeit und ein bequemes Heim haben, suchen immer noch nach etwas anderem. Oft sind es gerade diese Menschen, die den Skrupellosen, die für viel Geld eine »Lehre« oder einen »Kult« an unvorsichtige Menschen verhökern, anheimfallen. Sie sollten selbst herausfinden, daß spirituelle Reichtümer nur durch persönliche Anstrengung und den Schweiß Ihrer eigenen Arbeit erworben werden können.

Viele der altmodischen Tugenden sind Geschenke der Seele, wie zum Beispiel Sympathie, Geduld, die Fähigkeit, zuzuhören und zu trösten, innerlich ruhig zu werden und die Stimme des Gottes bzw. der Göttin im Innern zu hören, um Führung oder Hilfe zu bekommen. Sie müssen lediglich beharrlich nach dem Guten streben, wie auch immer Sie dieses Konzept definieren. Besinnen Sie sich auf das Beste in Ihrem Herzen, auf die Stärken, die Sie noch nicht erkennen, den inneren Frieden und die Ruhe, die Sie, sobald Sie sie einmal für sich selbst verwirklicht haben, leicht und freigebig an andere weitergeben können. Erleben Sie die Gewißheit, daß es überall um Sie herum »Engel« bzw. Kräfte gibt, die Ihnen zuhören, die Ihre Bitten erhören und Ihnen Hilfe anbieten, wenn Sie ihnen nur Glauben schenken. Diese Kommunikation ist von entscheidender Bedeutung, wenn Sie sich auf den Weg machen, um anderen Heilung anzubieten, denn sie wird Ihnen raten, wann Sie helfen können, und Sie warnen, wann es weiser ist, sich zurückzuhalten. Das erfordert, daß Sie lernen zu vertrauen, und zwar Ihren wachsenden Fähigkeiten auf der einen Seite und der stillen Stimme in Ihrem Kopf, die Sie freudig unterweisen und führen wird, wenn Sie nicht mehr weiter wissen, auf der anderen.

Entspannung ist die bei weitem heilsamste Kunst, die Sie erlernen oder mit anderen teilen können. Sie ist ein wesentlicher Bestandteil jeder magischen Arbeit, denn es kann nur derjenige sicher mit Macht umgehen, der im Frieden mit sich ist und innere Stille hat, weil die Macht sonst Widerstände hervorrufen und Ihnen Unbehagen bereiten wird. Wenn Sie sich selbst dazu bringen können, von den Füßen angefangen jeden Muskel zu entspannen, dann haben Sie eine wertvolle Fähigkeit hinzugewonnen.

Setzen Sie sich auf einen bequemen Stuhl mit Lehne, halten Sie Ihre Wirbelsäule gerade und Ihren Kopf aufrecht. Krümmen Sie Ihre Zehen, zählen Sie bis drei, und entspannen Sie sie dann wieder; spannen Sie dann die Muskeln unter Ihren Füßen an, Ihre Knöchel, Ihre Waden, Knie und Oberschenkel und alle großen Muskeln im Bauchraum und am Po. Spannen Sie sie drei Zählzeiten lang an, dann entspannen Sie sie vollkommen, so daß Sie nirgendwo mehr Spannungen spüren. Fahren Sie mit den Muskeln zwischen Ihren Rippen fort, machen Sie einen tiefen Atemzug, zählen Sie bis drei, und lassen Sie dann wieder los. Arbeiten Sie auf diese Weise alle Spannungen in Ihren Schultern, im Nacken, entlang der Arme, in den Handgelenken und Fingern durch, und lassen Sie sie dann in entspannter, leicht gebeugter Position auf Ihren Knien oder der Lehne Ihres Stuhls ausruhen. Machen Sie eine Pause, und spüren Sie in jeden Teil Ihres Körpers hinein, wobei Sie wieder überall dort anspannen und loslassen, wo Sie Spannungen spüren. Berücksichtigen Sie zum Schluß auch Ihr Gesicht und die Muskeln hinter Ihren Ohren und unter Ihrer Kopfhaut. Schneiden Sie Grimassen, reißen Sie Ihre Augen und Ihren Mund weit auf, bewegen sie den Kiefer hin und her, beugen Sie Ihren Nacken, runzeln Sie die Stirn, und ziehen Sie die Lippen nach oben, und dann entspannen Sie alles wieder und schließen sanft die Augen.

Der nächste Teil dieser heilsamen Übung besteht darin, daß Sie sich vergewissern, ob Ihr Kopf gerade auf Ihrem Hals ruht. Sie können sich selbst dahingehend trainieren, daß Sie mit aufrecht gehaltenem Kopf meditieren bzw. in einen magischen Geisteszustand eintreten. Bitten Sie Ihren Kopf, er solle so bleiben, damit er Ihre Atmung nicht behindert, nicht zur

Seite fällt und Ihre Laune nicht stört. Wenn Sie meditieren, dann wird Ihr Kopf oben bleiben; wenn Sie schlummern, dösen oder mogeln, dann wird er wahrscheinlich nach unten sinken!

Als nächstes widmen Sie sich einige Augenblicke lang Ihrer Atmung. Bei den meisten magischen Zuständen ist es wahrscheinlich so, daß sie sich verlangsamt. Sie können sich also in eine tiefere Entspannung versetzen, indem Sie bewußt langsam und tief atmen. Wenn Sie am Handgelenk Ihren eigenen Puls fühlen können, dann benutzen Sie ihn als Hilfsmittel für diese Übung. Atmen Sie zehn Pulsschläge (oder etwa zehn Sekunden) lang ein, halten Sie den Atem sechs Pulsschläge lang an, atmen Sie zehn Pulsschläge aus, halten Sie wieder sechs Pulsschläge lang an. Das ist nicht so einfach, wie es sich anhört, denn man braucht dazu jene andere magische Fähigkeit – Konzentration. Probieren Sie es aus!

Sie müssen in der Lage sein, mindestens zehn lange, langsame Atemzüge zu machen und die 10-6-10-6-Zählung ohne Anstrengung durchzuhalten (vielleicht müssen Sie weiter als bis zehn zählen, oder vielleicht weniger, wenn es Ihnen nicht besonders gut geht), denn das wird Ihnen helfen zu entspannen. Bereits für sich genommen kann das langsame tiefe Atmen sehr beruhigend sein, und wenn Sie sich von Ihrer Arbeit gestreßt fühlen, ein Vorstellungsgespräch haben oder zum Zahnarzt müssen, dann kann dieses einfache Entspannungsverfahren Ihnen viele Schmerzen und Sorgen ersparen. Stellen Sie sich beim Ausatmen eine Welle von Schmerz, von Problemen oder Dunkelheit vor, die all das verkörpert, dessen Sie sich entledigen möchten. Sie blasen es nach draußen wie Kaminrauch, Sie verstreuen es im wolkenlosen Himmel und atmen eine frische, kühle Brise Sonnenlicht ein, die jeden Teil von Ihnen durchdringt, um Ihr inneres Selbst zu erfrischen und zu stärken.

Der dritte Teil dieser Übung ist der geistige Aspekt. Hierbei sollten Sie sich darauf konzentrieren, eine angenehme, einfache Szene zu visualisieren. Einen Garten mit leuchtenden Blumen, das Meer, das an einen glatten, sandigen Strand spült, der Wind im Gras oder weiche Wolken, die an einem Sommerhimmel vorbeiziehen – all diese Bilder oder irgend etwas, das beruhigend und sanft ist, sollte vor Ihr inneres Auge treten. Entspannen Sie sich wieder, und wenn lediglich Farben oder vage Formen auftauchen sollten, dann akzeptieren Sie das. Sie versuchen sich auszuruhen und nicht schwierige Bilder zu erzeugen, um mit ihnen herumzuspielen. Allmählich, wenn Sie die verschiedenen Stufen dieses nützlichen Experimentes durchlaufen, werden Sie bemerken, daß sich Ihr Geist friedlich und träumerisch anfühlt, daß die Zeit aufgehört hat zu existieren und daß Ihnen angenehm und warm ist. Lassen Sie sich treiben, und beobachten Sie nicht nur die Bilder vor Ihrem inneren Auge, sondern auch Ihre Gefühle, die Art, wie Vorstellungen über die Grenze Ihres Bewußtseins hinausfließen, oder sogar, daß es da eine wunderbare Leere und Empfindung von Losgelöstheit gibt. Sie haben die vollkommene Kontrolle über diesen Zustand und werden ihn, solange Sie zuversichtlich sind, mit ein wenig Übung halten können. Jetzt ist die Zeit gekommen, um sich gesundheitliche Probleme, die Sie vielleicht haben, anzuschauen und nicht das Symptom, sondern die Wurzel des Leidens zu suchen. Vielleicht spüren Sie die Stelle, an der sich eine alte Verletzung befindet, oder Sie erinnern sich an einen Vorfall, der zu vergrabenen schlimmen Gefühlen geführt hat und die Ursache dafür ist, daß Sie jetzt Nackenschmerzen haben. Sie werden sich vielleicht bewußt, daß manches von dem, was Sie anderen Menschen antun, wie eine vage Farbe oder Form aussieht, die Ihnen Unwohlsein bereitet. Auch hier gilt: Probieren Sie es aus, und schauen Sie, was Sie entdecken können.

Es ist ebenfalls eine wertvolle Übung, einen Freund oder eine Freundin durch dieselbe Technik zu führen und zu beobachten, wie er eine entspannte (oder immer noch angespannte) Position einnimmt, zu sehen, wie sich sein Gesicht entspannt und wie er in die Wärme und Stille hineinsinkt. Vielleicht sehen Sie, wie sich seine Augäpfel unter den geschlossenen Lidern bewegen, wenn er die friedliche Szene durchwandert, die Sie beschreiben. Beobachten Sie, wie sich seine Atmung verändert, wie sie sich verlangsamt und sehr flach zu sein scheint, denn ähnliche Dinge sollten mit Ihnen geschehen, aber Sie werden sie nicht besonders deutlich im Bewußtsein haben. Wiederholen Sie beliebige Teile der Übung zur Muskelentspannung, wenn Sie irgendwo Spannung sehen können, und wenn Ihr Freund diesen ganzen Prozeß sehr seltsam findet, dann hören Sie an dem Punkt auf, wo er sein Gesicht entspannt hat; bitten Sie ihn sanft, die Augen zu öffnen und wahrzunehmen, wieviel besser er sich fühlt. Allein schon das kann Spannungskopfschmerzen, einen steifen Nacken und müde Schultern heilen. Es ist auch gut für müde Augen, die dadurch erschöpft sind, daß man den ganzen Tag auf den Bildschirm geschaut oder zuviel vor dem Fernseher gesessen hat!

Wenn Sie das mit einem gesunden Freund einige Male ausprobiert haben, dann sind Sie sicher genug, um es mit jemandem auszuprobieren, der tatsächlich krank ist. Sie führen den Betreffenden in einen sehr entspannten und losgelösten Zustand und befragen ihn dann sehr gründlich nach seiner Krankheit; wann sie angefangen hat, ob er sich bei jemandem angesteckt hat, ob er sie vorher schon einmal gehabt hat, wie lange es gedauert hat, bis sie wegging. Tragen Sie die Fragen immer langsam, sanft und leichten Herzens vor. Jetzt ist nicht die Zeit für eine gewichtige Laienanalyse, sondern dafür, die Entspannung des Kranken zu fördern, die dann den wirklichen Grund für das gegenwärtige Unbehagen ans Licht bringen kann. Selbst wenn Sie auf diese Weise nicht zu Ergebnissen kommen, so können Sie dem Betreffenden doch sagen, daß er seine eigenen Heilkräfte nutzen kann, daß er selbst feststellen wird, was ihm Linderung verschafft, was hilft und was die Krankheit verschlimmert. Lassen Sie diesen Gedanken tief in ihn einsinken, dann führen Sie den Kranken wieder in sein Alltagsbewußtsein zurück, wo er sich hoffentlich auch weiterhin noch ein wenig entspannter und ruhiger fühlen wird.

Wenn Sie die fortgeschritteneren magischen Techniken und Arbeitsweisen beherrschen, dann können Sie diese Entspannungstechnik mit einem passenden Klienten in Ihrem magischen Kreis durchführen und die heilende Kraft des Sonnengottes oder diejenige der Göttin der Heilung bitten, ihm zu helfen. Sie können einen Talisman vorbereiten und dabei die Informationen verwenden, die man Ihnen über die Ursachen der Krankheit gegeben hat, und Streß, Unfälle und Bakterien abwehren, indem Sie Ihr Wissen über die Kräfte, Farben, Zahlen und andere Symbole der Planeten anwenden.

Wenn Sie bereit sind, Heiltechniken an sich selbst auszuprobieren, dann werden Sie schnell in der Lage sein, anderen aus eigener Erfahrung zu helfen. Indem Sie zuerst Wissen und Erfahrung gewinnen und sich darüber hinaus für Methoden wie Entspannung öffnen, werden Sie dem aus Büchern gewonnenen Wissen und der praktischen Unterweisung weitere Dimensionen hinzufügen. Ihr gesamtes Wissen über Heilung und Magie sollte ineinandergreifen. Sie werden erleben, daß die Natur, wenn Sie mehr über sie lernen, Ihnen beibringen wird, wie Sie alle möglichen gewöhnlichen Dinge zu Ihrem heilenden Repertoire hinzufügen können. Sie werden lernen, welche Dinge am besten für den Körper sind, welche den Geist unterstützen und – was in dieser hektischen Zeit am wichtigsten ist – welche das spirituelle Unbehagen aufheben können, unter dem viele von uns leiden. Die zugrundeliegenden Probleme werden immer Ursachen und nicht Symptome sein. Wenn sich jemand ein Bein oder einen Arm gebrochen hat, dann kann man die Schmerzen schon dadurch lindern, daß man es schient; wenn jemand unglücklich ist und deshalb Magen- oder Herzschmerzen bekommt, dann haben Sie es mit einer anderen Dimension von Störung zu tun, mit denen die Dorfhexe wie in den alten Tagen erfolgreich umgehen kann.

Nehmen Sie sich jeden Tag eine Zeit der Ruhe, in der Sie spazierengehen, sitzen oder sich ausruhen, in der Sie mit der Göttin sprechen können, die in Ihrer täglichen Arbeits- und Entspannungsrunde mit Sicherheit bei Ihnen sein wird. Jetzt können Sie um Heilung bitten oder, wenn Sie um jemand anderen besorgt sind, um Führung darin, was für diese Person am besten ist. Vielleicht werden Sie dazu inspiriert, ihm oder ihr ein Blumengesteck zu machen, ein Gedicht oder ein Lied zu schreiben. Vielleicht wissen Sie, daß es Zeit für ihn bzw. sie ist, ohne Hilfe einige Lektionen über seine bzw. ihre Lebensweise oder vergangene Dummheiten zu lernen. Vielleicht werden Sie sich sogar bewußt, daß, egal was Sie sich für sie oder ihn wünschen, es für den Betreffenden an der Zeit ist, in ein neues Leben einzutreten.

Es denjenigen, deren Lebenszeit abgelaufen war, zu erlauben weiterzugehen war traditionsgemäß ebenfalls eine Angelegenheit der weisen Frau oder des weisen Mannes; es kann sehr hilfreich sein, zu akzeptieren, daß ein Leben zu Ende gehen muß und daß der Sterbende Frieden und Verständnis gewinnen sollte. Wenn Sie, wie es viele Heiden tun, akzeptieren, daß wir alle viele Leben leben, dann ist das wirklich nicht schlimmer, als die Schule zu wechseln oder umzuziehen. Diejenigen, denen eine solche Vorstellung keinen Trost bietet, werden es viel schwerer finden, mit dem Tod fertig zu werden. Sie werden Schmerz, Trauer und Verlust fühlen, genau wie Sie, aber es ist eine sehr tröstliche Sache zu wissen, daß die Seele eines geliebten Menschen nach angemessener Ruhezeit zurückkehren wird.

Viele Menschen, die einen sehr engen Freund oder Verwandten verlieren, fühlen Wut und Empörung, daß der Mensch, den sie geliebt haben, gestorben ist und nicht sie selbst, aber die Götter des Karma sind nicht grausam. Niemand wird aus dem Leben genommen, wenn er noch Dinge zu tun hat, die keinen Aufschub dulden. Es gibt dahinter eine Logik, die sich vielleicht menschlichen Begriffen entzieht, aber was auch immer passiert, die Göttin, die Lebens- und Ruhezeiten schenkt, führt jene Seele weiter auf ihrer Reise zum Licht. Wenn Sie mit der oder dem Sterbenden zusammen sein können, dann seien Sie selbst stark und ruhig, und erzählen Sie ihm von dem großen Abenteuer, zu dem er sich bald aufmachen wird. Trösten Sie ihn im Geiste und beten Sie dafür, daß er einen sanften Übergang, möglichst im Schlafe, haben möge.

Wenn jemand stirbt und Sie nicht dabei sind, dann zünden Sie eine neue weiße Kerze an, und bitten Sie die Göttin, ihn oder sie sanft in ihre Arme zu nehmen und in den Garten der Seele zu bringen, wo sich Freunde und geliebte Menschen wiederbegegnen werden. Während die Kerze abbrennt, verabschiedet sich die Seele, oft mit einem Lächeln auf dem Gesicht, so als ob sie das Licht und diejenigen, die auf sie warten, sehen könnte.

Übungen

Wieviel Sie üben müssen, hängt davon ab, wie Ihr eigener allgemeiner Gesundheitszustand ist. Wenn Sie keinerlei Beschwerden haben, dann müssen Sie Ihre Heilübungen bei anderen machen. Wenn Sie häufig unter Erkältungen, Allergien, Kopfschmerzen, Rückenschmerzen oder allgemeiner schlechter Gesundheit leiden, dann sollten Sie Ihre praktische Arbeit damit beginnen, daß Sie sich überlegen, was Sie krankmacht und welche Heilmittel oder alternativen Therapieformen Sie auszuprobieren bereit sind. Erstellen Sie in Ihrem Buch der Inspiration eine Liste all der Anlässe im letzten Jahr, bei denen Sie krank waren und, sofern Sie sich erinnern können, was damals in Ihrem Leben vorfiel, was möglicherweise zu dieser Situation beigetragen hat und wie die Krankheit verlaufen ist. Wenn Sie im allgemeinen gesund waren, dann überlegen Sie, warum.

Schreiben Sie eine Reihe von Therapieformen auf und notieren Sie, worin sie bestehen; versuchen Sie, ganzheitliche Methoden zu finden. Überlegen Sie sich, ob Sie gerne eine davon erlernen möchten, und finden Sie dann Menschen, die diese Methode lehren, oder, wenn es sich um ein Thema handelt, das Sie alleine meistern können, ein Buch, das Ihnen dabei helfen wird.

Lernen Sie, Ihren eigenen Puls zu messen, entweder am Handgelenk oder am Hals, damit Sie dieses Verfahren als »Biofeedback« benutzen können, indem Sie Ihren Puls vor und nach Meditations- oder Konzentrationsübungen prüfen oder sogar vor und nach Ritualen und Divinationssitzungen. Zählen Sie Ihre Atemzüge, und lernen Sie, sich darauf zu konzentrieren, langsam ein- und auszuatmen, während Sie Ihre Pulsschläge so intensiv zählen, daß Sie alles andere um sich herum vergessen. Bringen Sie sich selbst bei, das zwei Minuten lang zu tun, und üben Sie solange, bis Sie sich fünf Minuten lang konzentrieren können.

Fangen Sie an, Kräuter für die Küche (auch wenn Sie zu den Leuten gehören, die nicht für sich selbst kochen), zum Heilen und für Räucherstäbchen oder Räucherwerk sowie zur Verbesserung der Träume und zur Entspannung anzupflanzen oder zu sammeln.

Experimentieren Sie mit verschiedenen Formen der Entspannung für die Meditation, wie zum Beispiel still sitzen, spazierengehen, auf dem Rücken oder auf der Seite liegen, bequem in einem Sessel sitzen oder entspannt langweilige Aufgaben erledigen, bei denen Ihr Geist frei um ein Thema kreisen kann. Prüfen Sie, welches Verfahren zu den besten Ergebnissen führt.

Stellen Sie einen Talisman her, um damit einen Aspekt der bedrohten Erde zu heilen, oder dafür, daß die Weisheit im Gebrauch natürlicher Ressourcen denjenigen zufallen möge, die die Macht haben. Stellen Sie diesen Talisman aus biologisch abbaubaren Materialien her, und vergraben Sie ihn an einem heiligen Ort.

Sprechen Sie mit Freunden oder Ihrer Familie über Krankheit. Lassen Sie sich von ihnen ihre Ansichten über die psychologischen Ursachen von Krankheit und Gesundheit mitteilen.

Machen Sie eine Ausbildung, oder besuchen Sie Vorträge und Abendkurse, um gründliche Unterweisungen in einer Heilmethode zu bekommen. Bewahren Sie über Ihre aufkeimenden Fähigkeiten Stillschweigen; sonst könnten Sie mehr Patienten bekommen, als Ihnen lieb ist!

Es gibt viele Hunderte hervorragender Lehrbücher über Dutzende verschiedener alternativer Therapien oder ganzheitlicher Heilmethoden; schauen Sie also im Katalog Ihrer Bibliothek nach, aber halten Sie sich an die einfachen Darstellungen. Schließlich waren die alten Dorfhexen für ihre Heilfähigkeiten berühmt, und sie haben sehr einfache Methoden angewandt.

Alice A. Bailey: *Eine Abhandlung über die sieben Strahlen. Band 4: Esoterisches Healing.* Lucis Trust, Genf, 4. Aufl. 1988

Fritjof Capra: *Wendezeit. Bausteine für ein neues Weltbild.* Scherz, München 1983

Larry Dossey: *Die Medizin von Raum und Zeit.* Rowohlt, Reinbek 1987

Ellen Grasse und Karl-Ludwig Riss: *Selbsthilfeprogramm Körper – Seele.* Knaur, München 1995

Christian Rätsch (Hrsg.): *Naturverehrung und Heilkunde.* Bruno Martin, Südergellersen 1993

Carl und Stephanie Simonton: *Wieder gesund werden. Eine Anleitung zur Aktivierung der Selbstheilungskräfte für Krebspatienten und ihre Angehörigen.* Rowohlt, Reinbek 1992

8 Wahrsagen, Wünschelrute und Pendel

Man kann ein Bild oder ein Muster als Analogie für etwas anderes verwenden. In diesem Sinne gibt es sehr viel Ähnlichkeit zwischen dem Gebrauch eines Pendels und der Verwendung eines der klassischen Werkzeuge für die Divination, wie zum Beispiel das Tarot oder das *I Ging*. Der Hauptunterschied besteht darin, daß wir mit dem Pendel eine ganz bestimmte Frage stellen und auf eine einzelne Antwort abzielen, während wir beim Tarot die reiche Symbolik der Karten verwenden, die über Jahrhunderte hinweg entwickelt wurden und eher als Allegorien, denn als Analogien gedacht waren, um uns allgemeine und übergeordnete Hintergründe zu vermitteln. Genau wie das Pendeln ist auch dieses System »vollkommener Zufall und hauptsächlich imaginär« ... – zur Verwendung gedacht und nicht dazu, um sich deswegen Sorgen zu machen.

Tom Graves: *Pendeln und Wünschelrute*

Zu den vielen Fertigkeiten, über die die alten Dorfhexen verfügten, gehörte die Divination oder Wahrsagekunst in ihren zahlreichen Formen. Technisch gesehen war sie eine Methode, um auf unmittelbarem Wege Informationen aus einer göttlichen Quelle zu beziehen – eine Methode, die in alten und modernen Praktiken viele verschiedene Formen annimmt. Zu den älteren volkstümlichen Methoden, das Schicksal von Menschen vorauszusehen, gehörte die Handlesekunst, bei der die Linien und Formen von Händen zu Rate gezogen werden; dazu gehört auch das Lesen von Botschaften in den Karten, insbesondere in den magischen Bildern der Tarotkarten, deren Geschichte vermutlich außerordentlich alt ist, obwohl die Kartenspiele, mit denen wir heute vertraut sind, erst um das Jahr 1500 in Gebrauch kamen. Die alten weisen Frauen und Männer konnten Omen lesen, ein heute weitgehend

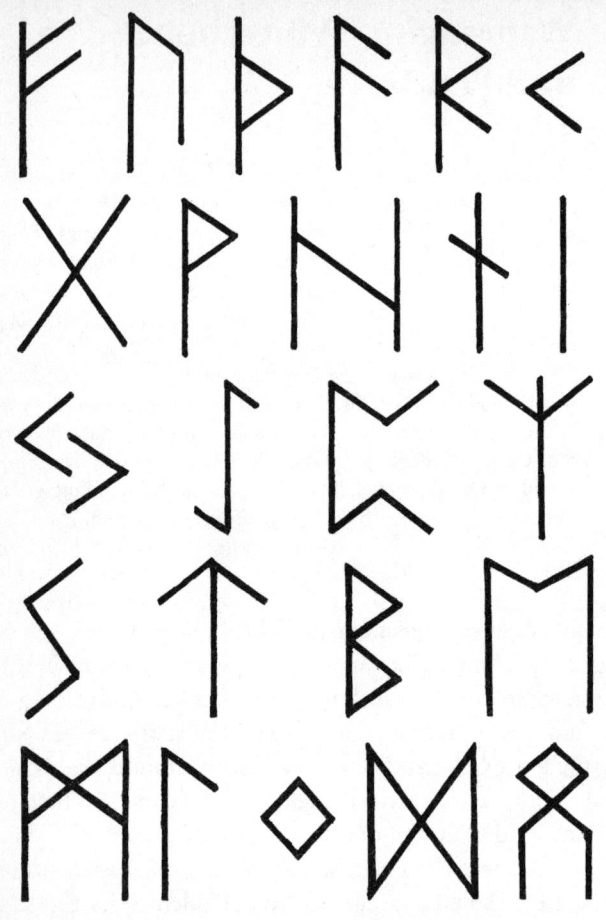

vergessenes System, das ich später genauer erläutern werde, weil es sich dabei um eine einfache Methode handelt, bei der man sich vollständig auf die natürliche Intuition verläßt.

Es ist wahrscheinlich, daß die alten Weisen über grundlegendes astrologisches Wissen verfügten, nicht über das intellektuelle, auf den Ephemeriden basierende System, das von den meisten modernen Astrologen benutzt wird, sondern über Wissen darüber, inwieweit durch die tatsächliche Position der Planeten und Zeichen, so wie sie am Abendhimmel erschienen, eine Wirkung entsteht. Orakelsteine, die auf der einen Seite mit traditionellen, auf den Planeten basierenden Symbolen verziert waren, wurden auf den Boden geworfen, und diejenigen, die sich darauf verstanden, lasen ihre Botschaften aus der Position und der Beziehung der sichtbar werdenden Muster. Komplexere Versionen dieser alten Methode tauchen heute wieder auf, und zwar werden dabei auf Tonfliesen und Holzscheiben aufgetragene skandinavische Runen verwendet. Moderne Fachleute auf diesem Gebiet treten in ganz Europa immer häufiger auf, und jeder von ihnen scheint einen etwas anderen Ansatz zu verfolgen!

Vielleicht war die Psychometrie das kraftvollste Divinationssystem, das von der weisen Frau verwendet wurde, die am Herd ihrer Hütte saß. Heute geht man dabei gewöhnlich so vor, daß man ein Objekt »liest«, das demjenigen, der etwas wissen möchte, eine Weile gehört hat. Die Psychometriekundige nimmt das Objekt in die Hand und hält es vielleicht an die Stirn, über das »dritte Auge« (das Auge der Hellsicht) bzw. das Brauenchakra, ein Rad aus violettem Licht, und so ist sie in der Lage, Dinge aus der persönlichen Geschichte des Fragenden und oft auch Dinge, die in der Zukunft liegen, zu erspüren. Wie viele funktionierende magische Systeme ist auch dieses einfach, aber nicht unbedingt leicht zu erlernen.

Sie können sich diese Kunst selbst beibringen, indem Sie Menschen, die Sie nicht besonders gut kennen, bitten, Ihnen einen Gegenstand ihres persönlichen Gebrauchs zu geben. Nehmen Sie den Gegenstand in die Hand, gehen Sie in Ihren entspannten Zustand, schalten Sie völlig ab, und beginnen Sie unmittelbar darauf, über die Bilder und Gefühle zu sprechen, die Ihnen in den Sinn kommen. Das Wichtigste an dieser Methode ist, daß Sie schnell arbeiten und es der logischen Hälfte Ihres Gehirns nicht erlauben, sich einzumischen und zu versuchen, schöne Sätze zu formulieren oder das, was Sie sehen, zu erklären. Nehmen Sie den Gegenstand, entspannen Sie sich und sprechen Sie. Vielleicht fließt ein Wirrwarr von Worten, Bildern, Empfindungen und Gedanken durch Sie hindurch, und in diesem Schwall befindet sich das relevante Material, das sich wahr und präzise herauskristallisiert. Wenn Sie zögern und versuchen, zu rationalisieren oder zu erklären, was Sie fühlen, dann werden Sie den so wichtigen Fluß verlieren, und Ihr »Objektlesen« wird sich in ein logisches Ratespiel verwandeln!

Es lohnt sich sehr, diese alte Kunst zu erlernen, denn wenn Sie dann einem Fremden die Hand geben, können Sie sofort etwas über ihn erfahren, über seine Motive, sich mit Ihnen zu treffen, und darüber, wie Sie ihm helfen könnten; oder aber Sie werden sich der Tatsache bewußt, daß er Ihnen Schaden oder Schmerz zufügen könnte. Einen Menschen zu berühren, besonders seine Hand zu halten kann einen sehr machtvollen Informationskanal öffnen, der natürlich in beiden Richtungen fließt. Wenn Sie in der Lage sind, etwas über die Person zu »lesen«, die Sie berühren, dann könnte diese Person, wenn sie ausgebildet ist oder über eine natürliche Sensibilität verfügt, ihrerseits in der Lage sein, etwas über Sie zu erfahren. Diese Kunst können Sie anwenden, wenn Sie sich für einen Job bewerben oder ein Vorstellungsgespräch führen, wenn Sie einen Freund, einen Geliebten oder Feind treffen. Wer weiß, was Sie aus der kurzen Berührung der Hand eines Fremden oder durch den Kuß eines geliebten Menschen lernen können.

Alle Formen der Divination beruhen darauf, daß derjenige, der sie anwendet, in der Lage ist, sich den feinstofflichen

Kommunikationsebenen zu öffnen, die überall um uns herum sind genau wie die Radiowellen, die jedoch unentdeckt bleiben, solange wir unsere Antennen nicht in der richtigen Weise darauf abgestimmt haben, die Signale zu interpretieren. Diese magischen Künste und die traditionellen übersinnlichen Fähigkeiten der weisen Alten zu erlernen, erfordert zweierlei. Das erste ist die Fähigkeit, unser Bewußtsein zu öffnen, um Zugang zu mehr Informationen zu bekommen, als sie unseren gewöhnlichen Sinnen des Sehens, Hörens, Schmeckens und Berührens im allgemeinen zugänglich sind, damit wir ein »Supergehör« haben, das »zweite Gesicht«, die »ultrasensitive Berührung« und einen »paranormalen Geschmacks- bzw. Geruchssinn«. Das zweite ist die Fähigkeit, all diese subtilen Schlüssel richtig zu interpretieren und Wissen aus ihnen zu beziehen.

Um zu verstehen, wie diese übersinnlichen Fähigkeiten entwickelt werden können, müssen Sie davon ausgehen, daß wir alle einen sechsten Sinn haben – ein altes Konzept, dessen Wahrheit sich jedoch zunehmend erhärtet, je mehr die Wissenschaftler und Magier dort zusammenarbeiten, wo sich ihre Studiengebiete überschneiden, nämlich in der Parawissenschaft, der Paraphysik und bei »Psi«-Experimenten. Die Technik ist bereits erwähnt worden, denn sie besteht in einem veränderten Bewußtseinszustand, den man einfach dadurch erreicht, daß man es den normalen körperlichen Reaktionen erlaubt, sich zu entspannen, damit der Fokus unserer trainierten Aufmerksamkeit auf andere Dinge gelenkt werden kann. Diese Kunst kann wie jede andere nur durch regelmäßiges Üben erlernt werden, etwa so, wie auch das Violinspiel regelmäßige Übung erfordert.

Verbringen Sie jeden Tag einige Minuten damit, sich neue Informationen anzueignen, indem Sie sich in der Natur umschauen, wichtige Bücher lesen, mit denjenigen sprechen, die weiser als Sie selbst sind, wozu sowohl alte Menschen als auch kleine Kinder gehören können. Beobachten Sie, was in Ihrer Umgebung vor sich geht, versuchen Sie, die Körpersprache jedes Menschen zu lesen, der Ihnen begegnet, weiten Sie Ihre Sinne aus, und behalten Sie dabei immer das Ziel vor Augen, ruhig und entspannt zu bleiben. Allmählich werden Sie feststellen, daß Sie Dinge wissen, die über das hinausgehen, was Ihnen Ihre normalen Sinne mitteilen, daß plötzliche Geistesblitze und Inspirationen Sie überkommen, wenn Sie Rat oder Führung benötigen, und daß alle möglichen Ideen und Lösungen für Probleme Ihnen ganz natürlich zufließen.

Es gibt keinen schnellen Weg, um diese alten Künste zu erlernen, sondern Sie müssen sich regelmäßig darum bemühen. Wir müssen sie künstlich erlernen, während unsere Vorfahren, die im allgemeinen ein sehr stetiges und langsames Leben hatten, ihr Bewußtsein auf natürliche Weise erweitern konnten, weil das Bücherwissen mit seinen Fesseln nur sehr geringe Auswirkungen auf ihr tägliches Leben hatte. Wenn Sie einmal darüber nachdenken, dann werden Sie feststellen, daß wir die meiste Zeit damit verbringen, etwas zu lesen, angefangen von Verkehrszeichen, Gebrauchsanweisungen auf Packungen über Geschäftenamen, Nachschlagewerke und Einkaufslisten bis hin zu Werbeanzeigen. Vieles von dem, was unsere Augen überfliegen, wird uns vielleicht nicht bewußt, aber es wird alles auf einer Art geistigem Kassettenrecorder aufgezeichnet und könnte wieder abgespult werden, wenn es absolut notwendig wäre.

In ähnlicher Weise haben unsere Vorfahren Aspekte ihres Lebens, das nicht von Geschriebenem beherrscht war, aufgezeichnet – die Reime von Kinderspielen, die Blumen, Bäume und Pflanzen in Wald und Feld, das Wetter und Vorboten für Veränderungen wie wilde Blumen, die vor dem Regen ihre Kelche schließen, oder den Zug von Seevögeln, die dem her-

annahenden Sturm entfliehen. Das Gefühl der vom Pflug um-
gepflügten Erde bedeutete dem Bauern und dem Pflüger etwas, genauso wie die Laune der Pferde, das Gehen des Brot-
teiges, die Windrichtung, der Zug der Wolken am Horizont
und die Farbe des Sonnenaufgangs. All diese Botschaften der
Natur würden uns nur verwirren, wenn wir sie überhaupt
noch wahrnähmen, sie waren jedoch die Bücher, in denen unsere Vorfahren lasen, ebenso wie ihre Zeitungen, ihre Wettervorhersage und die Form, in der sich zukünftige Dinge gestalten würden.

Wir müssen lernen, unsere leiseren Sinne, unsere Intuition
und unsere Gefühle in bezug auf Dinge zu wecken, die uns
keine direkten Informationen vermitteln. All das sind Aspekte
der Divination, denn der Kanal vom Göttlichen zum Irdischen liegt als unbeachteter Sinn, den wir seit unserer Kindheit vernachlässigt haben, innerhalb unserer Reichweite. Unsere Aufgabe als Erwachsene, die sich der Magie widmen, besteht darin, daß wir uns mit Fähigkeiten, über die wir früher
verfügt haben, von neuem beschäftigen, um sie wieder unter
unsere bewußte Kontrolle zu bringen. Wie viele Spiele, so
müssen auch die meisten übersinnlichen Künste spielerisch
und unbekümmert angegangen werden, denn nichts behindert ihr Funktionieren mehr als zu angestrengte Versuche.
Aus diesem Grunde haben Anfänger in vielen übersinnlichen
Künsten häufig sofortige Erfolge und kämpfen dann darum,
zu der Leichtigkeit und Genauigkeit zurückzukehren, die sie
bei den ersten Experimenten mit Disziplinen wie der Psychometrie oder der außersinnlichen Wahrnehmung erreicht haben.

Viele Menschen versuchen als eine Art übersinnliches Spiel,
die Farbe von Spielkarten zu erraten, erzielen beim ersten
Durchgang eine hohe Trefferquote, fallen dann aber später
auf eher durchschnittliche Werte zurück. Dasselbe gilt für vie-

le der anderen magischen Fähigkeiten. Wenn Sie zum Beispiel zum ersten Mal versuchen, Tarotkarten zu lesen, in einen Kristall oder eine Glaskugel zu schauen, dann erzielen Sie dabei vielleicht erstaunliche Erfolge, die sich später jedoch verlieren. Beim nächsten Mal strengen Sie sich dann bewußt mehr an, und allein das kann Sie daran hindern, Ihre natürlichen Talente zu nutzen.

Je unbekümmerter und spielerischer Ihre Versuche, Teeblätter zu lesen oder Psychometrie auszuüben, ausfallen bzw. je mehr Ähnlichkeit die inneren Reisen mit erlebten Geschichten haben, desto klarer werden die Eindrücke und um so mehr neues Wissen werden Sie aus diesen Experimenten gewinnen. Das hat man heute, wo immer mehr Menschen diese alten magischen Künste wieder erlernen, herausgefunden. Es hilft, mit Freunden zu üben und für eine entspannte, ungezwungene Stimmung zu sorgen. Darauf wird in Ritualen und der Art, wie auf magische Arbeit zugegangen wird, immer der allergrößte Wert gelegt.

Das bestmögliche Ambiente hierfür wird durch eine andersartige, aber immer angenehme Atmosphäre geschaffen – mit Kerzen, duftenden Räucherstäbchen und aromatischen Ölen und mit ein wenig freudiger Erwartung und Konzentration in diesen stillen Momenten. Frei vom Druck anderer Aktivitäten bzw. von Schuldgefühlen (die deswegen entstehen könnten, weil man sich Zeit für sich selbst nimmt) und weit weg von den Erfordernissen, die Familie, Job oder Gesellschaft an einen stellen, kann man sehr weit darin gehen, die Art von geistiger Freiheit herbeizuführen, die die Möglichkeit schafft, daß sich jener göttliche Funken in Ihnen manifestiert, der Sie lehren und inspirieren oder Ihnen Heilung schenken kann. Entspannen Sie sich, sorgen Sie für einen ruhigen Platz, und wenn Sie dann um Hilfe bitten, dann wird sie Ihnen mit Sicherheit gegeben werden.

Eine andere sehr alte magische Fertigkeit, die von Hexen und Wahrsagern ausgeübt wurde, war die der Hell- oder Fernsicht, wobei die Hexen hierzu normalerweise ein Hilfsmittel benutzten, das sie anschauten bzw. in das sie hineinschauten. Heutzutage ist das oft eine Glaskugel, gelegentlich auch eine Kugel aus dem sehr viel teureren Bergkristall; genauso effektiv und weitaus weniger destruktiv für die Gebirge, in denen Bergkristall abgebaut wird, ist jedoch eine Schüssel mit Wasser oder eine schwarz angemalte kreisrunde Glasscheibe. Es ist sehr in Mode gekommen, Kristalle für nahezu alles zu verwenden, vom Lesen der Zukunft in einer Glaskugel bis hin zum Pendeln, einer anderen Form der Divination, ebenso wie für die meisten Heilungsmethoden. Das ist aus zwei Gründen nicht besonders empfehlenswert. Der erste ist, daß für den Kristallabbau natürliche Gesteinsschichten, die sich oft tief im Berginnern befinden, in die Luft gesprengt werden.

Kristalle sind wie Kohle und andere Mineralien ein begrenzter Rohstoff, und die Zerstörung ihrer Entstehungsorte könnte genauso gravierende Folgen haben wie die Zerstörung der Wälder, in denen wilde Pflanzen und Tiere leben. Skrupellose Händler verdienen viel Geld damit, daß sie »magische Kristalle« verkaufen, die nach Millionen von Jahren aus ihrer Matrix gerissen wurden, um als modische Spitzen von Zauberstäben oder Anhängern und dergleichen verkauft zu werden. Wenn Sie einen Kristall haben möchten, ja nur *einen* für Sie persönlich, dann gehen Sie an einen Strand oder klettern Sie auf einen Berg und suchen Sie sich einen. Kleine Kristalle sind in vielen Gesteinsformationen ziemlich verbreitet, angefangen von Feuersteinen, die man an manchen Stränden findet, bis hin zu kristallinen Adern in den harten Gesteinsschichten der Gebirge. Sie werden bald sehen, daß die Suche nach einem einzigen Kristall harte Arbeit sein kann, aber er wird für Sie aus diesem Grunde von großem Wert sein. Wie bei jedem

Aspekt der praktischen Magie, so ist es auch in diesem Fall so, daß das Ergebnis um so durchschlagender ist, je mehr Arbeit Sie investiert haben.

Ein zweiter Grund, der gegen die Verwendung von Kristallen spricht, ist die weitverbreitete Unterschätzung der ihnen innewohnenden Kraft. Sehr oft deuten Menschen gedankenlos mit Kristallen auf jemand anderen und sind dabei blind für den Energiestrahl, der von der Spitze dieser schönen Steine ausstrahlt. Wenn der Kristall sorgfältig abgebaut worden ist, dann ist die ihm innewohnende Kraft ungebrochen, und er kann von jemandem, der sich wirklich im klaren darüber ist, was er tut, zur Heilung benutzt werden. In den Händen der Untrainierten oder Unvorsichtigen kann er eher störende oder beunruhigende Wirkungen haben, weswegen Sie nicht mit Kristallen herumspielen sollten. Lassen Sie sich auch nicht einfallen, sie an einem heiligen Ort einzusetzen oder einzugraben. Die Menschen früherer Zeiten wählten spezifische kristalline Steine für Steinkreise und andere Steinmonumente aus, weil sie besondere Macht hatten und diese Steine sorgfältig mit den erdeigenen Harmonien abgestimmt waren. Wenn man willkürlich andere Teile von entwendeten Kristallen in diese Bereiche steckt, dann können sie das außerordentlich magische Wesen dieser uralten Monumente stören oder verändern, weil moderne Menschen kaum etwas von dieser monolithischen Kultur und ihrer Wissenschaft begreifen. Lassen Sie nichts zurück außer Fußabdrücken, und nehmen Sie nichts mit außer geistigen Bildern, denn das werden die Schlüssel für die heiligen Stätten sein, die Sie an Ihrem eigenen Meditationsplatz wiedererwecken können, wo und wann immer Sie sie benötigen.

Eine sehr einfache Art, um Ihre eigene Verbindung zum Göttlichen zu erforschen, besteht darin, ein Pendel herzustellen. Ja, machen Sie sich selbst eines. Sie brauchen dazu lediglich

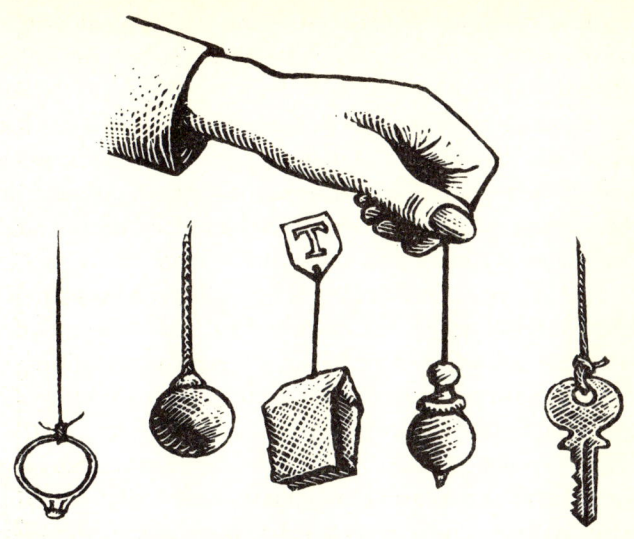

ein kleines, symmetrisches Gewicht, ein kurzes Stück dünne Schnur und etwa eine Viertelstunde Zeit. Die besten Pendel vermitteln Ihnen das richtige Gefühl von Gewicht und Länge, wenn Sie sie in der Hand halten, und sie schwingen dabei frei in alle Richtungen. Ein einziger Befestigungspunkt an der oberen Seite des Pendels, dem Pendelkopf, wird sicherstellen, daß es gleichmäßig geradlinig oder kreisförmig ausschlägt. Wenn Sie eine Doppelkette benutzen und den Anhänger befestigen, werden Sie feststellen, daß dieses Pendel oft nur in eine Richtung schwingt. Daher ist es für Anfänger ungeeignet. Eine große Perle, ein kleines Senkblei oder Messinggewicht, ein polierter Stein mit einem Loch in der Mitte oder einem angeklebten Ring sind ausreichend. Baumwollfäden sind sehr preiswert und eignen sich hervorragend für Pendel, da sie geflochten statt gedreht sind und sich daher nicht verdrehen, wenn Sie Ihr Pendel in Schwingung versetzen.

Ich habe verschiedene gute Pendel aus großen Glasmurmeln gemacht, bei denen eine Ecke abgesprungen war, indem ich ein Schnurende, das ich vorher angebrannt und abgeflacht hatte, auf die abgesprungene Stelle geklebt habe. Die Murmeln hatte ich umsonst in einem Spielwarenladen erstanden, weil sie beim Transport beschädigt worden waren, und die Schnur kostete etwa 50 Pfennig pro Meter! Sie können Dutzende von Mark für Phantasiependel ausgeben, die keinen Deut besser funktionieren als etwas, was Sie nur Pfennige gekostet hat oder was Sie irgendwo in einer Schublade gefunden haben! Wenn Sie Ihr Pendel selbst herstellen, dann wird es außerdem ganz genau auf Sie abgestimmt sein und daher nach dem Gesetz der Magie besser funktionieren.

Nehmen Sie die Schnur Ihres Pendels, und halten Sie sie so zwischen Zeigefinger und Daumen einer leicht geballten Faust, daß das Pendel gut eine Handspanne unter Ihrer Hand hängt. Es gibt keine starren Regeln dahingehend, wie kurz, lang oder schwer ein Pendel sein sollte; bei der Arbeit wird Ihnen klar werden, was sich für Sie richtig anfühlt, und das ist letztendlich das einzige Kriterium in der Magie. Halten Sie Ihre andere Hand flach, ein wenig unterhalb des Pendels, und stellen Sie (laut, wenn Sie möchten) die Frage: »Ist mein Name …?«, und nennen dann Ihren gewöhnlichen Namen. Entspannen Sie sich, und beobachten Sie mit Muße, was mit dem Pendel passiert, während Sie gleichzeitig völlig vergessen, was Ihre Hände tun. Einige Augenblicke später sollte das Pendel anfangen, in irgendeiner Form zu schwingen. Bitten Sie es, deutlicher zu werden, damit Sie feststellen können, ob es sich um einen Kreis oder eine gerade Linie handelt. Dann stellen Sie noch einige weitere Fragen, die mit »ja« zu beantworten sind; fragen Sie nach dem Wochentag, dem Wetter, Ihrer Adresse. All das sind sehr banale Dinge, aber der Ausschlag des Pendels sollte in jedem Fall klar einer von vier

Möglichkeiten entsprechen. Pendel können im Uhrzeigersinn oder gegen den Uhrzeigersinn im Kreis schwingen, oder sie können in einer Linie schwingen, nämlich zum Körper hin und vom Körper weg oder parallel zum Körper von rechts nach links. Manchmal hören sie auch auf zu schwingen oder verharren, wenn eine Frage unklar ist. Oft ist es leichter, eine sanfte Schwingung in Gang kommen zu lassen, bevor Sie eine Frage stellen, weil die unbewußten Bewegungen Ihrer Handmuskeln, die das Pendel antworten lassen, effektiver funktionieren, wenn sie keine anfängliche Trägheit überwinden müssen.

Sobald Sie festgelegt haben, was für Sie und Ihr Pendel »ja« bedeutet, probieren Sie einige Fragen aus, auf die die richtige Antwort »nein« lautet. Dann sollten Sie eine andere Schwingung bekommen, vielleicht eine Linie, wenn Sie vorher einen Kreis hatten, oder die andere Kreisrichtung – in jedem Fall sollte es jedoch einen unmißverständlichen Unterschied geben. Probieren Sie alternative Fragen für »ja« und »nein« aus. Am Anfang werden die Bewegungen nur schwach sein, aber wenn Sie sich entspannen und das Spiel mitspielen, dann werden Sie stärkere und deutlichere Reaktionen bekommen. Sie werden die Feststellung machen, daß die meisten Kinder das ohne Zögern und viel besser als Erwachsene tun können und daß es Männern schwerer fällt als Frauen.

Wenn Sie diesen grundlegenden Code in bezug auf sich selbst festgelegt haben (und neun Zehntel aller Menschen sind nach einigen Versuchen erfolgreich!), sollten Sie ihn in bezug auf andere Personen überprüfen. Das ist notwendig, weil sich gelegentlich die Ergebnisse umkehren, wenn Sie Fragen über einen anderen Menschen stellen. Es hilft, sich ganz sicher zu sein, daß »ja« »ja« ist und »nein« »nein«, wenn Sie es mit anderen zu tun haben, besonders dann, wenn Sie versuchen, ein geeignetes Pflanzenheilmittel für einen Klienten zu finden, oder wenn Sie Nahrungsmittel auf allergische Reaktionen hin überprüfen, wofür ein Pendel, mit dem Sie gut eingeübt sind, das ideale Instrument ist. Testen Sie Dinge in Ihrem eigenen Leben – Chemikalien, Seifen, Nahrungsmittel, aber auch Heilmittel wie die Bachblüten, die Sie mit Hilfe des Pendels schneller auswählen können als durch Nachlesen in entsprechenden Büchern. Wenn Sie anderen Menschen Heilung anbieten, dann lohnt es sich, das Pendel zu befragen, ob Sie dem Patienten helfen *können*, ob Sie ihm helfen *sollten* und, wenn Sie die Liste dessen durchgehen, was Sie anzubieten haben, auf welche Weise Sie jener Person am besten helfen können, wieder gesund zu werden.

Eine Hasel- oder Weidenrute als Wünschelrute zu verwenden, verlangt etwas mehr Übung, da es relativ schwierig ist, sie richtig zu halten (vergleiche Abbildung!). Die Y-förmige Rute sollte mit beiden Händen gehalten werden; die locker geschlossenen Hände sollten nach oben zeigen, so daß die Enden der Rute das Handinnere von der Stelle her durchlaufen, an der sich jeweils die Wurzel des kleinen Fingers befindet; die Spitzen der Rute sollten zwischen Daumen und Zeigefinger herausschauen. Dadurch werden die Ellenbogen nach innen gebracht und die Handgelenke beugen sich nach hinten, so daß sich die gesamte Rute parallel zum Boden befindet. Ziehen Sie dann ein wenig nach außen, und legen Sie Spannung auf das Y-Gelenk der Rute. Traditionsgemäß verwenden wir nur Haselsträucher oder Weiden, denn sie sind biegsam und zerbrechen nicht. Sie sind außerdem auf magische Weise mit dem Wasser verbunden!

Gehen Sie nun im Freien auf eine Ihnen bekannte Wasserquelle zu, zum Beispiel auf Wasser, das sich in einem Eimer oder einem Schlauch befindet. Fließendes Wasser reagiert schneller, deshalb wird sich, wenn Sie den Wasserfluß in einem Schlauch kreuzen, die Rute in Ihren Händen stärker bie-

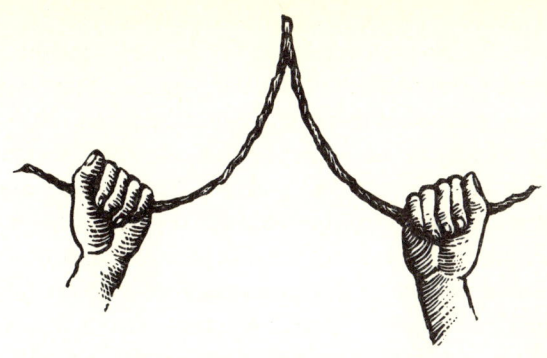

gen, und zwar normalerweise so, daß die Spitze nach unten zeigt – obwohl es bei manchen Menschen auch so ist, daß sie nach oben schnellt und Ihnen auf die Nase knallen kann, wenn die Energie zufälligerweise besonders stark fließt! Bleiben Sie dran, bis Sie eine klare Reaktion bei der locker in beiden Händen gehaltenen Rute verspüren. Wenn Sie sie zu fest packen, dann werden Ihnen die Hände weh tun, und wenn Sie Ringe tragen, dann könnte es sogar sein, daß Sie in diesem Fall Blasen bekommen.

Es gibt eine Reihe hervorragender Bücher, mit deren Hilfe man sich selbst das Rutengehen und das Pendeln beibringen kann. In diesen Büchern wird erklärt, wie man Rohre findet, den Sitz von Krankheiten bei Menschen und Tieren feststellen kann, wie man Allergien, Mineralvorkommen und verlorene Schätze orten kann. Kinder können normalerweise beide Methoden sehr schnell erlernen, und wenn man ihnen die Möglichkeit gibt, sich als »Schatzsucher« zu betätigen, indem man eine kleine Münze unter dem Teppich oder ein Spielzeug im hohen Gras versteckt, dann kann man sie stundenlang bei Laune halten. Wie bei vielen anderen magischen Künsten werden Sie auch bei diesen erfolgreicher sein, wenn Sie entspannt sind und das Ganze spielerisch angehen, anstatt die

Zähne zusammenzubeißen und Ihre Haselrute oder den Pendelfaden fest zu umklammern. In jedem Fall handelt es sich hierbei um eine nützliche Fähigkeit, um zum Beispiel verlorene Gegenstände in Ihrem Haus, ein gestohlenes Auto oder eine gestohlene Brieftasche wiederzufinden oder auch um ein geeignetes Heilmittel oder Heilkraut auszuwählen.

Früher hatten die Hexen und Weisen ihr persönliches System der Divination, um denjenigen die Zukunft vorauszusagen, die zu ihnen kamen, um sich Rat zu holen. Einige blickten dazu in eine Glaskugel, andere schauten in einen Kessel über dem Feuer mit brodelnder Suppe oder in die heiße Glut. Sie prüften die aufsteigenden Rauchschwaden, die Flugbahnen von Vögeln oder die Schatten der Blätter über ihrem Kopf. Heute haben wir die Hexagramme des *I Ging*, die Tarotkarten, die Runensteine oder die vielen verschiedenen Arten divinatorischer Bilder, die auf Karten oder Plastiktäfelchen festgehalten sind. Sie können sich die alte Tradition der Divination selbst beibringen, indem Sie ein Dutzend oder mehr kleine Gegenstände sammeln, die Konzepte wie »Reisen«, »gute Nachricht«, »Glück«, »Geld«, »Wachstum«, »Veränderung«, »Stabilität«, »Liebe oder Harmonie«, »Streitigkeiten oder Gerichtsprozesse«, »Autorität« und andere ähnliche Ideen verkörpern. Sie könnten zum Beispiel Bilder aus Zeitschriften nehmen, die Sie auf kleine Karten kleben, um so Ihr eigenes Minitarot herzustellen; oder Sie nehmen einen Stein für Stabilität, eine Feder für Reisen, eine Briefmarke für gute Nachrichten und so weiter. Ich bin sicher, Sie werden auch dadurch neue Anregungen bekommen, daß Sie in den verborgenen Winkeln Ihrer Schubladen, in Schachteln mit alten Geburtstagskarten oder ähnlichem nachschauen. Lassen Sie sich Zeit, und wählen Sie auch eine Schachtel aus, in der Sie Ihre Gegenstände aufbewahren können. Diese Schachtel können Sie mit Filz, mit Edelsteinen, Stickereien oder Abziehbild-

chen dekorieren, wenn Sie gerne künstlerisch tätig sind, denn
all das hilft Ihnen dabei, Ihr Bewußtsein mit den Symbolen zu
verbinden, die Sie ausgewählt haben.

Wenn Sie so viele Gegenstände zusammen haben, wie Sie
brauchen, dann verbinden Sie mit jedem Objekt einen Satz
oder Spruch als Antwort auf Ihre Frage. Halten Sie die
Schachtel in Ihren Händen, denken Sie ernsthaft über Ihr Anliegen nach, und dann bitten Sie, wenn Sie möchten, still den
Geist der Divination, Ihnen dabei zu helfen, die Antwort zu
sehen. Danach schütten Sie die Gegenstände auf den Boden
oder auf einen Tisch. Schauen Sie sich an, wie sie miteinander
in Beziehung stehen; diejenigen, die Ihnen am nächsten sind,
sprechen am lautesten und schnellsten zu Ihnen, diejenigen,
die weiter weg sind, betreffen spätere Entwicklungen. Alle,
die außer Reichweite fallen oder von anderen Gegenständen
verdeckt werden, und auch diejenigen, die verkehrt herum
hinfallen, sofern das möglich ist, sollten unbeachtet bleiben.
Sie werden wahrscheinlich überrascht sein, wie tiefgründig
die Antworten sein können, die Ihnen ein solch primitives und
individuelles System geben kann. Probieren Sie es aus. Es ist
viel leichter, damit zu lernen als mit den Vorstellungen, die jemand anderer in sein Tarotspiel oder ein neues *I Ging* hinein-
gebracht hat.

Eine andere alte Methode, die im Grunde genommen eine
Weiterentwicklung des Gegenstandorakels ist, ist der Gebrauch von kurzen Stöcken, die man willkürlich aus den Zweigen von Bäumen schneidet. In den Tagen der druidischen
Priester war dies ein sehr wichtiges Divinationssystem. Kurze
Ruten von etwa zwanzig einheimischen Bäumen wurden sorgfältig gesammelt, und derjenige, der die Kunst der Divination
beherrschte und die Verwendungsweisen und magischen Verbindungen eines jeden Baumes kannte, warf dann, nachdem
er ein Gebet gesprochen hatte, um Führung zu erbitten, das

Bündel hin, und die Gottheit antwortete, und zwar wieder durch die Position und die Beziehung zwischen den einzelnen Stöcken. Wenn Sie die Geduld dazu haben, dann können Sie selbst eine vereinfachte Version dieses Baumorakels herstellen. Ich hoffe, daß niemand versucht, solche Orakel zum Verkauf herzustellen, denn das würde den Bäumen schaden und für den Käufer nur wenig wert sein.

Sie müssen einfach nur einen kleinen Zweig von jeder Baumart, die Sie ausgewählt haben, abschneiden. Hierfür benötigen Sie eine scharfe Gartenschere. Am besten ist es, nur Zweige zu nehmen, die etwa so dick sind wie Ihr Mittelfinger und etwa eine Handspanne lang, denn das war die traditionelle Länge, und sie eignet sich für ihren Zweck hervorragend. Nehmen Sie ein scharfes Messer, um etwaige Seitentriebe abzuschneiden und um eine Stelle am Stockende (oder kurz davor) abzuflachen und zu glätten. Dort können Sie nun eine Zahl, einen Buchstaben oder ein Identifizierungszeichen in jeden Zweig einritzen, damit Sie wissen, um welche Baumart es sich handelt, wenn Sie eine Handvoll zusammen haben. Zweige können außerordentlich ähnlich aussehen! Später können Sie dann einen zylindrischen Behälter herstellen oder eine schöne Schachtel suchen, um Ihre magischen Zweige darin aufzubewahren. Vielleicht möchten Sie auch ein besonderes Tuch kaufen, es bemalen oder besticken, um dann die Zweige darauf zu schütten und auszubreiten, wenn Sie mit ihnen arbeiten. Es ist möglich, daß in früheren Zeiten die Tierkreiszeichen oder die zwölf astrologischen Häuser auf diesem Tuch dargestellt waren, so daß man eine Art Baumhoroskop für den Sofortgebrauch erhielt. Es gibt jedoch nur wenige schriftliche Aufzeichnungen über diese keltische Form der Divination, und einige Bücher der letzten Zeit scheinen hauptsächlich aus Vermutungen zu bestehen, aber wenn Sie mit Hilfe Ihres Ferngedächtnisses in die Vergangenheit gehen, dann kann es sein, daß Sie klar sehen werden, wie es gemacht wurde.

Die im folgenden vorgeschlagenen Bäume gehören zu den traditionell verwendeten, und aus ihren Bedeutungen können Sie sich Ihr eigenes System erarbeiten. In einigen Fällen können Sie einen Baum (oder Strauch) auch durch einen anderen, ähnlichen ersetzen, denn Sie haben vielleicht nicht immer Zugang zu jeder Baumart. Egal, was Sie tun, nehmen Sie sich Zeit. Ich selbst habe zwei Jahre gebraucht, um meine eigene Sammlung aus über dreißig Bäumen herzustellen, von denen einige heimisch und andere eingebürgert waren, und ich mußte auch durchs Land reisen, weil bestimmte Baumarten einfach nicht in meiner Nähe wachsen. Es gibt »eingebürger-te« Baumarten auf der Liste, die für die neuen Ideen, Technologien und Aktivitäten stehen, die es zur Zeit der Druiden noch nicht gab. Eine einfache Sammlung aus dreizehn Baumarten sollte Eiche, Esche, Weide, Vogelbeere, Berg-ahorn, Stechpalme, Eibe, Weißdorn, Roßkastanie und Holunder ebenso einschließen wie einen Obstbaum (idealerweise Apfel), ein Heckengewächs wie Liguster oder Lorbeer und eine Konifere wie Fichte oder Kiefer.

Da diese Bäume symbolisch verwendet werden, haben manche mehrere Bedeutungen oder dieselbe Bedeutung wie ein anderer Baum. Der Apfelbaum zum Beispiel wird sowohl als Baum des Lebens als auch der Weisheit angesehen. In der keltischen Tradition war der Zweig eines blühenden Apfelbaumes ein sicherer Passierschein in die Anderswelt und, was noch wichtiger ist, gleichzeitig die Garantiekarte für eine sichere Rückkehr. Für unsere Zwecke sollten Bäume allerdings möglichst nicht geschnitten werden, wenn sie gerade in Blüte stehen. Sechs dieser Bäume waren traditionellerweise mit der Göttin verbunden, und sechs können als Werkzeuge des Gottes dienen. Der dreizehnte, die Roßkastanie, ist erst in neuerer

193

Zeit eingebürgert worden. Sie ist ein Symbol für die Kindheit, weil Kinder besonders gern mit den Kastanien spielen. Obwohl sie wie die meisten Bäume der Göttin weiße Blüten hat, ist ihr Holz vielseitig nutzbar, weshalb sie auch mit den Göttern der Handwerker in Verbindung gebracht wird.

Eiche:	Die Eiche ist ein Baum Gottes; sie symbolisiert Autorität, Stärke, Ausdauer, irdische Macht und Überfluß und gilt als Mittsommerbaum.
Esche:	Sowohl ein Baum Gottes und des Königs als auch der Handwerker, da Griffe für Werkzeuge meist aus Eschenholz gemacht wurden; sie bietet Schutz auf Reisen und Führung in praktischen Angelegenheiten. Der altnordische Baum des Wissens, von dem Odin die Runen erhielt.
Eberesche (Vogelbeere):	Ein Baum der Göttin, der verwendet wird, um magischen oder praktischen Schaden abzuwenden; hat weiße Blüten und rote Beeren, beides Farben der Göttin. Gutes Material für einen natürlichen Zauberstab.
Apfelbaum (oder ein anderer Ostbaum):	Ebenfalls Bäume der Göttin, da die meisten Obstbäume weiße oder rosafarbene Blüten haben. Der Apfelbaum hat jedoch besondere magische Eigenschaften: Er steht für den Erwerb von Wissen und Weisheit; er ist der Baum, der den Tod überlebt, und in seiner heiligen Frucht ist ein magisches Zeichen von Licht und Hoffnung verborgen. Der Apfel schützt den Träger, wenn er durch die Welten

reist, und er erweckt Einsicht und magische Kräfte.

Bergahorn: Ein Baum Gottes, der von Schnitzern als
Symbol für angebotene oder empfangene
Liebe und oft auch für harte Arbeit, Hand-
werkskunst und Sorgfalt verwendet wird.
Der Bergahorn ist ein Frühlingsbaum, der
erste, der wieder Blätter bekommt und aus
dem oft auch der grüne Hans hervorlugt.

Stechpalme: Ein Baum Gottes, Symbol des Opfers und
des wiedergeborenen Lebens, da die
Stechpalme zu den immergrünen Ge-
wächsen gehört. Ein Winterbaum, der eng
mit dem Jul- bzw. Weihnachtsfest assoziiert wird. Er zeigt an, daß erbrachte Opfer
dreifach zurückgezahlt werden.

Eibe: Ein Baum der Göttin, Symbol des ewigen
Lebens, des Todes und der Wiedergeburt.
Seien Sie besonders vorsichtig, wenn Sie
von diesem Baum etwas abschneiden,
denn seine Blätter sind für Tiere und Menschen giftig, und obwohl Vögel seine
süßen roten Beeren unbeschadet fressen
können, führen sie bei Menschen zu
schweren Vergiftungserscheinungen. Die
Eibe symbolisiert Veränderungen in der
Struktur der Dinge, hohes Alter, langfristige Stabilität und Geduld.

Roßkastanie: Ein Baum für Kinder, Spiele, Sport, Jugend und Torheit. Symbol des Frühlings,
voller Hoffnung und Leben. Er symbolisiert auch Reisen, denn das Roß war das älteste Transportmittel. Er ist der Baum des

Schmiedes, denn der Schmied war der Meister der Magie bei der Herstellung nützlicher Dinge und der Herr der Schöpfungen und Erfindungen. Siehe Wieland der Schmied!

Weißdorn (Hagedorn): Ein Baum der Göttin und des Schutzes, denn Weißdorn wurde oft für Hecken verwendet, und sein Blühen kündigte den Beginn des Sommers an.

Als Baum der Jungfrau ist er deren heiliger Geliebter und Spielgefährte, ein Symbol der Freude und des Spaßes, ein Vorzeichen von Überraschungsgeschenken oder Ausflügen.

Holunder: Ein weiterer Baum der Göttin mit weißen Sommerblüten und schwarzen Herbstfrüchten, aus denen man den rituellen Holunderwein gewinnt. Sie ist die Göttin der dunklen Jahreszeit, von Halloween bis Weihnachten, die Überbringerin von Geschenken des Geistes, von Prophezeiungen, Visionen und Offenbarungen.

Weide: Ebenfalls ein Baum der Göttin, dieses Mal ein Baum der körperlichen Genesung (Aspirin wurde ursprünglich aus Weiden gewonnen) wie auch der seelischen Heilung. Das kann bedeuten, daß man die Wurzeln eines Problems enthüllt oder daß man die Seele reinigt, und sei es durch herzliches Weinen! Genauso wie der Hexenbesen aus Birkenzweigen und einem Eschenholzstiel, die man mit Weidenruten zusammengebunden hatte, den Kreis reinigte, so klärt die Weide den Blick auf die Zukunft.

Kiefer *(oder jede andere Konifere):*	Ein Baum Gottes mit süßem Duft, spitzen, immergrünen Nadeln (mit Ausnahme der Lärche, die im Winter kahl ist); wurde verwendet, um Boote zum Reisen, Häuser zum Schutz oder Möbel zum Ausruhen herzustellen. Der Rauch der Kiefer trägt Gebete himmelwärts, so daß Wünsche erfüllt werden können, wenn sie in rechter Gesinnung ausgesprochen werden.
Lorbeer (oder eine andere Heckenpflanze):	Ein Symbol für göttlichen Schutz, für das Gesetz, für den Rand oder die Grenze von etwas. Oft haben wir eine Vorahnung davon, wie ein Urteil ausfallen wird oder wie wir einen schon lange andauernden Streit beenden können. Er wird Ihnen helfen, sich auf das zu konzentrieren, worauf es wirklich ankommt, um so die Zeit und Mühe, die man für etwas braucht, in Grenzen zu halten.

Diese Liste und die Ausführungen zu jedem Baum sind sehr vereinfacht, denn damit ein Divinationssystem bei Ihnen funktioniert, müssen Sie die Symbole und Ideen, die Sie mit jeder Karte, jedem Stock oder Baum verbinden, selbst herausfinden. Rufen Sie sich die Eigenarten der verschiedenen Bäume ins Bewußtsein, während Sie die Zweige sammeln, beschneiden und trocknen lassen. Sofern Sie die Bäume und Büsche nicht in Ihrem Garten oder dem eines Nachbarn oder Freundes finden, müssen Sie sich in Ihrer Gegend auf die Suche machen, egal, ob in Stadt oder Land, Wald oder Feld. Wenn Sie alle Zweige gesammelt und in aufrechter Position haben trocknen lassen, damit sie gerade bleiben, dann sollten Sie sie am unteren Ende mit einer Rune oder einem persönlichen Identifizierungszeichen markieren, wie bereits beschrieben. Sie können die Zweigenden mit einem Stück Schmirgelpapier abrunden, aber es ist am besten, die Rinde und alle rauhen Stellen oder kleinen Verzweigungspunkte so zu belassen, wie die Natur sie gemacht hat. Sie werden dem Zweig einen Charakter geben, der Ihnen beim zukünftigen Wahrsagen helfen kann.

Zum Wahrsagen müssen Sie zunächst selbst etwas über die Symbolik eines jeden Baumes wissen und außerdem gelernt haben, jeden Zweig, der vor Ihnen liegt, schnell zu identifizieren. Die Druiden haben wahrscheinlich den Behälter dreimal geschüttelt, wobei einige Zweige heraus und auf ein bereitgelegtes Tuch fielen, und dann deuteten sie diese Zweige, um Antworten auf die Fragen zu erhalten, über die sie nachdachten, während sie den Behälter schüttelten. Die Zweige können auf vielerlei Weise gedeutet werden, aber ich verwende die folgende einfache Methode:

Der Abstand von Ihnen entspricht dem zeitlichem Abstand; jene Zweige, die am weitesten entfernt liegen, deuten also etwas an, das später geschieht, als diejenigen, die in Ihrer unmittelbaren Nähe liegen. Zweige, die sich berühren oder kreuzen, müssen zusammen gedeutet werden. Wenn die oberen Enden von Ihnen abgewandt liegen, dann sind das positive Zeichen, liegen die markierten unteren Enden abgewandt von Ihnen, so bedeutet das Verzögerungen oder Probleme in dem, was die jeweilige Baumart symbolisiert. Die Zweige, die nicht herausfallen (und es sollten immer einige in dem Behälter verbleiben), haben keine Relevanz für die Frage, um die es gerade geht.

Offensichtlich können bestimmte Bäume für bestimmte Menschen oder Berufe stehen, einige Bäume können Ihnen als glück- oder unglückbringend erscheinen, einige deuten auf Wachstum, Erfolg bei dem, was man plant, Erfolg bei Reisen oder Gesprächen hin; andere vielleicht auf Begegnungen mit Autoritäten oder dem Gesetz, mit älteren Menschen oder Kindern. Sie müssen das für sich selbst herausfinden, einerseits dadurch, daß Sie die Verwendungsweisen verschiedener Holzarten untersuchen, und andererseits, indem Sie über jeden Zweig meditieren und über das Wesen des Baumes nachdenken, von dem er geschnitten wurde, wo er wächst und so weiter.

Kaufen Sie sich eine Kladde, und benutzen Sie für jeden Baum eine Seite; tragen Sie dort alle neuen Ideen ein, bis Ihnen jeder einzelne Zweig eine klare und umfassende Botschaft vermittelt. Schauen Sie sich jeden zunächst einzeln und dann zusammen mit anderen Zweigen an. Schauen Sie sich die Formen an, die sie bilden: Sind es Runen oder Muster, die Sie wie Teeblätter deuten können? Obwohl dieses System einfach ist, kann es ein sehr effektives und weitreichendes Divinationssystem sein.

Übungen

Wie die meisten wirklichen Künste der Dorfhexen sind das Pendeln, Rutengehen und Wahrsagen im Grunde genommen sehr einfach. Moderne Menschen versuchen, sie komplizierter zu machen, weil wir komplizierte Menschen sind und Dinge zu brauchen scheinen, die schwierig für uns sind. Wenn Sie spielerisch mit einer Rute oder einem Pendel üben, dann werden Sie selbst überrascht über Ihre Erfolge sein; versuchen Sie hingegen, »wissenschaftliche« Erklärungen für solche Kräfte zu finden oder mit zusammengebissenen Zähnen daran zu »arbeiten«, dann werden Sie versagen. Wenn Sie bei einer dieser Aufgaben keinen Erfolg haben, dann nehmen Sie das als wertvolle Lektion, und versuchen Sie es noch einmal. Sie würden ja auch nicht erwarten, nach dem ersten Versuch Geige spielen zu können, oder? Mit der Magie ist das ganz ähnlich. Sie ist eine Kunst mit einem besonderen Know-how, das nur durch geduldiges Üben erworben werden kann.

In diesem Kapitel für Ihren achten Arbeitsmond wurden schon eine ganze Reihe einfacher Übungen beschrieben. Probieren Sie zuerst die Psychometrie und das Pendeln aus; später, wenn Sie schon ein gewisses Vertrauen in Ihre natürlichen Fähigkeiten gewonnen haben, dann gehen Sie nach draußen, und schneiden Sie sich eine Wünschelrute aus einem Haselstrauch oder einer Weide. Das Rutengehen ist schwerer zu erlernen, weil es schwierig ist zu beschreiben, wie man die Rute am besten greift, und sich das sehr unnatürlich anfühlt; aber bei den meisten Menschen, die beharrlich üben, funktioniert es schließlich.

Probieren Sie das Pendel an einem heiligen Ort in Ihrer Umgebung aus. Schauen Sie, wie es reagiert, und dann fragen Sie es nach dem Grund. Bei jeder Art von Divination bekommt man die effektivsten Antworten nur dann, wenn man die richtigen Fragen stellt. Jedes System hat eine begrenzte »Sprache« mit einem sehr einfachen Vokabular; ein Pendel kann nur »ja« oder »nein« sagen, man kann mit ihm also keine Vergleiche anstellen. Die Tarotkarten können 78 verschiedene Dinge aussagen, multipliziert mit der Anzahl von Karten, die Sie ziehen. Sie müssen lernen, Ihre Fragen auf eine Art und Weise zu stellen, die Ihnen eine angemessene und kohärente Antwort garantiert.

Versuchen Sie, bei Kerzenlicht aus einem dunklen Glas oder einer Schale mit Wasser, die auf einem schwarzen Tuch steht, die Zukunft zu lesen. Probieren Sie das solange aus, bis Sie Erfolg haben.

Stellen Sie sich selbst eine Auswahl von Omen-Objekten für Ihre persönliche Orakelpraxis zusammen. Entspannen Sie sich, erweitern Sie Ihr Bewußtsein, und suchen Sie dann Antworten auf Fragen, bei denen es um Reisen, Nachrichten von Freunden, Ihre Fortschritte in der Magie oder darum geht, in engeren Kontakt mit den alten Göttern zu treten. Sie werden vielleicht überrascht sein, wie klar die Antworten sind, die Ihnen solche »primitiven« Systeme geben können. Erlauben Sie es Ihrer inneren Stimme, weiter auszuführen, was die Symbole bedeuten, denn das ist die wahre Kunst der »Divination«: die göttliche Inspiration.

Stellen Sie, wenn Sie Lust dazu haben, mit Sorgfalt ein Baum-orakel-Set mit einem Behälter her, oder kaufen Sie ein Runenset oder Tarotkarten, und fangen Sie wirklich an zu lernen, was sie Ihnen zu sagen haben, indem Sie jeweils ein Symbol nach dem anderen intensiv studieren. Tragen Sie immer alles, was Sie lernen, in Ihr »Buch der Inspiration« ein – die Fragen und die Antworten bzw. die Symbole, die Sie als Antwort erhalten haben, und Ihre eigene Interpretation.

Auch zu diesem Thema wieder nur ein paar ausgewählte Literaturempfehlungen – es gibt vielerlei Divinationssysteme, alte und moderne, und Sie müssen Ihre wachsende Unterscheidungsfähigkeit einsetzen, um diejenigen auszuwählen, die Ihnen auf Ihrer Suche nach altem Wissen am besten dienen können.

Tom Graves: *Pendeln*. Aurum, Braunschweig 1993
Tom Graves: *Pendeln und Wünschelrute*. Goldmann 1993
Gerhard Heß: *Oding-Wizzod. Gottesgesetz und Botschaft der Runen*. Knaur, München 1993
Liz und Colin Murray: *Das keltische Baum-Orakel*. Hugendubel, München 1989

Nigel Pennick: *Brett und Stein und Zauber. Orakelspiele aus heidnischer Tradition.* Neue Erde, Saarbrücken 1985

–: *Das Runenorakel.* Knaur, München 1990

Rachel Pollack: *Tarot. 78 Stufen der Weisheit.* Knaur, München 1987

Zoltan Szabó: *Buch der Runen. Das westliche Orakel.* Knaur, München, Neuaufl. 1992

9 Die Kraft der Pflanzen

> Das Reich der Pflanzen stellt alles bereit, was unser Körper für ein ausgeglichenes und integriertes Leben benötigt. Wir sind jedoch mehr als nur Körper; wir haben auch Bewußtsein, was andere Faktoren mit ins Spiel bringt. Wir müssen nicht nur unseren physischen Körper in Betracht ziehen, sondern auch unseren Geist, unsere Emotionen und unser spirituelles Wesen. Harmonie ist nicht länger bloß eine Frage der richtigen Ernährung oder der richtigen Kräuter, sondern auch eine Frage der richtigen Gefühle, der richtigen Gedanken, der richtigen Lebensweise, der richtigen Handlungen, der richtigen Einstimmung – eine Harmonie der richtigen Beziehung zu unserer Welt ...
>
> David Hoffman: *Mit Kräutern jung bleiben*

Hexen haben fast immer einen bösen Ruf, den sie insgesamt gesehen nicht verdient haben. In früheren Zeiten waren sie, was ihr Wissen über Heilung, psychologische Beratung, Hellsicht und Tiermedizin anging, in ländlichen Gegenden ohne Konkurrenz. Oft war die weise Frau gleichzeitig Amme und wahrscheinlich auch diejenige, die die Toten vor ihrer Beerdigung aufbahrte. Sie besaß also das Wissen, um jemanden ins Leben zu bringen, und auch das, um einem Verstorbenen einen respektvollen Abschied zu bereiten. Ihr Geschick in den Heilkünsten teilte sie wahrscheinlich mit dem Hexenmeister, der, anstatt sich mit der Geburt von Kindern zu beschäftigen, wahrscheinlich profunde Kenntnisse über Tiere hatte, und Kälbern, Fohlen und Lämmern auf die Welt half. Seine Geschicklichkeit im Umgang mit Rindern und Pferden entsprach in etwa derjenigen, die den Zigeunern selbst in der heutigen Welt noch zugesprochen wird, nämlich, daß er die wilden Stiere und die ungebrochenen Hengste mit einem Blick kontrollieren konnte, daß er das geheime Wort des Reiters oder die traditionellen Gerüche kannte, um ein wildes Tier zu besänftigen.

Hexenmeister und Hexen waren aufgrund ihres gemeinsamen Wissens über Kräuter, von denen einige heilen und andere Schlaf, Trance oder Tod bringen können, gefürchtet. Diese Furcht der gewöhnlichen Menschen und manchmal auch Neidgefühle von seiten der mittelalterlichen Geistlichen, in deren Hand die Künste des Heilens und die magischen Techniken normalerweise lagen, waren die Ursache für das Mißtrauen der Kirche, das schließlich zur Hexenverfolgung führte.

Als viele der modernen Arzneien nur in ihrer kraftvollen pflanzlichen Form bekannt waren, war solches Wissen Macht, und es geschah wahrscheinlich häufig, daß man einem Schwerkranken oder Schwerverletzten, wenn man ihm sonst nicht helfen konnte, eine Dosis eines tödlichen Giftpflanzenextrakts gab, um sich auf diese Weise Ruhe zu verschaffen. Wenn die weisen Frauen in der Lage waren, neugeborene Babys sicher auf ihrem Weg in die Welt zu begleiten, manchmal sogar auf Kosten des Lebens der Mutter, und den Alten oder Sterbenden den Übergang zu erleichtern, dann lagen Anfang und Ende der menschlichen Existenz in ihrer Macht, aber die Kirche sah diese Funktion als alleinige Domäne ihres Gottes an. Das gewöhnliche Volk ging jedoch bereitwilliger zum Knocheneinrichter am Ort, um Verrenkungen oder Knochenbrüche richten und schienen zu lassen, als sich auf das zu verlassen, was die Mönche oder Nonnen tun konnten.

Das alte, überlieferte Wissen über Pflanzen wird aufgrund des befürchteten Waldsterbens und der Rodungen nicht nur im Amazonasdschungel, sondern auch in großen Teilen der ganzen Welt mit neuem Interesse untersucht und erforscht. Die Menschen, die in Harmonie mit den Pflanzen lebten, waren sich ihrer besonderen Eigenschaften – zu heilen, Visionen zu

bringen, der Nahrung Geschmack zu verleihen, Rohmateria-
lien zur Herstellung von Seilen oder Kleidern oder Unter-
künften zu liefern – sehr bewußt. Sie wußten, aus welchen
Pflanzen man Färbematerialien in vielen Farben herstellen
konnte, welche man zur Reinigung von Wunden oder Insek-
tenstichen verwenden konnte; welche fliegende Insekten abwehren oder Motten aus Kleidern fernhalten oder die Luft in
ihrem Heim erfrischen konnten. Einige waren nährend für
den Körper; einige führten einen schnellen und schmerzlosen
Tod, eine leichtere Geburt, tiefen Schlaf oder erhöhte Wach-
samkeit herbei, genau wie moderne Arzneien es auch tun können. Natürliche Kräuterzubereitungen führen jedoch zum gewünschten Ergebnis ohne die schädlichen Nebenwirkungen,
die bei modernen Arzneien so vorherrschend sind.
Es ist an dieser Stelle nicht möglich, erschöpfend auf die traditionelle Pflanzenmedizin einzugehen, und keinesfalls sollte
man anfangen, mit Arzneipflanzen herumzuspielen, ohne zuvor eine gründliche Ausbildung durchlaufen zu haben. Natürlich können Sie einige Kräuter für die Küche ziehen, Sie können lernen, natürliche Obst- und Blumenweine herzustellen,
und können aromatisierte Öle in kleinen Dosen verwenden,
um damit Ihren Raum oder Ihr Bad zu parfümieren, solange
Sie damit vorsichtig umgehen. Aber für alles, was darüber hinausgeht, brauchen Sie genaue Anweisungen und nicht nur einen Wochenendkurs mit dem Titel »Kräuterkunde für den
Städter«. Schaffen Sie sich einige gut illustrierte Bücher über
heimische Bäume, Pflanzen und Kräuter an, gehen Sie in die
Natur hinaus, und lernen Sie, alles, was sommers wie winters
wächst, zu bestimmen.
Riechen Sie an den Blüten, der Rinde, den Blättern und dem
Saft verschiedener Küchenkräuter, Gartenpflanzen und Un-
kräuter, damit Sie, wenn Sie beginnen, sich ernsthaft mit dem
Studium der Kräutermedizin zu beschäftigen, schnell in der

Lage sind, genau zu erkennen, um welche Pflanze es sich handelt. Auf dem Lande gibt es viele ähnlich aussehende Pflanzen; einige sind harmlos und sehen im Haus dekorativ aus, andere können tödlich sein, und ein achtlos verspritzter Tropfen Saft auf einer aufgesprungenen Lippe oder das sorglose Ablecken der Lippen mit der Zunge kann ernsthafte Folgen haben. Bitte seien Sie vorsichtig, wenn Sie Kinder oder unerfahrene Erwachsene bei sich haben, wenn Sie auf Pflanzensuche gehen, besonders dann, wenn Sie vorhaben, einige schöne Pilze für den Kochtopf zu sammeln!

Eine der einfachsten und sichersten Formen des Umgangs mit Pflanzen, der in unserer Kultur Tradition hat, ist die Verwendung von Kräutertees, die bei kleineren Beschwerden helfen können und den zusätzlichen Vorteil haben, daß sie auch einige der psychischen Aspekte in Ihrem Leben unterstützen. Wenn Sie Ihre Wahrnehmung schärfen, dann werden Sie in der Lage sein, jede gewünschte Therapie wirksamer zu gestalten oder, wenn es Ihnen Ihr gesunder Menschenverstand oder die Göttin sagt, sich lieber damit zurückhalten, Ihre Hilfe anzubieten. Jeder Naturkostladen bietet eine Reihe von Teesorten an, die aus richtig zubereiteten Kräutern bestehen. Fangen Sie zunächst mit einer einzigen Pflanzenart im Teebeutel an, wenn Sie ihre Wirkung noch nicht so genau kennen, oder mit losen Kräutern von einem Kräutersammler, die sehr viel preiswerter sind. Kamille, Brennessel, Beinwell, Zitronenmelisse, Hagebutte und Pfefferminze sind gute Tees für den Anfang, da jede dieser Pflanzen eine ziemlich offensichtliche Wirkung hat und die meisten von ihnen für allgemeine Beschwerden verwendet werden können.

Am besten beschaffen Sie sich einen großen Teefilter aus feinem Metalldraht oder Stoff, in den man pro Person einen Teelöffel des getrockneten Krautes hineingibt und fünf bis zehn Minuten lang in frisch aufgebrühtem Wasser ziehen läßt. Sie können auch einfach einen Teelöffel lose Kräuter in eine große Tasse aus Porzellan, Ton oder Glas bzw. in einen Krug füllen und dann den Kräutertee nach einigen Minuten in eine andere Tasse abseihen, wenn Ihnen das lieber ist. Wenn einige der Kräuter für Sie einen seltsamen Geschmack haben, dann können Sie sie mit ein wenig flüssigem Honig oder einem Spritzer Zitronensaft verfeinern. Sie werden feststellen, daß Kräutertees normalerweise länger ziehen müssen als Schwarztee, weil die ätherischen Öle, die die Wirkstoffe enthalten und Geschmacksträger sind, länger brauchen, um sich zu entfalten, als diejenigen von Schwarztee.

Beschwerden, die man mit den obenerwähnten Kräutern lindern kann, sind zum Beispiel Angst und Verdauungsstörungen (Kamille und/oder Pfefferminze); Müdigkeit, besonders bei einer Erkältung oder nach dem Winter (Hagebutte oder Brennessel). Zitronenmelisse erweist sich bei Nervosität, Streß und Magenbeschwerden als nützlich und hilft auch gegen Angst. Beinwell hilft bei Husten und Bronchitis, und er kann auch auf Schnitte und Blutergüsse aufgetragen werden. Sie werden vermutlich feststellen, daß eine Tasse Kamillentee, vielleicht mit ein wenig Zitronenmelisse verfeinert, Ihnen beim Entspannen und Meditieren gute Dienste leistet, daß Sie in diesem Zustand Einsicht in andere passende Behandlungsmethoden für Patienten oder Freunde bekommen oder daß sich Ihre eigene Gesundheit dadurch verbessert. Achten Sie sehr sorgfältig auf das, was Sie tun, und verwenden Sie nur die angegebene Dosis eines jeden Krautes. Wenn Sie Zweifel haben, dann befragen Sie vor dem Gebrauch Ihre Bücher, Ihr inneres Selbst oder die Göttin der Heilung.

Es gibt viele hervorragende Grundlagenwerke über Pflanzenmedizin, mit gründlichen Beschreibungen der Heilpflanzen, ihrer Anwendungsmöglichkeiten und der Methoden des Sammelns. Studieren Sie diese also eingehend, und lassen Sie sich, wenn möglich, persönlich im Bestimmen sowie im Anpflanzen und Sammeln von Pflanzen zu medizinischen Zwecken unterweisen. Es gibt vielerorts Abendkurse zur Verwendung von Pflanzen zu Heilzwecken, zum Färben von Textilien, zum Kochen und so weiter, und solche Kurse können eine hervorragende Einführung in diese Thematik sein. Es gibt auch eine Reihe von Schulen der Pflanzenmedizin, die persönliche Unterweisung oder Fernkurse anbieten, und viele dieser Kurse bringen Sie mit ähnlich gesinnten Seelen in Kontakt, die vielleicht auch Ihr Interesse an anderen Aspekten des Okkulten, der Magie oder Hexenkunst teilen.

Da Pflanzen in jeglicher Form eine so große Rolle in der Arbeit der alten Weisen spielten und weil die Menschen sich heutzutage zunehmend der Bedeutung bewußt werden, die die Verwendung von möglichst naturbelassenen Dingen hat, gibt es eine große Anzahl von Themen, mit denen sich jede moderne Hexe und jeder moderne Schamane beschäftigen sollten. Denken Sie einmal darüber nach, wie viele Verwendungsmöglichkeiten für Bäume, Büsche, Kräuter, Pflanzen, Pilze, Moose, Zwiebeln und Knollen die Menschheit gefunden hat. Wir verwenden außerdem jeden Teil einer jeden Pflanze für irgend etwas, und sei es nur zur Herstellung von Kompost! Oft essen wir die Samen, Früchte, Beeren, Nüsse oder Blätter, vielleicht verwenden wir auch die Rinde zum Färben, zur Herstellung einer Arznei oder von irgend etwas anderem. Einige Büsche produzieren aromatische Harze, die extrahiert werden, um sie für Räucherstäbchen, Farben oder zur Verbesserung des Raumklimas zu verwenden. Blumen können in ihrem natürlichen Zustand als Dekoration verwendet werden, sie können aber auch getrocknet, gepreßt und auf Grußkarten geklebt werden, oder man mischt sie zu einem Duftkissen zusammen. Einige Pflanzen kann man auch essen, wie zum Beispiel Algen, Brunnenkresse und die aufgerollten

Triebe mancher Farnsorten. Viele Knollengewächse, wie etwa die Kartoffel, sind Grundnahrungsmittel, und die gesamte Zwiebelfamilie, zu der auch die Knoblauchpflanze gehört, hat positive, antiseptische Eigenschaften. Sogar einfache Gräser können zu Matten verwoben oder zu Körben geflochten werden.

Wein kann nicht nur aus allen Früchtesorten, sondern auch aus einigen Gemüsen und aus vielen Blumenarten gewonnen werden, einschließlich einiger, die als Unkraut angesehen werden. Viele Wildpflanzen, wie zum Beispiel Holunder oder Brombeere, ergeben einen wunderbaren Wein, der ideal für Feste ist. Die wesentlichen Zutaten können zu verschiedenen Jahreszeiten gesammelt werden, wobei zum Beispiel Löwenzahn schon Anfang Mai zur Zeit des Beltanefestes verfügbar ist. Wenn man ihn dann zu Wein vergärt und reifen läßt, kann er im nächsten Jahr getrunken werden. Im Mittsommer gibt es große Mengen weißer, süßlich duftender Holunderblüten auf manch einer Feldhecke. Hieraus kann Holundersekt gewonnen werden, ein berauschender, wohlriechender weißer Sekt, auf den man später im Jahr den dunkelroten Holunderwein folgen lassen kann. Auch Pastinaken, Stachelbeeren, Erdbeeren, Äpfel und Orangen können in wohlschmeckende Weine verwandelt werden, falls Sie zufälligerweise eine größere Menge davon in Ihrem Garten haben oder das Glück haben sollten, einen Vorrat von einem Ihnen wohlwollenden Obstladen zu bekommen. Äpfel und Birnen können zu Most vergoren werden, selbst wenn sie Druckstellen haben, da sie sowieso zerdrückt werden müssen.

In vielen Städten gibt es jetzt Geschäfte mit Bedarf zur Weinherstellung oder große Drogerien, in denen man die Grundausstattung kaufen kann und darüber hinaus die passende Hefe (oder Hopfen, wenn Sie Bier bevorzugen). In den meisten Bibliotheken gibt es eine Reihe von Büchern über die

Wein- und Bierherstellung zu Hause und über Möglichkeiten, die unwahrscheinlichsten Naturprodukte in süße oder herbe Getränke zu verwandeln. Wenn Sie keinen Alkohol trinken, wie einige andere moderne Heiden, dann können Sie aus Früchten nichtalkoholische Bowlen, Säfte und Sirup herstellen. Wenn Sie Bienen halten oder jemanden kennen, der das tut, oder wenn Sie eine größere Menge guten Honig bekommen können, dann können Sie jenes uralte, magische Getränk der Kelten brauen – Met. Je besser und aromatischer der Honig, um so besser wird der Met, und wenn Sie ihn ein bis fünf Jahre lang gären lassen, dann werden Sie am Ende ein wundervoll trockenes, goldfarbenes Getränk haben, das wahrhaft göttlich schmeckt.

Honig ist ebenfalls eine traditionelle Zutat vieler alter Räucherwerkmischungen, und auch hier können wieder Kräuter und Gewürze wie Lavendel, Rosmarin, Lorbeer, Wermut, Salbei, Zimt oder Nelken Bestandteil Ihrer Spezialmischungen sein. Während in kirchlichen Gottesdiensten zum Teil noch bis heute Weihrauch und Myrrhe verwendet werden und manche Klöster die erforderlichen Harze für Christen (und Heiden) zum Verkauf anbieten, ist es den Versuch wert, eigenständig ein wenig mit dem zu experimentieren, was man selbst sammeln kann. Probieren Sie jede Substanz einzeln auf einem kleinen Stück brennender Holzkohle aus. Sie können die Sorte Holzkohle, die zum Verbrennen von Räucherwerk geeignet ist, in den meisten esoterischen Läden, in Geschäften für Kirchenbedarf und im esoterischen Versandhandel kaufen. Versuchen Sie nicht, Räucherwerk auf Grillkohle zu verbrennen, da sie nicht dafür geeignet ist. Sie können auch einige Räuchermischungen im Laden kaufen, aber probieren Sie die Harze zunächst einzeln aus.

Einige unserer einheimischen Bäume geben Harze aus Wunden, Rissen oder Schnittstellen ab, zum Beispiel Kiefern, Lärchen und andere Koniferen, aber auch einige Obstbäume, wie Apfel-, Kirsch- und Pflaumenbäume. Die meisten Küchenkräuter lassen sich als Räucherwerk verbrennen, aber wenn Sie anstelle der Blätter die getrockneten Stengel verwenden, dann werden Sie bessere Ergebnisse erzielen. In jedem guten Kräuterbuch können Sie nachlesen, welche Pflanzen sich zur Entspannung und welche sich zur Erweckung Ihrer inneren psychischen Kräfte eignen. Die meisten der traditionellen, in Tempeln verwendeten Räucherwerke bestanden aus einer Mischung süßer und aromatischer Harze, die eine bewußtseinserweiternde Wirkung hatten.

Heutzutage aromatisieren Menschen ihre Wohnung, indem sie Öllämpchen oder Duftlampen mit Duftölen und Essenzen verwenden, aber einige davon werden künstlich erzeugt und haben daher nicht die gleiche Wirkung wie Öle oder Essenzen, die zum Beispiel wirklich aus Rosen- oder Jasminblüten gewonnen werden. Versuchen Sie herauszufinden, woher solche Öle stammen, denn die nachgemachten haben keinerlei Wirkung auf Ihre übersinnlichen Fähigkeiten und zudem vielleicht noch unangenehme Nebenwirkungen. Der Preis ist ein guter Indikator, denn reine Essenzen selbst aus weitverbreiteten Blumen wie Rosen können sehr teuer sein. Sie können Lavendel- und Kiefernöl auch leicht selbst herstellen, indem Sie ein leichtes pflanzliches Öl wie Sonnenblumen- oder Mandelöl nehmen und getrocknete Lavendelblüten oder harzige Kiefernspäne hineingeben. Wenn Sie sich zufälligerweise an einem Bootssteg befinden, wenn man dort ein Schiff aus Lärche oder Pitchpine repariert, dann können Sie dort vielleicht einige wundervoll riechende Späne sammeln. Die Balsampappel strömt Ende April/Anfang Mai einen wunderbaren Duft aus, wenn ihre kleinen, klebrigen Knospen aufbrechen. Für mich ist das einer der herrlichsten Düfte, die es in der Natur gibt. Die braunen, harzigen Häutchen, die die Knospen umschließen, kann man einsammeln und in einem trockenen Gefäß aufbewahren, um sie später für Räucherwerk oder Duftmischungen zu verwenden.

Viele Pflanzen eignen sich gut als Würzkräuter für die Küche, und auch zu diesem Thema gibt es eine ganze Reihe hervorragender Bücher. Heutzutage können Sie in Ihrem Garten eine reiche Auswahl an eßbaren Pflanzen selbst anbauen, die früher – in der guten alten Zeit von Pferd und Wagen – in der Natur gesammelt wurden. Manche Leute fügen sogar Blumen zu vielen Gerichten und Salaten hinzu, hauptsächlich als Dekoration, aber auch deshalb, weil sie wertvolle Vitamine und Mineralien enthalten. Wenn Sie also einmal Kapuzinerkresse- oder Rosenblüten auf Ihrem Teller finden, dann essen Sie sie, sie schmecken und tun Ihnen gut. Informieren Sie sich, wie man Kränze und Girlanden aus Ranken und Kletterpflanzen windet und leuchtende Pflanzen der jeweiligen Jahreszeit hineinwebt, um damit Ihren Altarstab zu schmücken, wenn Sie einen Platz nach alter Weise weihen wollen. Sie können Ihr Haar mit einem Blumenkranz schmücken oder eine Kette aus Blättern und bunten Samenkapseln tragen, um den Vollmond oder das Erntefest zu feiern.

Versuchen Sie, zu jedem Jahreszeitenwechsel eine Vase mit besonderen Blumen oder eine passende Topfpflanze aufzustellen, und tun Sie dasselbe, um die Monde oder Ihre eigenen persönlichen Feiertage zu feiern, denn das war in den alten Mysterien eine der Aufgaben von Priestern und Priesterinnen. Wenn es Ihnen nicht möglich ist, für die Magie einen eigenen Raum zu reservieren, und Sie keinen Garten haben, dann wird ein kleiner Schrein mit Muscheln, Pflanzen, getrockneten Zweigen oder sogar einem Mini-Kräutergarten in Ihrer Wohnung als angemessene Gabe von der Erdgöttin akzeptiert werden.

Wenn Sie künstlerisch begabt sind und etwas von den alten

Künsten zu Ihrem Repertoire hinzufügen möchten, dann sollten Sie die alte magische Technik des Färbens mit natürlichen Pflanzenfarben erlernen. Auf diese Weise können Stoffe aus natürlichen Materialien gefärbt werden, vor allem selbst gesponnene Wolle. Aus Pflanzen kann eine große Zahl von weichen Naturfarben gewonnen werden, wie Blau aus Färberwaid oder Grüngelb aus Goldrute. Auch viele Unkräuter können zum Färben verwendet werden; sie ergeben gedämpfte Rot-, Grün-, Gelb-, Braun- und Blautöne oder Mischtöne. Man bekommt nur selten die leuchtenden künstlichen Farben, die man aus chemischer Färbung gewinnt, aber es liegen Charme und Natürlichkeit in diesen blassen Schattierungen, die die Natur selbst produziert. Sie können auch in entsprechenden Läden oder auf Kunstgewerbe- und Handwerkermärkten pflanzengefärbte Stoffe kaufen, um ein Gewand zu nähen, oder Wolle, um einen magischen Schal oder eine Stola zu stricken.

Eine andere, weniger zeitraubende Beschäftigung ist die Verwendung von gepreßten und getrockneten Pflanzen zur Herstellung von Talismanen. Es entspricht einer sehr alten Tradition, bestimmte Gefühle, wie Liebe, Freundschaft, Mißtrauen oder Sehnsucht »durch die Blume« auszudrücken. Klebt man die Blumen in einem bestimmten Muster auf eine Karte, so erhält man einen Talisman. Auch hier gibt es hervorragende Bücher zur Bedeutung der verschiedenen Blumen sowie Informationen darüber, wie man Blumen so konservieren kann, daß Farben und Blütenblätter ihre natürliche Schönheit behalten. In alter Zeit wurden einfache Talismane hergestellt, indem man zum Beispiel bestimmte Blätter oder Blüten so auf einen Zweig aufreihte, daß sie eine Botschaft übermittelten, und den Zweig dann hoch oben in einem Baum versteckte oder dem geliebten Menschen bei Mitternacht vor die Tür legte, je nachdem, welche Absicht man damit verband.

213

Neben Blumen wurden auch Früchte und Nüsse zur Übermittlung von Botschaften verwendet, die jedoch nicht in jedem Fall direkt an den Empfänger gingen, sondern eher auf magische Weise seine Aufmerksamkeit auf das lenken sollten, was vonnöten war. Einige Mischungen wirkten als heilender Zauber, andere als Bannzauber, um unerwünschte Nachstellungen oder Unheil abzuwenden. Denken Sie daran, daß wir bis heute auf Holz klopfen, um die Aufmerksamkeit Pans, des Gottes der Wälder, auf unsere Wünsche zu lenken! Das Klopfen auf Holz bedeutet, daß wir die Kräfte der Natur bitten, uns zu beschützen.

Wie Sie im vorhergehenden Kapitel gesehen haben, können verschiedene Baumarten Nachrichten aus der Zukunft übermitteln, was eine sehr alte Form der Prophezeiung ist. In entsprechender Weise kann man die getrockneten Blätter jener Bäume sorgfältig auf Karten kleben und sie mit transparenter Folie schützen, um eine Art Baumtarot herzustellen. Man kann auch Papierabreibungen der Rinde oder dünne Holzscheiben als »Runenstäbchen« verwenden. Sie werden bald feststellen, daß es einen großen Reichtum an alten Überlieferungen über die Verwendungsweisen, Bedeutungen und den Wert von Bäumen gibt, ebenso wie über ihre Verbindungen zu bestimmten Göttern, zu Ereignissen oder Jahreszeiten. Glauben Sie nicht jedes Wort über »alte Baumkalender«, das Ihnen vielleicht als Evangelium serviert wird! Es gibt kaum Beweise, daß ein solches System tatsächlich existiert hat, aber man kann zumindest davon ausgehen, daß verschiedene Bäume zu bestimmten Jahreszeiten verwendet wurden, nämlich dann, wenn sie am besten für den jeweiligen Zweck geeignet waren.

Viele der gewöhnlichen Kräuter und süß duftenden Blumen können Sie zur Aromatisierung Ihres Badewassers verwenden, und sie sind wesentlich billiger und umweltfreundlicher als

chemisch hergestellte Schaumbäder. Binden Sie einige zer-
drückte Kräuter oder Blumen in ein weiches Tuch, und hängen Sie sie unter den Wasserhahn, wenn Sie das Wasser für Ihr
Bad einlaufen lassen – dann bekommen Sie wunderbar duftendes Badewasser. Zitronenmelisse, Lavendel, Rosenblüten,
Minze, Thymian oder Salbei sind allesamt hervorragend geeignet. Einige getrocknete Kräuter kann man auch in kochen-
dem Wasser ziehen lassen und diese Flüssigkeit dann abseihen
und ins Bad geben. Solche Kräuterbäder sind entspannend,
und einige von ihnen wirken sich auch auf die Psyche reini-
gend aus. Ein solches Bad zu nehmen ist die erste Stufe eines
jeden Rituals, und Sie werden daraus erfrischt hervorgehen
und bereit sein, mit Ihrer Arbeit zu beginnen. Sie können par-
fümierte Öle herstellen, indem Sie so viele duftende Kräuter
und Blumen wie möglich in ein Gefäß mit Mandel- oder Son-
nenblumenöl pressen und diese Mischung mehrere Tage lang
ziehen lassen. Seihen Sie die Flüssigkeit danach in eine saubere dunkle Glasflasche ab, und überprüfen Sie, ob das Öl den
Duft angenommen hat. Wenn er zu schwach ist, dann gießen
Sie es zurück, und geben Sie frische Blumen oder Blätter hinzu, bis Sie einen angenehmen Duft erzielen.

Viele Kräuter werden seit jeher als Kosmetika verwendet, besonders in Shampoos, und Haarspülungen, die bei Dunkel-
haarigen aus Rosmarin bestehen und bei Hellhaarigen aus Kamille, kann man nach dem Waschen verwenden, wenn man
das Shampoo ausgespült hat. Peelings fürs Gesicht können aus
gequetschtem Hafer und Honig gemacht werden; kühlende
Lotionen aus Zitronenmelisse, Ringelblume oder Labkraut
können bei rauher Haut oder leichtem Sonnenbrand helfen.
Ringelblume (Calendula) ist als Salbe hervorragend nach der
Gartenarbeit bzw. immer dann, wenn Ihre Hände rauh und
trocken sind. Auch zu diesem Thema gibt es viele hilfreiche
Bücher, und Sie können in die Bücherei oder in einen gutsor-

tierten Buchladen gehen, um sich über die vielen Anwendungsmöglichkeiten von Kräutern und Pflanzen in Kosmetika, beim Kochen oder bei der Weinherstellung zu informieren.

Bäume und Pflanzen werden den verschiedenen Planeten zugeordnet, und früher haben Kräuterkundige Behandlungen verschrieben, die die Position der Planeten im Horoskop der Patienten unterstützten, also nicht ausschließlich deshalb, um den Symptomen, unter denen sie litten, entgegenzuwirken. Es ist gut möglich, daß diese Methode einer Therapie den Weg bereitet hat, die sich zunehmender Beliebtheit erfreut, nämlich der Homöopathie, bei der winzige Dosen von häufig giftigen Pflanzen und Mineralien verabreicht werden, um eine heilende Reaktion beim Patienten hervorzurufen. Zum Beispiel kann eine Pflanze, die einen gesunden Menschen fiebern läßt, verwendet werden, um das Fieber eines Kranken zu senken. Bei der Homöopathie handelt es sich um eine sehr feine und komplexe, jedoch immer erfolgreichere Behandlungsform, die unter anderem von so bekannten Menschen wie den Mitgliedern der englischen Königsfamilie, die außerordentlich gesund und langlebig sind, verwendet wird.

Ein Homöopath stellt potentiellen Patienten eine ganze Reihe seltsamer Fragen und bekommt so ein vollständiges Bild seiner Vorlieben und Abneigungen, Symptome und Reaktionen. Aufgrund dessen entscheidet er sich dann für eine bestimmte homöopathische Arznei, die, extrem verdünnt, die Beschwerden des Patienten in den meisten Fällen lindern wird. Homöopathen verabreichen keine allgemeinen Medikamente gegen Erkältung oder Kopfschmerzen, sondern vielmehr ganz individuell ausgewählte Heilmittel, durch die bei einem bestimmten Patienten die Folgen einer Erkältung schneller zum Abklingen kommen oder ein Spannungskopfschmerz gelindert wird. Eine homöopathische Behandlung wirkt besonders gut bei Migräne und all jenen Krankheiten und Beschwerden, auf die die konventionelle Medizin keine Antwort weiß.

Zu lernen, welche Pflanzen, Bäume und Blumen zu welchem Planeten gehören, wird Ihnen helfen, spezifische Räuchermischungen herzustellen, Blumentalismane oder -sträußchen zu binden, um zum Beispiel jemandes Heilung zu unterstützen, weil das eine Möglichkeit ist, bestimmte versteckte Einflüsse in das Leben eines Patienten hineinzubringen, den die Vorstellung von wirklicher »Magie« aufbringen würde. (Das jedoch nur dann, wenn er Sie auf irgendeine Weise zuerst um Hilfe gebeten hat!) Berücksichtigen Sie auch die planetarischen Einflüsse der Bäume, wenn Sie die Liste der Eigenschaften zusammenstellen, mit denen die Bäume Ihres Baumorakels verbunden sind. Jede New-Age-Hexe und jeder heidnische Heiler sollten einige gut illustrierte Baum- und Pflanzenbücher mit deutlichen Zeichnungen oder Fotos in ihrem Bücherregal haben. Wenn Sie einen Teil Ihres Gartens oder einen Blumenkasten an Ihrem Fenster mit Kräutern bepflanzen, dann werden Sie die Freude haben, sie selbst sprießen, wachsen, blühen und gedeihen zu sehen.

Eines der wundervollsten magischen Erlebnisse, die Sie haben können, ist die Einheit mit der Natur selbst. Das können Sie unter dem Blätterdach eines einzelnen großen Baumes ausprobieren, der, wenn Sie es ihm erlauben, Ihr persönlicher Berater und Freund werden kann; Sie können es auch tief im Wald ausprobieren oder, wenn es in Ihrer Nähe keine Wälder gibt, an einer Hecke zwischen den Feldern oder an einem Flußufer.

Suchen Sie sich zum Beispiel einen Baum aus, setzen Sie sich an seinen Fuß, und machen Sie eine der Entspannungsübungen, durch die Sie sich vollständig von der gewöhnlichen Welt lösen. Sie werden bald spüren, daß der Baum einen Schutzkreis um sich selbst und um Sie herum zieht, denn dieser Bereich wird durch seine Blätterkrone und seine Wurzeln geschützt; er ist ein originaler Kraftplatz. Sie werden nahezu unsichtbar sein, wenn Sie still sitzen und es Ihrem Bewußtsein erlauben, mit demjenigen des Baumes zu verschmelzen. Spüren Sie, wie die Erdenergien nach oben fließen, dunkel und zäh wie wilder Honig, und den gesamten Stamm, die Zweige und die Blätter mit Festigkeit und Ausdauer füllen. Nutzen Sie diese Kraft für sich selbst, indem Sie langsam, schwer und geduldig werden. Spüren Sie dann den herabfallenden Regen der Himmelsmacht wie einen Schauer von winzigen Lichttröpfchen, der Vitalität und ein leichtes Gemüt mit sich bringt. Atmen Sie tief, riechen Sie den erdigen Geruch des Baumes und des Erdreichs, auf dem er steht, riechen Sie die Blätter und Zweige, und fühlen Sie die Aura der Lebensenergie um den Baum herum. Wenn Sie Ihre geschärften menschlichen Sinne ausschicken, dann werden Sie solche Emanationen bald bei jedem Baum entdecken.

Dieselbe Übung können Sie auch im Wald machen, denn dort werden Sie zusätzlich den gemeinsamen Geist aller darin lebenden Wesen wahrnehmen, bzw. die Dryade (Baumnymphe) des gesamten Waldes, ein weites, erhabenes und nahezu unsichtbares, jedoch fühlendes Wesen, das Körper, Geist und Seele heilen kann. Die Dryade wird Ihnen manchmal ein kleines Geschenk machen, das Sie mit nach Hause nehmen können. Es könnte ein Zweig sein, der an Ihnen hängenbleibt, wenn Sie sich unter den Baum setzen, bzw. eine Eichel oder Samenkapsel oder einfach nur ein Blatt, das Sie in Ihrem Haar finden – es handelt sich dabei jedoch um einen Schlüssel für denjenigen Aspekt der lebendigen Natur, auf den Sie sich einstimmen sollten, um den bestmöglichen Gebrauch von den vielfältigen Kräften und Informationen der Natur zu machen, die mit dem Herzen und nicht mit dem Kopf erkannt werden.

An einem Flußufer sitzend werden Sie zwei Ströme spüren, von denen der eine mit der Strömung geht und nach außen drängt wie die menschliche Lunge, die verbrauchte Luft ausatmet, und mit diesem Strom können Sie die Sorgen und die Bürden von Krankheit, Angst oder Schmerz wegwaschen. Der andere ist ein inneres Gefühl von Macht, das alle Gewässer auf dem gesamten Erdball verbindet. Pflücken Sie einen Grashalm oder das Blatt einer Wasserpflanze, legen Sie es flach auf Ihre Handflächen, und stellen Sie sich dabei geistig auf all Ihre Sorgen und negativen Gefühle ein. Füllen Sie es solange mit ihnen an, bis Sie feststellen, daß ihr Gewicht Ihre Hände nach unten in Ihren Schoß drückt. Stehen Sie dann auf, werfen Sie das Blatt ins Wasser, und beobachten Sie, was passiert.

Wenn das Blatt schnell von der Strömung weggetrieben wird und aus Ihrem Blickfeld verschwindet, dann werden auch Ihre Sorgen innerhalb sehr kurzer Zeit verschwinden. Wenn es auf der Stelle umherwirbelt, dann werden Sie durch Meditation und Nachsinnen mehr Arbeit leisten müssen, um Ihr Unglück und seine eigentliche Ursache zu verstehen und mit Hilfe Ihrer göttlichen Kräfte damit fertig zu werden. Wenn das Blatt versinkt, dann machen Sie sich grundlos Sorgen, auch wenn Sie das Gefühl haben, daß etwas Ihre Schuld sei; wie das weise chinesische Orakel des *I Ging* oft sagt: »Es gibt keine Schuld.« Sie sollten also aufhören, sich zu grämen. Wenn das Blatt zu Ihnen zurücktreibt, dann haben Sie wirklich ein Problem, und es ist größer, als Sie gedacht hatten. Auch hier gibt es wieder eine zugrundeliegende Ursache, die Sie durch harte Arbeit an sich selbst, aufrichtiges Bemühen und vielleicht auch das Befragen anderer Menschen, die ein Teil des Problems sind, herausfinden können. Es ist Ihre karmische Aufgabe, das Problem zu lösen.

Eine Hecke zwischen Feldern kann auf ähnlich orakelhafte Weise Informationen geben – durch die Bewegungen von

Tieren oder Insekten auf Sie zu oder von Ihnen weg, durch das Flüstern des Windes in den Blättern und Gräsern oder durch das Summen der Bienen. All diese einfachen Aspekte der Natur sind ihre Stimmen, mit denen sie zu uns spricht, aber wir haben vergessen, wie man still zuhört und das Einfache sucht, um uns zu heilen und zu lehren. Wir erwarten, daß Magie kompliziert, rituell und intellektuell ist, obwohl sie in Wirklichkeit so einfach und trivial ist und es lediglich darum geht, daß wir unserem unverbildeten Herzen erlauben, schweigend zu sprechen, und daß wir der ungerichteten Aufmerksamkeit erlauben, uns Antworten zu zeigen, die wir schon die ganze Zeit über intuitiv wußten. Wir gehen oft an diesen ungeschriebenen, uralten Quellen vorbei, weil wir ihre Existenz nicht anerkennen. Lernen Sie, ruhig und still zu werden. Horch! Horch! Das ist die Stimme der alten Götter!

Übungen

Weil es in diesem Kapitel hauptsächlich um den Gebrauch von Pflanzen geht, wird das auch der Hauptaspekt Ihrer praktischen Arbeit als Hexenlehrling sein. Bauen Sie so viele Pflanzen und Kräuter an wie möglich. Studieren Sie die Pflanzen und lernen Sie soviel wie möglich über ihre Verwendung. Wenn Sie keinen Garten und nicht einmal einen Blumenkasten besitzen, dann können Sie sich trotzdem mit den magischen Anwendungen von Wurzeln, Kräutern, Blättern, Harzen und anderen Pflanzenprodukten vertraut machen. Überlegen Sie, was Sie von den Ideen und Vorschlägen dieses Kapitels im neunten Mond Ihrer praktischen Arbeit verwirklichen können. Vielleicht können Sie etwas Land im Garten eines Freundes bearbeiten oder einen Bereich bepflanzen, der vorher als ungeeignet für Pflanzen angesehen wurde. Selbst in einem winzigen Gartenstück oder einer Sammlung von Töpfen, Kästen und Kübeln können Sie Dutzende von Kräutern, kleinen Obstbäumen, duftenden Blumen und farbenfrohen Zierpflanzen ziehen.

Tragen Sie in Ihr »Buch der Inspiration« passende Pflanzen aller Jahreszeiten ein, die Sie für jedes Ihrer Feste verwenden können. Wählen Sie passende vegetarische Gerichte oder Salate aus, um den Wechsel der Jahreszeiten zusammen mit anderen heidnischen oder orthodoxen Freunden zu feiern.

Gehen Sie zu einem Kräuterkundigen und finden Sie heraus, welche getrockneten Pflanzen für verschiedene nichtmedizinische Zwecke geeignet sind; so hilft zum Beispiel Rainfarn, Fliegen zu vertreiben, und mit Schachtelhalm kann man Zinnteller polieren.

Üben Sie sich darin, Ihre eigenen Getränke herzustellen, zum Beispiel Holundersekt, Löwenzahnwein, Beerenweine oder Fruchtsäfte, oder stellen Sie interessante Mischungen verschiedener frischer Fruchtsäfte her.

Probieren Sie Ihre Küchenkräuter und Gewürze durch, und stellen Sie fest, welche als Räucherwerk Verwendung finden könnten. Mit Hilfe der geeigneten Bücher können Sie herausfinden, welchem Planeten die Kräuter zugeordnet sind, und sie so auch zur Segnung eines Talismans verwenden – Zimtstangen, Nelken, Ingwer und Rosmarin können zu eher konventionellen Räucherwerk-Harz-Mischungen hinzugefügt werden, um die Duftnote interessanter zu gestalten.

Machen Sie eine Liste bekannter Giftpflanzen, die man in Gärten und Hecken, in der Nähe von Gewässern oder im Wald findet. Sie werden überrascht sein, wie viele es gibt.

Trocknen und pressen Sie einige schöne Blumen oder Blätter, und machen Sie eine Collage zu Ehren der Göttin der Natur oder des grünen Mannes.

Gehen Sie zu einer Obstplantage zum Selbstpflücken, und

pflücken Sie dort Ihre eigenen Früchte oder Beeren – oder, noch besser, gehen Sie in der Natur spazieren, und sammeln Sie, wenn möglich, einige der wilden Pflanzen, Blumen und Früchte am Wegesrand. (Bitte beachten Sie, daß einige Pflanzen unter Naturschutz stehen und nicht ausgegraben oder beschädigt werden dürfen.) Suchen Sie Kiefern oder andere harzabsondernde Bäume, und sammeln Sie das Harz, um es in Ihrem Räucherwerk zu verwenden.

Üben Sie die Baummeditation mehrere Male mit verschiedenen Bäumen, und achten Sie auf die Dryaden und auf die Aura, die jeden lebenden Baum umgibt. Probieren Sie auch die Bannzeremonie aus, mit der Sie Ihre Sorgen an einem Flußufer loswerden können.

Verbringen Sie soviel Zeit wie möglich damit, den Sonnenschein in Gärten und das Mondlicht in Wäldern zu beobachten. Entwickeln Sie ein Gefühl dafür, dort zu Hause zu sein. Vielleicht entdecken Sie draußen ein Totemtier, das Ihnen Nachrichten aus der Anderswelt übermitteln kann.

Im folgenden ein paar Literaturempfehlungen, aber suchen Sie auch selbst nach interessanten Büchern über Pflanzen, Kräuter und Bäume und ihre Anwendungsmöglichkeiten.

David Hoffman: *Mit Kräutern jung bleiben. Heilpflanzen für Gesundheit und Lebensfreude.* Knaur, München 1995

Maurice Méssegué: *Das Méssegué-Heilkräuter-Lexikon.* Ullstein, Berlin 1994

Sigrid Lechner-Knecht: *Kommt und erlebt die Wunderwelt des Waldes.* Ulmer, Stuttgart 1990

Wolf-Dieter Storl: *Von Heilkräutern und Pflanzengottheiten.* Aurum, Braunschweig 1993

Maria Treben: *Heilkräuter aus dem Garten Gottes.* Heyne, München 1988

Gehen Sie in die Natur hinaus, und lernen Sie die Bäume kennen. Sie haben ihre eigenen Methoden, um uns in den alten Wegen zu unterweisen, ihre Gegenwart ist erstaunlich beruhigend und energetisierend, und Kenntnisse über sie waren oft die Wurzeln der alten Weisheit.

10 Mondmagie und Sonnenzyklen

Der Mond hat in der magischen Überlieferung einen besonderen Stellenwert. Er ist der einzige Astralkörper, der um die Erde kreist, während die Planeten um die Sonne kreisen und die Sonne selbst um das Zentrum der Milchstraße kreist. Es gibt also eine besonders enge Beziehung zwischen dem Mond und der Erde. Die okkulte Lehre besagt, daß der Mond als Übermittler aller anderen planetarischen Kräfte dient, indem er ihre Einflüsse empfängt und an unseren Planeten weitergibt.

Tony Willis: *Magic and the Tarot*

Die Kraft der Sonne und des Mondes sind immer als machtvolle Einflüsse auf die Aktivitäten der Menschheit angesehen worden. Heutzutage haben wir alle möglichen wissenschaftlichen Erklärungen für die Auswirkungen des Sonnenlichtes auf Pflanzen und für den Einfluß des Mondes auf den Stand der Gezeiten zur Verfügung, aber für unsere Vorfahren hatten diese Lichter am Himmel eine sehr viel größere Bedeutung als die Auswirkungen, die sie auf die Welt darunter hatten. Sonne und Mond wurden oft als Götter und Göttinnen angesehen, die tatsächlich durch den Himmel fliegen, und noch häufiger als Symbole solcher lichtvollen Gottheiten. Die Druiden kannten das Konzept eines »Sohnes hinter der Sonne«, einer großen Macht, die durch den reinen Glanz des Sonnenlichtes verborgen wurde. Sie beteten nicht das eigentliche Gestirn an, von dem wir jetzt wissen, daß es die zentrale Achse unseres Sonnensystems bildet, sondern die Energie, die Kraft, die das große Licht verkörpert.

Das ist der wichtigste Aspekt aller magischen Künste. Jeder Zauberspruch, jedes Ritual und jede praktische Arbeit beruht auf der Kraft, die so oft als das *Licht* bezeichnet wird. Heute verstehen wir, daß auch Licht Energie ist und durch Erhitzen aus Brennstoff gewonnen wird wie etwa bei der Kerzenflamme oder dadurch, daß man einen dünnen Faden zum Glühen bringt wie bei der Glühbirne; aber es gibt auch eine *innere* Bedeutung des Lichtes. Dieses Konzept taucht in zahlreichen Religionen auf; so nennt man Jesus zum Beispiel »das Licht der Welt« und die Engel werden auch als »die Leuchtenden« bezeichnet.

Dahinter verbirgt sich mehr als nur ein philosophischer Disput über die Begriffsbedeutung. Wir können die Mondgöttin in ihrem Gewand als Mond am Himmel sehen, in ihren unterschiedlichen Phasen; wir können einen Sonnengott begreifen und ihn anbeten, besonders bei Sonnenaufgang oder im Mittsommer, aber hinter jenem rituellen Akt sollte es ein Bewußtsein von einer größeren Macht geben. Das Licht ist ein Symbol für das Wachstum, es ist ewig, denn das Licht des ersten Funkens reist immer noch mit Lichtgeschwindigkeit durch die Weiten des Universums. Es ist ein Symbol für die *Erleuchtung*, dafür, »das Licht zu sehen«, oder »den Funken des Geistes« zu empfangen. Wir suchen nach »Erleuchtung«, was mehr bedeutet, als nach Einbruch der Nacht die Dunkelheit aus unserer Wohnung zu verjagen.

Die Himmelslichter haben immer, bei Tag und bei Nacht, die Aufmerksamkeit der Neugierigen auf sich gezogen, und obwohl wir uns heute über die Vorstellung lustig machen mögen, daß die tatsächlichen Planeten einen Einfluß auf unser Leben haben könnten, weil sie so weit entfernt sind, schauen wir vielleicht trotzdem in unserem Horoskop nach, bevor wir eine wichtige Entscheidung treffen, oder wir schauen in die Zeitung, um die Vorhersage für den Tag zu lesen. Nüchterne Wissenschaftler haben begonnen, statistische Beziehungen zwischen der Position der Planeten im Horoskop einer bestimmten Person und ihren Fähigkeiten als Schriftsteller oder

Athlet, um nur ein Beispiel zu nennen, zu errechnen. Michel Gauqueline hat mehrere Bücher geschrieben, in denen solche Beziehungen nachgewiesen werden, und er selbst war am Anfang außerordentlich skeptisch, was den Wert der Astrologie betrifft.

Die frühesten Kalender, von denen einige auf die Steinzeit zurückgehen und in Höhlenwände eingeritzt sind, scheinen die Mondphasen darzustellen. Es gibt ein faszinierendes Relief einer dicken, mit weiblichen Attributen ausgestatteten Göttinnenfigur, die ein gekrümmtes Horn oder einen mondförmigen Gegenstand in der Hand hält, der in Segmente eingeteilt ist, die vielleicht die Tage anzeigen, in denen der Neumond zum Vollmond wird. Teile von Hirschgeweihen sind auf ähnliche Weise von sehr frühen und angeblich primitiven Völkern markiert worden. Viele der frühesten großen, von Menschen geschaffenen Anlagen, die riesigen Erdbauten, die Kreise und Ellipsen der aufrecht stehenden Steine, die langen Steinalleen, die großen, kilometerlangen Dämme orientieren sich nach der auf- oder untergehenden Sonne bzw. dem Mond. Stonehenge zum Beispiel ist durch all die Jahrhunderte seiner Erbauung und während jeder der Veränderungen und Verbesserungen der Anlage immer auf den Sonnenaufgang zur Zeit der Tagundnachtgleichen und der Sommer- und Wintersonnenwenden ausgerichtet gewesen. Von den ältesten Anordnungen von Holzpfählen bis zu den Dolmen, Menhiren und Steinkreisen scheinen die kunstvollen Konstruktionen der Frühzeit immer die Kräfte von Himmel und Erde miteinander verbunden zu haben.

Auf der ganzen Welt haben die Menschen der Frühzeit die sich verändernden Lichter am Nachthimmel beobachtet und ohne Fernglas Muster, Tiere, Götter und Göttinnen, Helden und mythologische Figuren darin entdeckt. Vom fernsten Osten bis in den weitesten Westen gibt es ein Verständnis von dem, was die Sterne uns mitzuteilen versuchen. Auf der grundlegendsten Ebene sind zum Beispiel die Konstellationen des Tierkreises lediglich Erinnerungshilfen, mit denen man den Ablauf der Jahreszeiten nachvollziehen kann. Wenn die alten Ägypter sahen, wie sich der grün leuchtende Stern Sirius zu der Zeit, die jetzt unter dem Namen Juli bekannt ist, am Himmel erhob, wußten sie, daß die Wasser des Nils jetzt zu ihrer jährlichen Flut aufsteigen und den schwarzen, fruchtbaren Mutterboden aus den Bergen mitbringen würden. Sirius ist ein Teil der Konstellation des Großen Hundes, der dem Orion auf den Fersen ist, dem mächtigen Jäger mit seinem Sternengürtel und dem leuchtenden Schwert, der nach dem Großen Bären oder Wagen eine der Konstellationen ist, die man am Winterhimmel leicht erkennen kann.

Wir wissen heutzutage nicht mehr mit Sicherheit, was diese verstreuten Muster von Lichtpunkten, die den dunklen Himmel durchzogen, für unsere Vorfahren bedeutet haben. Auf der ganzen Welt gibt es ähnliche Legenden, in denen großartige menschliche Helden oder Heldinnen in den Himmel aufgestiegen und aufgrund ihrer Heldentaten auf der Erde zu Sternen geworden sind; oder Legenden, in denen die großen Götter selbst ihr Leben in den sternenbesetzten Tiefen des Firmaments verbringen. Wir wissen, daß es eine alte Weisheitstradition gab, die auf den Sternen basiert und in der man davon ausgeht, daß sie uns Dinge lehren und Kräfte verleihen können. Irgendwie ist diese Vorstellung von den mechanistischen Forschern der letzten Jahrzehnte korrumpiert worden, und die Idee von unbekannten Wesen aus dem Weltraum, die auf fliegenden Untertassen auf die Erde kommen, hat diesen älteren, einfacheren und reineren Mythos ersetzt.

Unter diesem Mythos liegt der Same eines großen Mysteriums verborgen, bei dem es um das Erwachen des Bewußtseins auf diesem Planeten geht. Es ist nicht möglich, mit Worten zu erklären, was dieses Konzept beinhaltet, aber wenn Sie über die bekannte Symbolik der Sterne meditieren, dann könnten Sie Ihre eigenen Offenbarungen erleben. Die Sternenkarte im Tarot bedeutet zum Beispiel im allgemeinen »Hoffnung«. Die Sterne können als Wegweiser dienen, und das nicht nur bei der Navigation auf dem Meer; man kann über sie meditieren und sich dabei etwas wünschen, und sie personifizieren auch das Ziel, an das viele ehrgeizige »Stars« und »Sternchen« ihr Herz gehängt haben. Der »Augenstern« bezeichnet das Liebste oder Wertvollste, was wir haben. Es mag vielleicht so aussehen, als ob diese weitverbreiteten Redensarten die göttliche Weisheit und die Weisheit der Sterne durch ihre Anwendung auf die irdische Sphäre stark verwässerten, aber sie bewahren den eigentlichen Kern einer sehr großen Sache.

Selbst bei unseren bescheidensten kleinen Riten verwenden wir Licht, denn es ist üblich, vor einer Meditation im Haus eine Kerze oder im Freien vielleicht ein Teelicht anzuzünden, das man aus Sicherheitsgründen in ein Gefäß stellt. Der winzige Punkt einer lebendigen Flamme schafft eine Atmosphäre von Helligkeit, und die Symbolik dieser Flamme hilft uns, unsere Magie zu lenken, sie zu beschützen und zu intensivieren. Die großen Lichter am Himmel erscheinen dem modernen Menschen oft eher als nützlich denn als magisch; die Sonne bringt Tageslicht, und der Mond, wenn wir ihn überhaupt wahrnehmen, ändert im Laufe eines Monats ständig seine Form und seine Position. Wir können uns jedoch bewußtmachen, daß jeder dieser Himmelskörper Kräfte aussendet, die auf der einen Seite leicht entdeckt werden können und auf der anderen mysteriösere Energien in sich tragen, die sich Magier und Hexen aller Zeiten bei ihrer Arbeit zunutze gemacht haben.

Wir wissen, daß die Sonne Wärme ausstrahlt; wenn es die Umstände erlauben, genießen wir die Sonne und suchen in den Ferien möglichst sonnige Gegenden auf. Wir wissen etwas über die Sonnenstrahlen, denn sie bringen unserer Welt Licht, und durch sie nimmt alles leuchtende Farben an. Wir wissen, wie man die Kraft der Sonne für Solarheizungen nutzen kann, und trotzdem vergessen wir vielleicht, daß jedes lebendige Wesen die Sonne zum Leben braucht. Grüne Pflanzen existieren und wachsen, weil das Sonnenlicht ihre natürlichen chemischen Prozesse unterstützt und ihnen dabei hilft, Wasser und Mineralien in grüne Blätter und Stengel, Blumen und Früchte umzuwandeln.

Der Mond, der das Licht der Sonne von seiner blassen Oberfläche aus reflektiert, verursacht die Gezeiten durch seine monatlich wechselnde Anziehungskraft. Es ist schwieriger, sein Aufgehen und seine Bahn zu berechnen, manchmal erreicht er den höchsten Punkt des Himmels, und manchmal bleibt er tief am Horizont stehen. Normalerweise bemerken wir solch seltsames Verhalten nicht, da es uns reicht, uns mit den Phasen des abnehmenden, vollen und zunehmenden Mondes zu beschäftigen, die selbst moderne Hexen bei ihren Ritualen berücksichtigen. Weil der menschliche Körper zu ungefähr 65 Prozent aus Wasser besteht, werden auch wir von den lunaren Gezeiten beeinflußt, wenn auch in anderer Weise. Häufig werden zu Vollmond oder Neumond (die Menschen sind in dieser Hinsicht verschieden) unsere Träume lebhafter, oder sie enthalten stärkere Bilder und dauerhaftere Eindrücke als zu anderen Zeiten. Diejenigen, die Traumtagebuch führen, werden bald ähnliches feststellen, und diese »Nachtbewußtheit« kann noch dadurch verstärkt werden, daß wir die uns innewohnenden Fähigkeiten nutzen, so daß wir uns im Laufe vieler Monate selbst beibringen können, im Traum hellsichtig in die Zukunft zu schauen.

Die Kräfte des Mondes sind fast immer mit übersinnlichen Fähigkeiten in Verbindung gebracht worden. Wenn allerdings die Treffen der alten Heiden gewöhnlich bei Vollmond stattfanden, so geschah das aus praktischen Erwägungen heraus. In den Tagen, bevor es Straßenbeleuchtung oder Kalender gab, errechneten die meisten Menschen die Zeit anhand der Mondphasen, und wenn Treffen stattfinden sollten, dann wurde anhand des Mondlichtes nicht nur das Datum festgelegt, sondern der Mond geleitete die Reisenden auch zu ihrem geheimen Bestimmungsort, zumindest dann, wenn der Himmel klar war und es nicht regnete! Die wirklich magische Arbeit wurde und wird bis heute normalerweise in den Tagen vor dem Voll- oder Neumond getan. Wenn Sie Ihre persönlichen übersinnlichen Kräfte erhöhen wollen, dann machen Sie Ihre Übungen an den Tagen vor dem Neumond, wenn der Mond dunkel ist, denn dann wirken seine magischen Kräfte auf unsere inneren Ebenen ein. Erleben Sie, wieviel strukturierter und kontrollierter Ihre Meditationen zu dieser Zeit sind und wieviel leichter es ist, sich auf die okkulte Arbeit zu konzentrieren. Das gilt für das Wahrsagen mit Hilfe von Tarotkarten ebenso wie für die übersinnlichen Aspekte des Heilens.

Arbeiten Sie mit nach außen gerichteter Magie kurz vor dem Vollmond, damit das astrale Licht des Mondes auf Ihren Heilungszauberspruch, Ihren Gemüse- oder Kräutergarten leuchten kann. Gehen Sie nachts nach draußen, spüren Sie die Kraft in der Luft und die Erde unter Ihren Füßen. Sprechen Sie mit Ihrem Baum, und erleben Sie, wie der Mond alles, was wächst, mit seinem gedämpften Licht, das die innere Wachstumskraft der Gezeiten in sich trägt, segnet. Pflanzen Sie blühende Pflanzen, Kräuter und Gemüse, die oberirdisch geerntet werden, bei zunehmenden Mond und Wurzel- und Knollengewächse bei abnehmendem Mond, so wie es die weisen Alten zu tun pflegten.

Sie können sich auch die segnende Kraft des Mondes zunutze machen, indem Sie ein Kelchglas oder eine Schüssel mit

Quellwasser sowie einen blanken Spiegel in einer klaren Nacht, in der der Mond zunimmt, mit nach draußen nehmen. Wenn der Mond ziemlich tief am Horizont steht, also wenn er gerade aufgegangen ist oder dabei ist unterzugehen, dann fangen Sie sein Licht mit Hilfe des Spiegels im Wasser ein, so daß Sie sein Spiegelbild darin sehen können. Dieses mit Mondlicht gesegnete Wasser kann benutzt werden, um wie in einer Kristallkugel darin zu lesen, wenn Sie es in einem durchsichtigen Gefäß vor einem dunklen Hintergrund benutzen und das Gefäß vielleicht noch mit einem Kranz aus Kerzenlicht umgeben ist, ganz so, wie die alten Hexen in ihren siedenden Kesseln zu lesen pflegten.

Konzentrieren Sie Ihr inneres Auge auf die Tiefe des Wassers, wenn es still geworden ist, und entspannen Sie sich dann mit geschlossenen Augen. Bitten Sie den Mond, das, was Sie sehen werden, zu segnen; öffnen Sie dann wieder sanft Ihre Augen und blicken Sie stetig, aber ohne Anstrengung in das Wasser. Achten Sie darauf, was Sie bemerken, aber tun Sie es mit Ruhe, und lassen Sie Veränderungen zu, ohne sich davon emotional berühren zu lassen. Wenn Sie das zum ersten Mal probieren, dann passiert vielleicht überhaupt nichts, aber wenn Sie fortfahren zu üben, dann werden Sie anfangen, etwas Milchiges, etwa undeutliche Farbmuster und Lichtpunkte, in dem Wasser zu sehen; und nach einigen Sitzungen werden diese klarer werden und sich schließlich in Bilder, Symbole, Zahlen, Worte, Figuren oder einfach nur Stimmen in Ihrem Kopf verwandeln, die Ihnen etwas zu sagen haben. Bewahren Sie das Wasser in einer dunklen Glasflasche auf; halten Sie es sauber, und vielleicht möchten Sie einen Schluck davon trinken oder etwas davon über Ihren Kopf sprengen, um Ihre Verwandtschaft mit den Kräften des Mondes zu feiern. Darüber hinaus kann es verwendet werden, um den Raum, Mondtalismane und so weiter zu segnen.

Weil sowohl Sonne als auch Mond unsere Lebenszyklen bestimmen, indem sie uns Tage und Nächte, die Monate des Jahres, dunkle Zeiten der Innenschau und helle Zeiten des äußeren Wachstums geben, können sie angerufen werden, um uns bei Ritualen zu unterstützen. Auch das ist wieder eine Übung, mit der man sich langsam vertraut machen muß; wenn Sie Schritt für Schritt jeden einzelnen Teil durchgehen, dann werden Sie feststellen, daß Sie den ganzen Ablauf bald klar, schnell und effektiv durchführen können.

Setzen Sie sich still an Ihren Lieblingsort, am besten unter einen großen Baum im Freien, und bringen Sie beim ersten Mal ein Notizbuch mit. In das Notizbuch tragen Sie alle Ideen und Anweisungen ein, und wenn Sie dann das Ritual durchgehen und es richtig ausführen, dann wird Ihnen eine Reihe kurzer Gedichte, Gebete, Anrufungen oder Sinnsprüche gegeben werden, aus denen Sie in der Folge Ihre ganz persönliche Zeremonie zur Segnung des Universums gestalten können. Diese einfache Übung ist unter der Bezeichnung »Anrufung des Lichtes« bekannt, und es handelt sich dabei um eine sehr alte Methode, um eine magische Sphäre um sich selbst herum zu schaffen, magische Kraft und Geistesfrieden zu erlangen und sich so vor den unruhigen Schwingungen der Alltagswelt zu schützen. Das sollte nur als vorübergehende Lösung angesehen werden, um mit einem kurzfristigen Problem fertig zu werden, und nicht als undurchdringlicher Panzer, den man die ganze Zeit über trägt.

Fangen Sie an, indem Sie nach Osten schauen. Denken Sie an die Sonne bei Sonnenaufgang. Sehen Sie, wie es am Himmel bereits hell wird. Über dem dunklen Rand des Horizontes erscheint ein Streifen glänzenden Lichtes, und schließlich sieht man, wie der große goldene Kreis der Sonne nach oben rollt. Sehen Sie das ganz klar vor sich, und erkennen Sie die Morgendämmerung mit einem kleinen Gedicht oder Spruch an.

Schauen Sie als nächstes nach Süden, und sehen Sie Felder aus leuchtendroten, orangenen und gelben Blumen, die vor Sonnenlicht, Wärme und Energie vibrieren. Visualisieren Sie sie, bis Sie die Hitze fühlen, die Blumen riechen und die Bienen in den Blüten summen hören können. Schreiben Sie ein weiteres Gedicht oder Gebet an die Sonne zur Mittagszeit. Nehmen Sie wahr, wie alles mit Licht überflutet wird.

Schauen Sie als nächstes nach Westen, wo Sie die untergehende Sonne vor einem aprikosenfarbenen und azurblauen Abendhimmel sehen. Fühlen Sie, wie die Kraft in der Erde oder dem westlichen Meer versinkt. Spüren Sie, wie Kühle herabsinkt und wie sich Friede und tiefe Zufriedenheit in Ihrem Herzen ausbreiten. Schreiben Sie Worte des Abschieds an das Licht, und heißen Sie die Dunkelheit, die Sie einhüllt, willkommen. Schauen Sie, um diesen Zyklus abzuschließen, nach Norden und nehmen Sie eine Felsenlandschaft bei Nacht unter einem Himmel wahr, der mit Millionen strahlender, farbig leuchtender Sterne besetzt ist. Rufen Sie die Kraft dieser Sterne an, um sie zu bitten, Sie zu inspirieren und Ihre innere Weisheit zu erwecken. Fühlen Sie, wie die gesamte Energie des Universums Sie langsam umgibt, und schreiben Sie sternenklare Worte der Sehnsucht nach Ihrer galaktischen Heimat, Ihrer kosmischen Mutter und Ihrem Himmelsvater. Sehen Sie die Schwärze und die Helligkeit, die in diesem Himmel wohnen.

Schauen Sie als nächstes nach rechts, und erleben Sie, wie sich in der vor Ihrem geistigen Auge auftauchenden Schwärze der Nacht die blasse Sichel des zunehmenden Mondes erhebt. Nennen Sie ihn Bruder, Geliebten oder Freund, und bitten Sie ihn, sein Licht über Ihren Träumen scheinen zu lassen und Ihre mystischen Kräfte zu erwecken. Sehen Sie, wie er sich zwischen den singenden Sternen erhebt, und schreiben Sie Worte auf, die von dieser Erfahrung zeugen. Dann schauen

Sie zu Ihrer Linken und sehen dort, wie der abnehmende Mond untergeht, wieder eine blasse Sichel und das Spiegelbild des zunehmendes Mondes. Sehen Sie schwach gegen den dunklen Nachthimmel die von Sternen gesäumte Spur des Lichtbogens, mit dem der zunehmende Mond in den abnehmenden übergeht, bis sie ruhig im Westen versinken. Bitten Sie um innere Stärke im Angesicht von Schwierigkeiten, um Geduld, Ausdauer und Beharrlichkeit, damit Sie, egal wie dunkel eine Sache aussehen mag, immer wissen, daß ein Licht über Ihnen scheint und ein neuer, hellerer Tag anbrechen wird. Schauen Sie als nächstes nach oben; dort im Zenit befindet sich das runde Gesicht des Vollmondes, der hoch und gelassen über Ihnen steht. Er kann Ihnen Worte der Erleuchtung, der rauschhaften Inspiration oder der kalten Logik geben, selbst dann, wenn Sie es am wenigsten erwarten. Seine Worte mögen in Ihren Ohren hart klingen, denn das, was man bei Mondlicht sieht, ist nie genau dasselbe wie das, was man bei Sonnenlicht sieht.

Schauen Sie als nächstes nach unten. Hier scheint es kein Licht zu geben, nur die vollkommene Dunkelheit der tiefen, fruchtbaren Erde. Hier ist jedoch ein Fundament, Sicherheit, die Basis, von der aus Sie Ihre wildesten Träume abschießen können und zu der Sie schließlich am Ende all Ihrer Wanderungen durch diese und viele andere Welten zurückkehren werden. Sehen Sie die Dunkelheit als undurchdringlich, fest und stark an, und spüren Sie ihre Unterstützung. Wenn der allerletzte Widerschein des Lichts verglommen ist, dann nehmen Sie mit Ihrem inneren Auge einen winzigen Lichtpunkt, einen winzigen Stern wahr, der wie ein Diamant in einem schwarzen Samtmantel verborgen ist. Spüren Sie, wie Ihnen jener innere Funke Erleichterung verschafft, und sehen Sie, wie alle anderen Erdlichter von einer solch winzigen Flamme entzündet werden, bis sie überall blinken und funkeln. Schreiben Sie Worte des Segens und des Dankes für die allumfassende Erde auf.

Schauen Sie zuletzt auch noch in Ihr eigenes Herz hinein. Sehen Sie, daß es dort ebenfalls eine Lichtflamme gibt, den göttlichen, ewigen Funken, der, seit Sie am Leben sind, Teil Ihrer eigenen Essenz ist, und spüren Sie, wie dieser Funke Teil des Schöpfers ist und wie er Ihre magische Kraft erweitert. Wenn Ihnen bewußt wird, daß Sie mit der Energiequelle verbunden sind, die das ganze Universum antreibt, dann wird Ihnen klar, daß Sie alles tun können, was Ihr wahrer Wille fordert. Durch diese sanfte Verbindung werden die magischen Kräfte, die Sie zu kontrollieren lernen, in den irdischen Bereich hineinfließen und Wirkung zeigen, Heilung bringen, Berge versetzen oder der Menschheit auf ihrer langen Entwicklungsreise beistehen. Wenn jene Verbindung klar und fest ist, dann wird Ihre magische Arbeit Sie nie ermüden, denn Sie können die Kraft des Universums nicht erschöpfen! Sie sollten immer aus jenem göttlichen Funken in Ihrem Innern schöpfen, um sich zu erfrischen und am Ende jeder Arbeit voller Freude und Frieden zu sein. Schreiben Sie eine letzte Zeile, in der Sie dieses verborgene innere Licht preisen und darum bitten, daß es als Leuchtfeuer der Liebe, Wahrheit und Ehre unter den lebendigen Wesen auf der Erde scheinen möge.

Wenn Sie ein Schaubild dessen zeichnen, was hier beschrieben wurde, dann werden Sie sehen, daß Sie einen Kreis um sich herum geschaffen haben, der den Horizont markiert, einen weiteren Kreis von Ihrer rechten Hand ausgehend, der sich über Ihren Kopf und hinunter in den Erdboden erstreckt, und daß sich darin der göttliche Funke Ihres Herzzentrums befindet. Das ist ein sehr altes und sehr kraftvolles Symbol, eine Kugel, die eine weiße Flamme umgibt, das innere Licht, das Feuer der Schöpfung, den Illuminator, die erleuchtende Weisheit. Die alten Ägypter hatten eine ganze Reihe von Gebeten, die dem Zyklus Ras, ihres Sonnengottes, auf seiner kreisförmigen Reise vom Sonnenaufgang durch den Himmel bis zum Sonnenuntergang und schließlich durch die niederen Regionen der Dunkelheit folgten, und dabei sah man, wie sich seine Gestalt von einem fliegenden Sonnenfalken zu dem dunklen, skarabäusköpfigen Herrn der Unterwelt hin veränderte. Meditieren Sie gründlich über jeden Teil dieser Reise, denn das wird Sie dazu inspirieren, Ihre eigenen Gebete oder Meditationen zu schreiben, um »das Licht anzurufen«; und ein solches Vorgehen wird Ihrer gesamten Arbeit sehr viel Kraft geben.

Nach außen hin sollten Sie lernen, mit den monatlichen Mondzyklen zu arbeiten, und Wege finden, um die gegenseitige Wechselwirkung von Sonne und Erde zu feiern – die ersten Blumen und die Ernten, die Zeit des Aufräumens und die Zeit des Wachstums und der Expansion in der Welt. Vielleicht verändern sich unsere Jahreszeiten aufgrund der gefährlichen Entwicklungen, die durch menschliches Einwirken auf die Ozonschicht und die Gase in den oberen Schichten der Atmosphäre in Gang gesetzt worden sind, ebenso wie durch die Verschmutzung der Erde, des Wassers und der Luft, die uns umgibt, aber wir müssen lernen, mit Mutter Natur Hand in Hand zu gehen und uns, falls notwendig, mit ihr zu verändern. Wir müssen sorgfältig die ersten Anzeichen des Frühlings wahrnehmen, egal, ob sie sehr früh oder sehr spät kommen, ebenso wie die Ernten auf den Feldern und in den Gärten, und die Lebenskraft der Natur feiern, auch wenn wir in der Stadt leben. Und durch unsere Gebete, unsere Rituale und Feiern können wir vielleicht mit der schwierigen Aufgabe beginnen, einige der Schäden wiedergutzumachen, die unserem Planeten, von dem wir stammen und zu dem wir gehören, zugefügt worden sind. Werden Sie sich bewußt, wie Sie leben, was Sie benutzen, was Sie kaufen und was Sie wegwerfen. Jeder einzelne Versuch, etwas wiederzuverwerten, Bäume zu pflanzen, sich um die Umwelt, die Tiere, die Vögel, die Schmetterlinge und Käfer zu kümmern, könnte eine Handlung sein, die den weltweiten Trend umkehrt und den Planeten wieder zu Heilung und Wachstum zurückfinden läßt. Denken Sie gründlich nach, und handeln Sie sanft.

Beginnen Sie die Woche damit, sich mit der Kraft der Planeten zu verbinden, jener wandernden Sterne, die unsere mystischen Vorfahren schon vor langer Zeit bemerkt haben. Erinnern Sie sich an jedem Sonntag an die Kernfusionen, die der Sonne am Himmel ihre Energie und der grünen Erde darunter das Licht geben. Machen Sie sich klar, inwiefern die Sonne eine Kraft zur Heilung des Körpers und der Erde und zur Erleuchtung des Geistes ist. Zünden Sie eine goldene oder gelbe Kerze an, und arbeiten Sie spezifisch an der Heilung eines Freundes oder geliebten Menschen, der Sie vorher um Hilfe gebeten hat. Bitten Sie darum, daß das Licht des Wissens denjenigen zufallen möge, die Dinge auf nationaler und internationaler Ebene verändern können; darum, daß die Ernten ausreichend sein mögen, daß sie gerecht verteilt werden mögen, daß genügend Regen fallen möge, um die Flüsse erneut zu füllen.

Zünden Sie am Montag zwei silberne oder weiße Kerzen an, und arbeiten Sie an Ihrem übersinnlichen Aspekt oder an dem weiblichen Aspekt eines männlichen Klienten. Versuchen Sie, Intuition und Vorahnungen zuzulassen – jene subtilen Hinweise auf Handeln oder Nichthandeln, die einen so großen Teil der Wirkung magischer Arbeit ausmachen. Es ist die Sicherheit, die uns vom Mond geschenkt wird, die Sie in Ihrer Fähigkeit bestärkt, Tarotkarten zu lesen, verborgene Gewässer oder den eigentlichen Grund einer Krankheit zu finden. Lernen Sie, den inneren Sinnen zu vertrauen und ihre Beteiligung an jeder Situation zu begrüßen. Nutzen Sie Montage als Zeit, um Ihre Träume zu intensivieren und sich mit Ihren inneren Visionen zu verbinden.

Der Dienstag wird von dem roten Planeten Mars regiert, dem Gott des Krieges und Konflikts, der jedoch auch Herrscher über Energie, Begeisterung und Stärke ist. Seine Zahl ist die Fünf, und sein Schwert kann ebenso schützend wie aggressiv sein. Lernen Sie, aus seinem Mut zu schöpfen, aus seiner Kraft das Rechtmäßige in jedem Streit zu finden. Seien Sie zu der Feststellung bereit, daß Sie Unrecht hatten, daß Sie Informationen mißbraucht oder eine Situation falsch eingeschätzt haben, und dann werden Sie mutig wie Mars und entschuldigen Sie sich, was oft sehr viel schwieriger ist, als einen falschen Standpunkt zu verteidigen.

Der Mittwoch ist der Tag des flüchtigen Merkurs, geeignet für alle Arten von Reisen und Kommunikation. Merkur kann mit Hilfe von acht orangenen Kerzen angerufen werden, um Ihnen zu helfen, gut zu schreiben, Musik zu komponieren, Liebesbriefe aufzusetzen, klar und deutlich vor einem großen Publikum zu sprechen oder einen potentiellen neuen Chef bei einem Bewerbungsgespräch zu beeindrucken. Er kann Ihnen helfen, sich von neuem mit verlorenen Freunden oder auch mit Fremden zu verbinden, die die gleichen Interessen haben wie Sie, und auf mysteriöseste Art und Weise vergriffene Bücher oder seltene Videos aufzutreiben, und darüber hinaus auch noch die Telefonnummer von Verwandten, die Sie vor langer Zeit aus den Augen verloren haben! Er ist auch der heidnische Heilige der Diebe; passen Sie also auf – seine Dienste könnten Sie etwas kosten, was dann verschwunden ist, oder er könnte Ihnen spielerisch dazu verhelfen, etwas wiederzufinden, was Sie vor Ewigkeiten einmal verlegt haben.

Der Donnerstag läutet die Macht des materialistischen Jupiter ein, des Vaters der Götter, der in seiner königsblauen Kutsche mit Zedernholzverzierung daherkommt! Er ist der fröhliche

Herrscher über den Wohlstand und die Verbesserung der finanziellen Situation. Seine Zahl ist die Vier, und seine Kraft liegt in der entschlossenen Bereitschaft, finanzielle Stabilität und Erfolg durch harte Arbeit herbeizuführen. Er ist unbestechlich und wird sich nicht auf ein Glücksspiel einlassen, aber er wird alle Schulden zurückzahlen, wenn es an der Zeit ist, und Sie können ihn um Hilfe dabei bitten, Ihre materielle Lage zu verbessern, solange Sie bereit sind, für das zu arbeiten, was Sie benötigen. Er hilft Ihnen mit Plänen und Ideen, und da er ein sehr großer Planet ist, bewegt er sich nicht sehr schnell, aber er hält sein Wort letzten Endes immer.

Die grüne Dame Venus regiert die Freitage, die Freundschaften und Liebesaffären. Sie kümmert sich lieber um Kinder und um alles, was in der Natur wächst, als um das Geld. Sie führt langfristige Heilung herbei, besonders dort, wo wachsendes Verständnis für eine Krankheit oder ein Problem erzeugt wird, die unser Leben beeinträchtigen. Ihre Zahl ist die Sieben, und sie zeigt ihre Macht häufig in unkontrollierten Ausbrüchen der Liebe, Freude und Ekstase und sogar in Form der grüngesichtigen Göttin des Neides. Sie wird keinen unwilligen Partner an Ihr Bett rufen und auch nicht gegen seinen eigenen Willen jemandes Gesinnung ändern, aber sie kann jeden lehren, der Liebe würdig zu werden und ihn sanft dahin führen, den idealen Partner für Arbeit, Freundschaft oder sexuellen Genuß zu finden. Auch sie fordert von uns, daß wir an unseren Beziehungen arbeiten, und sie wird uns keine schnellen Lösungen für Partnerschaften oder Liebesbeziehungen finden lassen, bis wir uns nicht eine solche Belohnung dadurch verdient haben, daß wir in ihren Gärten gearbeitet und ihr Reich verschönert haben.

Die Samstage stehen unter der dunklen Herrschaft des schwarzen Saturn, des alten Mannes unter den Göttern, des Hüters der Grenzen, des Herrn der Zeit, des Herrschers über das Alter, den Tod und die Anderswelt, denn er hat die Schlüssel für die Pforten zwischen dieser Welt und der nächsten. Er wird unsere hastigen Bitten um Hilfe oder Führung nicht erhören; wir müssen schon Geduld mitbringen und respektvoll mit ihm sprechen. Wie ein uralter Großvater der Lebenden besitzt er zeitlose Weisheit; er kann jedoch verschroben sein, und wie die dunkle Mondgöttin, die seine magische Gegenspielerin ist, kann er streng in seinen Antworten sein. Seine Zahl ist die Drei, sein Metall das Blei, sein Duft die Myrrhe. Er ist der großzügige Verleiher von Stabilität und der Tröster der Alten, denn in seinem leuchtenden Ruhm verkörpert er ihre ererbte Weisheit, die durch ein langes Leben geläutert worden ist.

Jeder Planet hält wertvolle Lektionen für uns bereit, genauso, wie er unsere Ahnen gelehrt hat, die schon vor langer Zeit die Bewegung der farbigen Planeten am Himmel beobachtet haben. Wir müssen ihre vielerlei Weisheiten von neuem erwerben, die Türen wieder öffnen, die sie verschlossen halten, als Kinder des Universums die ewigen Fragen stellen, Hilfe, Informationen oder spezifische Kräfte erbitten, um mit individuellen Bedürfnissen umgehen zu können. Jeder von ihnen kann mit den richtigen Farben, Zahlen (es gibt Unterschiede zwischen den verschiedenen Systemen, aber alle funktionieren!), Metallen, Formen und Düften, die Sie durch Studium der entsprechenden Bücher, direkte Inspiration oder bloßes Raten herausfinden können, angerufen werden. Stellen Sie alles, was Sie über die Planeten wissen, in Tabellen zusammen, um dann kleine Amulette aus geeigneten Blättern oder Blumen herzustellen oder, wenn Sie möchten, auch komplexe Talismane, die traditionellerweise auf jungfräulichem Pergament mit der Feder des entsprechenden Vogels eingeritzt wurden – obwohl man sagen muß, daß neue Filzstifte in den richtigen Farben sehr viel leichter zu handhaben sind, besonders dann, wenn man sie auf farbigem Papier mit glatter Oberfläche aufträgt.

Lernen Sie, die Energien zweier Planeten für Zaubersprüche miteinander zu kombinieren. Schreiben Sie einfache Zeilen oder elegante Gedichte, um Ihre Bitten klar, detailliert und vernünftig vorzutragen. – Zu Heilzwecken kombinieren Sie vielleicht die Sonne mit der Venus: goldene Schrift auf grünem Papier, das zu einem Kreis zurechtgeschnitten ist, an einem Freitag gemacht und gesegnet und am Sonntag beim Licht einer goldenen (oder sieben grüner) Kerzen zur Anwendung gebracht. Verbrennen Sie Weihrauch für die Sonne und Rosenblütenblätter für die Venus, damit Ihre Bitte hinauf in die anderen Ebenen getragen wird, wo die Samen der Heilung gepflanzt werden. Dann vergessen Sie das Ganze wieder, so daß es sich wie ein Same, den Sie in Ihrem Garten gepflanzt haben, sicher im Geheimen und in der Dunkelheit entwickeln kann, bis es bereit ist, im Tageslicht wirksam zu werden.

Übungen

Mittlerweile sollten Sie viele der sich verändernden Phasen der Sonne und des Mondes beobachtet haben, und viele Morgen- und Abendstunden damit zugebracht haben, den Himmel zu beobachten und seine Kraft zu spüren. Sie werden erlebt haben, wie sich die Jahreszeiten ändern, und vielleicht auf einfache Weise die alten Feste gefeiert haben.

Machen Sie in Ihrem Buch der Inspiration eine Liste der dreizehn Monde, geben Sie jedem einen Namen eigener Wahl, wie etwa Schneeglöckchenmond oder Eichenmond. Schreiben Sie Aufgaben auf, die zu jedem Mond passen – einige, die Sie bereits erledigt haben, andere, die Sie zu einer späteren

Zeit in diesem oder im nächsten Jahr zu erledigen hoffen, wenn Sie den Zyklus vor dem Hintergrund Ihrer erweiterten Fähigkeiten noch einmal wiederholen.

Lesen Sie etwas über die Grundlagen der Astrologie, und zeichnen Sie ein Diagramm der zwölf Tierkreiszeichen, ihrer Herrscherplaneten und der Farben, Zahlen und Vorstellungen, die Sie mit ihnen assoziieren. Fügen Sie Düfte, Blumen, die in jedem Monat wachsen, Bäume, Tiere, Symbole, Elemente und so viele Attribute hinzu, wie Sie finden können. Meditieren Sie, wenn möglich, drei Sitzungen lang über jedes Zeichen, und bitten Sie dabei die wirklichen Sterne, Sie ihre Bedeutung zu lehren. Tragen Sie dieses Wissen dann in Ihre Diagramme und Tabellen ein.

Basteln Sie eine Laterne, in die eine kleine Kerze hineinpaßt, vielleicht in Gips eingefaßt, oder ein Teelicht in einem Gefäß, damit Sie bei Meditationen oder Ritualen, die Sie im Freien durchführen, ein Licht haben. Finden Sie vier Kerzenhalter (oder stellen Sie welche her) für die vier Himmelsrichtungen. Sie können sogar versuchen, selbst Kerzen zu ziehen.

Vergleichen Sie Ihre Träume in der zunehmenden Mondhälfte mit denen in der abnehmenden. Vergleichen Sie auch die Ergebnisse Ihrer Meditationen, und ziehen Sie dazu die frühen Einträge in Ihrem Buch heran.

Wie können Sie die Kraft des Mondes einen ganzen Monat lang nutzen, um einen Menschen zu heilen? Wie wollen Sie das Mondlicht nutzen, um Ihre Wahrsagefähigkeiten zu verbessern?

Stellen Sie vom Mond gesegnetes Wasser her, und schreiben Sie ein kurzes Gedicht oder Gebet an den Mond in allen drei Phasen, um ihn um Hilfe zu bitten. Was ist die vierte Phase? Wozu wäre sie bei der magischen Arbeit gut?

Versuchen Sie, in einem selbstgemachten schwarzen Spiegel die Kräfte des Mondes zu deuten.

Suchen Sie sich eine Schüssel aus durchsichtigem Glas, das Sie außen schwarz anmalen, um sie dann zum Wahrsagen zu benutzen oder um Mondwasser hineinzufüllen, mit dem Sie Dinge segnen.

Schreiben Sie ein kurzes Ritual, das Sie in der Nacht des Neumondes feiern können, und ein weiteres für die Vollmondnacht, und bitten Sie darin um Hilfe bei der Art von Magie, die Sie in den nächsten vierzehn Tagen durchführen möchten. Beginnen Sie mit der »Anrufung des Lichts«, und üben Sie diese solange, bis Sie sie auswendig können. Verwenden Sie diese Übung sechsmal in diesem Mond für innere Reisen; stellen Sie sich vor, daß Sie der Sonne über den Horizont in die Unterwelt folgen und dann dem Mond hinauf in den Abendhimmel. Schreiben Sie die Ergebnisse dieser sehr kraftvollen Reisen auf.

Stellen Sie sich vor, daß Sie in eine frühere Zeit zurückgehen und an einem Vollmondtreffen der Leute auf dem Lande teilnehmen. Suchen Sie deren »schwarzen Mann« oder das »hellsichtige Mädchen«, und schauen Sie, was passiert.

Erstellen Sie eine Tabelle der sieben Planeten, ihrer Tage und aller Symbole, Farben, Zahlen und anderer Informationen, die Sie finden können. Stellen Sie einige einfache Zwei-Planeten-Talismane her, verwenden Sie dazu farbiges Papier und neue Stifte. Es gibt viele weitere Möglichkeiten, wie Sie mit den genannten Dingen experimentieren können, und Sie werden sicher zu dem geführt werden, was Sie wissen müssen.

Zur Anregung einige Bücher:

Dolores Ashcroft Nowicki: *Magische Rituale. Ein Lehrgang.* Bauer, Freiburg, 3. Aufl. 1994
Zsuzsanna E. Budapest: *Mond-Magie. Kreative Begegnung mit der dunklen Seite der Weiblichkeit.* Goldmann, München 1993

Janet und Stewart Farrar: *Acht Sabbate für Hexen.* Bohmeier, Soltendieck 1994

Dion Fortune: *Mondmagie – Das Geheimnis der Seepriesterin.* Smaragd Verlag, Neuwied 1990

Luise Francia: *Mond – Tanz – Magie.* Frauenoffensive, München 1986

Marian Green: *Ritualmagie* (siehe Kapitel 1)

Ute York: *Mondstrahlen. Ein praktischer Ratgeber zur Nutzung der geheimnisvollen Kräfte des Mondes.* Knaur, München 1993

11 Die alte Weisheit wiederfinden

Nachdem Sie den Zustand erreicht haben, in dem Sie in der Lage sind, sich vorzustellen, daß Sie ohne Körper, Gedanken oder Vorstellungen sind, sollten Sie, um jene Datenbanken zu aktivieren, versuchen, den Prozeß zu erspüren, durch den Sie Erfahrung gewinnen. Stellen Sie sich vor, wie Sie eine Persönlichkeit aufbauen und sie in die Inkarnation hineinschicken. Während Sie das tun, werden Sie feststellen, daß bestimmte Bilder, die mit dieser Inkarnation in Zusammenhang stehen, auftauchen ... sie sind Hinweise auf weit zurückliegende Erinnerungen, die sich zu prüfen lohnen.

J. H. Brennan: *The Reincarnation Workbook*

In früherer Zeit begannen diejenigen, die dem Weg der Dorfhexe oder des Hexenmeisters folgten, ihr Wissen von Kindheit an zu sammeln. Sie lernten durch Beobachtung, indem sie Fragen stellten und an all denjenigen Aufgaben teilnahmen, bei denen übersinnliche Fähigkeiten entwickelt und kontrolliert zur Anwendung gebracht wurden. Heute erwerben wir unser Wissen außerhalb des Hauses, in der Schule, aus Büchern, Fernseh- und Videoprogrammen; und ich nehme an, in der heutigen Zeit auch mit Hilfe des Computers. Nur ein kleiner Teil dieses Wissens schließt die Dimension der *Erfahrung* ein, die für die Kunst der Magie so außerordentlich wichtig ist. Sie können das *Wie*, *Wo* und sogar das *Wann* aus einem Buch erlernen, aber Sie können diese Informationen ohne das *Tun* nicht in wirkliches Verstehen umsetzen. An das meiste praktische Wissen erinnern wir uns aufgrund dessen, was wir getan haben, und nicht aufgrund dessen, was wir gesehen oder gehört haben.

Kinder, die man ihrem natürlichen Spiel überläßt, werden die Handlungen der Älteren nachahmen. Sie verstehen vielleicht nicht die Prinzipien der Architektur, aber wenn man ihnen Ziegelsteine oder Sand gibt, dann werden sie Häuser oder Burgen bauen. Andere werden Kuchen aus Lehm oder imaginäre Nahrungsmittel aus Blättern und Wasser herstellen. Sie widmen sich vielleicht dem Kochen, ohne das Wissen der Erwachsenen über die Erzeugung von Hitze durch Gas oder Elektrizität zur Verfügung zu haben. Genau auf diese Art und Weise haben sich die Kinder der weisen Alten ihr Wissen erworben. Sie haben Kräuter gekocht, in einem Teich oder Tümpel geübt, in die Zukunft zu sehen, mit Bäumen, Vögeln und Tieren gesprochen, und dadurch, *daß sie Antworten erhielten*, haben sie sich ihre Erfahrungen erworben. Wir hingegen sprechen die Hälfte der Zeit nicht einmal miteinander, geschweige denn, daß wir einen Baum über das bevorstehende Wetter befragen – wir sehen uns die Wettervorhersage im Fernsehen an!

Uns ist die einfache, spielerische Interaktion mit der Natur ebenso verlorengegangen wie diejenige, mit mehreren Generationen unserer Vorfahren in Kontakt zu bleiben. Wir haben unsere Großeltern vielleicht kaum gekannt, vielleicht deshalb, weil es Zwist in der Familie gab, vielleicht auch, weil sie zu der Zeit, als wir reif genug gewesen wären, um die Worte der Alten zu schätzen, weit entfernt in einem Altersheim lebten oder schon tot waren. Vielleicht herrschte große räumliche Enge, als Familien mit sechs oder mehr Kindern, Eltern und mehreren Großeltern unter einem Dach zusammenlebten, aber es gab die Zerstreuung durch moderne elektronische Medien noch nicht; man sprach, sang oder teilte Erzählungen miteinander, um sich zu entspannen.

An vielen Orten überlebte die mündliche und volkstümliche Liedertradition nur bis zum ersten Weltkrieg. Damals wurden nicht nur viele junge Männer getötet, sondern die Tänze und Lieder, die Traditionen, die sie auf dem Lande vorgefunden

hätten, starben ebenfalls aus. Die englische Morris-Tanztra-
dition zum Beispiel überlebte nur deshalb, weil zu Hause ge-
bliebene Schwestern, Ehefrauen und Mütter der jungen
männlichen Tänzer deren Schritte beobachtet und die Be-
gleitmusik erlernt hatten, so daß ihnen die Aufgabe zufiel, sich
an sie zu erinnern und sie an die Nachkriegsgeneration wei-
terzugeben. Viele der besten Tänzer, die heute schon recht
alte Männer sind, wurden von Frauen in dieses männliche Geheimnis eingeweiht.

Ein großer Teil unseres reichen Brauchtums war schon vorher
ausgestorben, nicht nur aufgrund religiösen Eifers, sondern
auch aufgrund politischer und gesellschaftlicher Veränderungen. In vielen Gegenden Europas trat man das Singen, das
Tanzen und das Festefeiern mit Füßen. Viele der uralten schönen Glasfenster, der heidnischen Bilder, der Heiligenstatuen,
der Wanddekorationen und heiligen Bäume wurden zerstört,
und zeitweise war es sogar verboten, sich um Maibäume und
Brunnen herum zu versammeln. In manchen Ländern und
Gegenden wurden all diese Volksbräuche so lange unter-
drückt, daß viele von ihnen vergessen wurden und nicht wiederbelebt werden konnten. Glücklicherweise sind einige über
die Jahre hinweg wieder in Erinnerung gebracht und erneut
in die Jahreskalender der Dörfer und Städte aufgenommen
worden, bei anderen ist dieser Prozeß noch im Gange. Vielleicht werden sie nur wiederbelebt, um Besucher anzulocken,
aber diejenigen, die daran teilhaben, erfassen oft von neuem
den Kern der Sache, und ihr magischer Geist läßt ein Dorffest
zu einem wirklich kraftvollen und Einheit stiftenden Ereignis
werden.

Volkskundler, Forscher, Historiker und Genealogen dringen
jeden Tag tiefer in die schriftlichen, gemalten, als Skulptur
dargestellten und gestickten Zeugnisse unserer Geschichte
ein. Sie verfolgen die Wurzeln von Dorfnamen, die Ursprün-

ge unserer Kalenderbräuche, die Bedeutung des Aberglaubens und der Familienstammbäume Hunderte von Jahren zurück. All diese Informationen können auch für die werdende Hexe oder den Schamanenlehrling von Nutzen sein; die Stunden, die man in der Bibliothek am Ort verbringt, können die Kindheitsjahre ausgleichen, die man mit Schularbeiten oder Fernsehen zugebracht hat, während unsere Vorfahren in diesem Alter ihre Eltern und Großeltern bei ihrer täglichen Arbeit begleitet und durch Zuschauen gelernt hätten. Schauen Sie sich die alten Urkunden und Kirchenbücher in Ihrer Pfarrgemeinde an, denn dort werden Sie vielleicht Genaueres über Ihre Vorfahren erfahren, ihr Heim und ihr Handwerk – und wer weiß, vielleicht sind einige von ihnen Naturheilkundige, Gärtner, Tierzüchter, Landwirte oder Meister in einem der Handwerke gewesen, das seine eigene Magie und Geheimnisse hatte. Wenn Sie nicht nachschauen, dann werden Sie niemals mit Sicherheit wissen, wieviel mystisches Blut vielleicht in Ihren Adern fließt!

Eine andere, sehr viel geheimere Untersuchungsmethode wird von Magiern, Okkultisten und Menschen, die daran interessiert sind, sich selbst kennenzulernen, praktiziert. Es handelt sich dabei um die Erforschung vergangener Leben oder des »Ferngedächtnisses«, wie Joan Grant es genannt hat, deren »Reinkarnationsromane« von ihren früheren Leben im alten Ägypten, in Griechenland und unter den Indianern in Nordamerika erzählen. Sie war eine der ersten, die sich ernsthaft mit ihrer eigenen Vergangenheit beschäftigt hat, und ihre Bücher haben vielen ganz gewöhnlichen Menschen Einsicht in die Vorstellung gegeben, daß jeder von uns eine unsterbliche Seele hat, die nicht nur in einem anderen Körper auf die Erde zurückkehrt, sondern sogar die Erinnerung an ihre fortdauernde Existenz in sich trägt. Man braucht lediglich die richtige Technik, Zeit, Geduld und einen zuverlässigen Begleiter, um einen Teil der gespeicherten Informationen wieder hervorzuholen.

Wie bei vielen Aspekten der alten Weisheit, so gibt es auch hier »Instant-Techniken«, Schnellkurse, um sich an vergangene Leben zu erinnern, »Rückführungen« oder »Zeitreisen«, von denen einige gut funktionieren und andere zu Egotrips, Persönlichkeitsstörungen und Verwirrung bei den Suchenden und Machtspielen auf seiten der Lehrer führen können. Das ist keine Materie, mit der Amateure herumexperimentieren sollten, und Sie sollten diese Technik auch nicht ausprobieren, bis Sie nicht mindestens ein Jahr lang mit den grundlegenden magischen Übungen, wie Meditation usw., gearbeitet haben. Sie müssen sehr viel über Ihr eigenes inneres Leben wissen, bevor Sie anfangen können, andere Dinge zu erforschen und den Schlamm auf dem Meeresgrund des Ferngedächtnisses aufzuwühlen. Es ist auch sehr lohnenswert, die freie Zeit in Ihren Lehrjahren damit zu verbringen, etwas über die Sozialgeschichte, das Funktionieren des Staates und der Staatsreligion und den Wechsel von Königen und Herrschern in Ihrem eigenen Land oder einem beliebigen anderen, das Sie interessiert, zu erforschen. Wenn Sie dann später damit beginnen, tief in die eigene Vergangenheit einzutauchen oder eine der sicheren und grundlegenden Methoden auszuprobieren, die im folgenden beschrieben werden, dann wird es Ihnen nützlich sein zu wissen, wann der jeweilige König oder die Königin auf dem Thron saßen oder was die Inhalte der damaligen Religion waren und wann sie begründet wurde.

Heute nimmt das Interesse an schamanistischen Praktiken stark zu, und man sieht sie als Variante dessen an, was die Dorfhexen oder die weisen Alten für ihre Gemeinschaft leisteten, aber die Wurzeln dieser Tradition liegen ganz woanders. Um Schamane bzw. Schamanin zu werden, müssen Sie fast gestorben sein. Das ist ein Faktor, den die meisten derjenigen, die sich zu Schamanen erklären, gern übersehen. Sie werden nicht durch Initiation oder Belehrung zum Schamanen oder dadurch, daß Ihnen jemand sagt, Sie seien einer oder könnten einer sein. Sie müssen eine Nahtoderfahrung gemacht haben, eine lebensbedrohliche Krankheit oder einen Unfall gehabt haben, bei dem die inneren Kräfte Ihren geschundenen Körper den Lebensbaum hinaufgeführt und Ihnen gezeigt haben, wie Sie nur dann geheilt werden konnten, wenn Sie sich dazu bereit erklärten, Schamane zu werden und fortan Ihrem Stamm zu dienen. Sie dienten dann dem Stamm als Heiler allein dadurch, daß Sie Macht aus dem Land der Toten brachten, indem Sie in eine tiefe, dem Nahtod ähnliche Trance fielen, die Seele der kranken Person aufsuchten und mit den Geistern in der Anderswelt kämpften, um sie wieder ins Leben zurückzubringen. Es ging dabei nicht darum, ein wenig herumzutanzen, ein paar Reime zu singen, mit Zauberstöcken herumzufuchteln oder Kristalle oder Federn über jemanden zu halten. All das sind moderne Vorstellungen, die wahrscheinlich fälschlicherweise den magischen Künsten älterer Zivilisationen angedichtet wurden. Die historischen Schamanen stammten aus Sibirien und waren Menschen, die erst dann ihre Berufung erkannten, wenn sie selbst eine sehr ernste Krankheit überstanden hatten; und was sie für ihre Gemeinschaft tun konnten, war eine Folge dessen, was sie für ihr eigenes Leben getan hatten, nämlich mit den Geistern der Toten zu sprechen.

In ähnlicher Weise gehörten die Hexen in Europa meist gar keinem Hexencoven an, noch hatten sie Hohepriester oder Hohepriesterinnen, die achtmal im Jahr bei Vollmond komplexe Rituale anleiteten. Es gibt in der Geschichte des dörflichen Lebens kaum Belege dafür, daß Hexencoven oder Gruppen von Hexen existiert haben. Auch gibt es nur selten Hinweise darauf, daß regelmäßige Feiern stattgefunden haben, obwohl es viele vorchristliche Bräuche gab, die Anfang Mai und Ende Oktober praktiziert wurden und die in Teilen das widerspiegeln, was die modernen Hexen tun. Die gegenwärtigen Künste der Hexencoven und der festgelegten Rituale, die sie durchführen, wurden im wesentlichen von Doreen Valiente und Gerald Gardner in den fünfziger Jahren in England aufgeschrieben. Einige neuere Versionen wurden von Alex Sanders und seinen Schülern in den sechziger Jahren »erfunden«.

Doreen Valiente hat eine Reihe hervorragender Bücher über verschiedene Aspekte des Hexenhandwerks geschrieben, wobei sie ihre Informationen aus vielen Quellen hat, unter anderem von den Dorfhexen ihrer Heimat Sussex, wie in ihrem ersten Buch *Where Witchcraft Lives* beschrieben wird. Dort weist sie darauf hin, daß es viele einfache Zaubersprüche, Künste und Bestandteile der Volksmagie gibt, die zu trivial waren, um von den mittelalterlichen Gelehrten aufgeschrieben zu werden, welche einem großen Teil der zeremoniellen Magie, die hebräische und lateinische Wurzeln hat, eine feste Form gegeben haben. Zu den alten Zaubertechniken der Hexen gehörte unter anderem die Herstellung von »Hexenflaschen«, die mit Nadeln oder farbigen Fäden gefüllt wurden, um Schaden abzuwenden, sowie das Unterbinden von Klatsch dadurch, daß sie hinter die Klatschende krochen und einen Eisennagel durch ihren Schatten bohrten, ebenso wie das Zurücklassen einer offenen Schere oder gekreuzter Messer auf der Türschwelle, damit kein Übel über sie gelangen konnte, oder das Aufspießen einer Schnecke an einem Dornbusch, um Warzen zu heilen.

Bei den ältesten Zaubertechniken wurden häufig Dornen verwendet, um »das Gewissen derjenigen zu durchbohren, die einem Böses wollten«, indem man zum Beispiel ein Blatt benannte und Stachel bzw. Dornen hindurchsteckte oder indem man eine rote Kordel um ein Bündel aus Binsen band, das nach jemandem benannt war, der abfällige Bemerkungen über einen gemacht hatte. Das englische Hexenmuseum in Boscastle, Cornwall, hat zahlreiche Zeugnisse der traditionellen Hexenkunst ausgestellt: Amulette aus Stein oder Ton; Wachsfiguren, die zum Heilen oder Verfluchen verwendet wurden; verhexte Stockpuppen, die noch heute mit der Kraft getränkt sind, die man ihnen vor Hunderten von Jahren gegeben hat, usw.

Bannzauber, die in magischen roten Stoff eingewickelt sind und einfache, auf Pergament geschriebene Verse enthalten, dazu Haarlocken oder abgeschnittene Fingernägel, um sie mit der Person zu verbinden, für die sie gedacht sind, werden heute noch in den Kaminen alter Bauernhäuser gefunden. Mumifizierte Katzen oder die Skelette von Hasen werden unter dem Herd oder der Türschwelle ausgegraben – Spuren von Schutzriten, die bis auf die vorrömische Zeit zurückgehen. Es gibt noch durchlöcherte Flintsteine, mit roten Bändern verziert, die zusammen mit einem Hufeisen (Spitzen nach oben) über dem Scheunentor angebracht wurden, um zu verhindern, daß Tiere erlahmten oder zuviel geritten wurden. Das waren und sind die Künste der einsamen Landhexen, die ihr Handwerk im geheimen ausübten, bei Nacht, an den sicheren, wilden Orten, an denen die Fledermäuse herumflattern und die Eulen rufen und an denen Pan immer noch seine Flöte spielt und die Mondjungfrau uns mit ihrem Gesang verzaubert.

Das sind die Spuren, die Sie in örtlichen Museen finden können, wenn Sie sich die staubigen Schaukästen ansehen. Das sind die alten Vorstellungen, die einige der gelehrten Zeitschriften für Brauchtumsforschung und Volkskunst in ihren trockenen Artikeln in den letzten hundert Jahren kommentiert haben. Hier findet sich mancher Hinweis auf das Geflecht der traditionellen Volksmagie, dessen Fäden sich in jedem Dorf finden und dessen Mittelpunkt die alten heiligen Zentren sind. Zaubersprüche über das Wetter kann man in Büchern über lokales Brauchtum finden, ebenso wie alte Formeln, um den Wind in ein Seil einzuknoten, das Seeleuten auf ihre Reise mitgegeben wurde, oder geheime Methoden, mit denen Regen und Wind herbeigerufen oder abgehalten werden konnten.

Stürme aufkommen zu lassen, um Schiffe zu versenken, könnte ein Teil der alten Künste gewesen sein, aber heutzutage benutzen Hexen Zaubersprüche eher, um zu verhindern, daß Straßen durch alte heilige Orte gebaut werden oder daß Eisenbahntrassen die letzten Wälder durchschneiden. All dem liegt das gemeinsame Anliegen zugrunde, sich um das Wohl der Gemeinschaft zu kümmern. Nicht alle Zaubersprüche wurden oder werden sorgfältig bedacht; einige richten wahrscheinlich mehr Schaden an, als daß sie Gutes tun, einige führen zu unglücklichen Ergebnissen oder zu kurzfristigen Gewinnen, welche sich auf längere Sicht in Verluste verwandeln. Wenn Sie Zaubersprüche ausprobieren, dann werden Sie bald lernen, was erreicht werden kann und was nicht, welche Talismane und Beschwörungen funktionieren und welche nicht und welche nur die sichere Antwort bringen, daß dieses Bemühen fehlschlagen wird und aus welchen Gründen.

Die meisten Hexen oder vielmehr diejenigen, die der Hexerei bezichtigt und angeklagt wurden, wurden verbrannt; wenn Sie also in vergangene Leben eintauchen und sich im Feuer wiederfinden, dann waren Sie vielleicht wegen Hexerei oder Ketzerei angeklagt und erlitten die in weiten Teilen Europas dafür übliche Strafe. Hexenjäger wurden dafür bezahlt, daß sie Menschen vor Gericht brachten, aber die meisten derjenigen, deren Leben auf dem Scheiterhaufen oder am Galgen endete, waren zu ihrer Zeit von der Gesellschaft Ausgestoßene. Die wirkliche weise Frau bzw. der Hexenmeister wären sich einer solch tödlichen Gefahr wohl bewußt gewesen und hätten Wege gefunden, um sich zu verstecken. Diejenigen, die angeklagt waren, wurden vor ein Gericht gestellt, das in Latein verhandelte, der offiziellen Sprache der Gerichte und der Kirche, und sie haben wahrscheinlich wenig von dem verstanden, was dort vor sich ging. Schuldig erklärt und verurteilt wurden sie oft aufgrund von »Zeugenaussagen« böser Nachbarn oder anderer Gemeindemitglieder, die etwas gegen sie hatten. Wurden sie nicht verbrannt, dann wurden sie aufgehängt und häufig an einer Kreuzung (die nach heidnischer Ansicht tatsächlich als heiliger Ort, nämlich derjenige der dunklen Göttin Hekate, angesehen wurde) oder außerhalb der Kirchhofsmauern begraben.

Wenn Sie in der Geschichte nachforschen, um herauszufinden, was wirklich passiert ist, dann werden Sie feststellen, daß das mittelalterliche Europa ganz anders war, als es einige Vorstellungen von Menschen, die sich an vergangene Leben erinnern, vermitteln. Glauben Sie ihnen nicht, wenn sie Ihnen weismachen wollen, sie wären als Hexen auf dem Scheiterhaufen verbrannt worden, nachdem sie an Treffen des Hexencovens in Stonehenge und ähnlichen Orten teilgenommen haben! Denken Sie auch daran, daß die meisten Protokolle über Hexenprozesse von denjenigen veröffentlicht wurden, die davon überzeugt waren, daß jene Individuen wirkliche Übeltäter waren, daß sie im Bunde mit dem Teufel standen und in der Lage waren, Krankheiten herbeizurufen, Ernten zu vernichten und Stürme aufzuwirbeln. Sie waren fest entschlossen, ein Opfer zu finden und es an den Galgen zu bringen; und diejenigen, die angeklagt wurden, hatten keinen Verteidiger und wahrscheinlich nur eine sehr unzureichende Vorstellung von dem, was vor sich ging.

Die Inquisition, deren erklärtes Ziel es war, »Ketzer« ausfin-

dig zu machen, verfügte sogar über eine Liste unwahrschein-
licher Anklagepunkte, anhand derer man diejenigen, die ihr
vorgeführt wurden, befragte. Zu den meisten Fragen war es
überhaupt nicht möglich, eine richtige Antwort zu geben; so
fragte man die Opfer zum Beispiel: »Glauben Sie an den Teufel?« Wenn sie »ja« sagten, weil das die Antwort war, die die
Kirche, die den Teufel erfunden hatte, von ihnen hören wollte,
dann wurden sie wegen Teufelsverehrung angeklagt. Wenn sie
mit »nein«, der wahren heidnischen Antwort antworteten,
dann beschuldigte man sie der Ketzerei, weil sie die Lehren
der Kirche anzweifelten. Sie befanden sich also in einer
Zwickmühle. Es ist jedoch äußerst unwahrscheinlich, daß viele wirkliche »Hexen« überführt wurden; das geht auch aus ihren Aussagen hervor, wie sie in den Gerichtsprotokollen über-
liefert sind. Es gibt keine Hinweise darin auf heidnische Überzeugungen, keinen Konsens in bezug auf Hexencoven; es wird
nirgendwo erwähnt, daß Priesterinnen Rituale anleiteten, ja,
es finden sich nicht einmal Aussagen über Zaubersprüche oder
Magie.

Was immer Historiker durch ihre Forschungen zutage fördern, was immer man Erzählungen oder dem Volksaberglau-
ben über die alten Wege entnommen hat, es gibt immer noch
einen großen Schatz an wertvollem Material von denjenigen
zu entdecken, die ihr Erbe wiedererwecken möchten. Wie bereits zuvor gesagt, keine Lehre und kein Wissen können je
vollkommen verlorengehen. Es kann sehr tief begraben sein,
es kann bruchstückhaft sein, es kann sich in vielen lokalen Traditionen verbergen, wo verstreute Bruchstücke Bestandteil
der jahreszeitlichen Feste oder der Kalenderfeste bestimmter
Orte sind, so daß es oft schwierig ist, den Ritus oder die Feier
in ihrer Gesamtheit zu sehen, aber irgendwo kann die alte
Weisheit meist zurückgewonnen werden. Wenn Sie anfangen,
ein wenig historische Forschung zu betreiben, und nicht alles,

was Sie lesen, für bare Münze nehmen, sondern über einige der häufiger vorkommenden Themen und Ihre instinktive Reaktion auf bestimmte Ideen meditieren, dann könnte es Ihnen gelingen, die alten Wege wiederzuentdecken.

Eine sehr einfache Methode, die zudem relativ sicher ist, weil sie nicht davon ausgeht, daß *Sie* ein vergangenes Leben wiedererleben wollen, sondern einfach nur das beobachten werden, was zu einer bestimmten Zeit oder an einem bestimmten Ort passiert sein kann, besteht darin, daß Sie sich ein Fest vornehmen und zunächst ein Szenario dazu »erfinden«. Im Winter können Sie zum Beispiel mit einem der Julzeitfeste anfangen. Stellen Sie sich ein altes Hallenhaus vor, das grün geschmückt ist, in dem man den Geruch des Brotbackens riecht, die Fleischkeulen, die über einem offenen Feuer rösten, den dampfenden Suppentopf. Hören Sie die Stimmen des einfachen Volkes, das sich für das Fest versammelt. Sehen Sie die Kleidung der Menschen, die Farben und Muster ihrer Kleider, hören Sie Liedern und Erzählungen zu, die um das Feuer herum vorgetragen werden, wenn alle auf die Abendmahlzeit warten. Sehen Sie sich selbst als einen der Dorfbewohner, die an dieser jährlichen Feier teilnehmen. Geben Sie acht, was Sie bei all dem, was passiert, erfahren können. Stellen Sie sich die weisen Alten des Dorfes vor, die in die kalte Dunkelheit hinausgehen, um ihre eigenen besonderen Rituale auszuführen, um die Kraft und die Wärme der Sonne zurückzurufen, um das Sternenkind willkommen zu heißen, Mabon, Sohn der Modron, der Großen Mutter. Versuchen Sie, sich selbst als Lehrling einer solchen weisen Frau zu sehen, als Kind der magischen Familie, das zu Füßen der Großmutter sitzt und die von ihr verwendeten Künste und Fertigkeiten oder heilende Sprüche lernt.

Bauen Sie Stück für Stück über sieben Abendmeditationen hinweg das gesamte Gefühl und die Atmosphäre dieses Ereignisses auf. Stellen Sie sich vor, daß Sie ein Teil davon sind, und lehnen Sie sich dann zurück und beobachten Sie genau, was vor sich geht. Schreiben Sie alles auf, was Sie erfahren, denn vielleicht müssen Sie das, was Sie herausfinden, genauer erforschen und überprüfen. Es hat keinen Sinn, ein vollkommen falsches Repertoire von Ideen zu erfinden und dann zu versuchen, sie zur Anwendung zu bringen, denn das ist Energieverschwendung. Geben Sie sich anfangs mit kleinen oder trivialen Details zufrieden, dann werden Sie allmählich entdecken, daß Ihre innere Sicht und »Vorstellungskraft« stärker und Ihre Bilder klarer werden und daß das, was Sie lernen, mehr Sinn ergibt.

Verbringen Sie jeden Monat bei abnehmendem Mond einen Abend in Meditation darüber, was die Menschen auf dem Lande während jenes Mondes zu tun pflegten. Sehen Sie Ihr imaginäres Dorf, das Bauernhaus oder den Gutshof und die Menschen darin und darum herum, wie sie ihre normalen Aufgaben ausführen, und versuchen Sie gleichzeitig, die magischen Künste der Weisen zu entdecken. Denken Sie über die Ernte und das Vieh nach, über die Aktivitäten auf dem Hof – regelmäßige wie Melken, Butter und Käse herstellen, Korn mahlen und Brot backen, und andere, die eher zu bestimmten Jahreszeiten durchgeführt wurden, wie das Pflanzen von Hecken, das Ziehen von Gräben, das Ernten und Dreschen des Korns, das Scheren der Schafe, das Pflügen und Säen, Heumachen und Obsternten. Bitten Sie in Ihren Gebeten darum, daß Sie klar sehen mögen, was früher passiert ist, und daß Sie in diesen sanften Meditationen tatsächlich wahrnehmen mögen, was vor sich ging. Nutzen Sie Ihr inneres Auge, lernen Sie, ihm zu vertrauen, aber überprüfen Sie trotzdem noch, was Sie sehen oder welche Antworten Ihnen gegeben werden.

Nur indem Sie sich regelmäßig in die entspannte Schau versenken, die durch Meditation erreicht wird, werden Sie die

Art von Kontrolle über Ihre Hellsichtigkeit bekommen, die Ihnen sonst die alten Magier beigebracht hätten. Diese Künste allein oder mit Freunden, die ebenfalls in dieser Kunst unerfahren sind, zu erlernen ist sehr schwierig, besonders deshalb, weil Sie nichts haben, woran Sie Ihre Fortschritte messen können – niemanden, der zu Ihnen sagt: »Ja, das war eine gute Meditation«, oder: »Nein, das haben Sie noch nicht richtig gemacht, probieren Sie es noch einmal.« Sie werden sowohl Schüler als auch Lehrer sein müssen, aber diejenigen, die auf den alten Wegen wandelten, können Ihnen trotzdem ihre geheimen Künste zeigen, wenn Sie sie nett darum bitten. Allmählich werden Ihre Träume anfangen, Aspekte Ihrer Vergangenheit zu enthüllen, vielleicht sogar Aspekte Ihrer eigenen früheren Leben, wenn Sie bereit sind, das, was Sie sehen, kritisch zu beurteilen, und Egotrips ebenso zu vermeiden wie die Art von Erfahrungen, die zur Persönlichkeitsspaltung führen oder Ihren Schlaf stören können. Sie werden *wissen*, was richtig ist.

Wenn Sie es schwierig finden, Bilder und Szenarien für diese Übung zu erschaffen, oder das Gefühl haben, daß Sie das, was Sie sehen, erfinden, dann können Sie es auch mit einer anderen Vorgehensweise probieren. Sie wird von zeremoniellen Magiern als Bestandteil ihrer Ausbildung verwendet, aber da es sich dabei um eine andere Art handelt, um wieder Zugang zu verlorengegangenen Informationen zu bekommen, lohnt es sich auch für Sie, sie zu erlernen. Hierbei können Sie jede Form des Wahrsagens als Tor zu neuem Wissen verwenden – die Tarotkarten, die Hexagramme des *I Ging*, sogar die magischen Bäume. Wie alle geistigen Künste erfordert auch diese die ruhige, entspannte und losgelöste Art des Denkens, die für die Meditation verwendet wird, aber dieses Mal stellen Sie sich ein Symbol vor. Sie können die Übung drinnen oder draußen ausführen, bei Tag oder bei Nacht, und auch hier

brauchen Sie wieder lediglich Ihr ursprüngliches Symbol und ein Notizbuch, in dem Sie sofort alles aufschreiben, was Sie erfahren; Sie können es auch in einen kleinen Kassettenrecorder sprechen, wenn Ihnen das lieber ist, obwohl man auf Notizen wesentlich leichter zurückgreifen kann!

Wenn Sie mit dem Tarot vertraut sind, wie die meisten Menschen, die sich heutzutage für Magie interessieren, dann werden Sie wissen, daß die Karten in zwei Teile unterteilt sind: das große Arkanum mit 22 Bildkarten und das kleine Arkanum, das bei vielen der älteren Tarotspiele keine Bilder hat. Manche der in letzter Zeit entworfenen Tarotkarten haben Bilder auf allen Karten, aber um Ihre Forschungsreise durch die Hallen der Weisheit zu beginnen, sollten Sie mit den 22 Bildkarten des großen Arkanums üben. Sie können entweder eine bestimmte Karte aussuchen oder willkürlich eine Karte für jede Ihrer Übungen ziehen. Sie werden diese Karte als Tür zu einer bestimmten Art von uraltem Wissen verwenden, wobei jede Karte eine Art Ticket für eine bestimmte Art von Information ist.

Bringen Sie sich in einen entspannten Geisteszustand, erlauben Sie es Ihren Gedanken, ruhig und still zu werden, und legen Sie die Karte, die Sie gezogen haben, vor sich hin. Schauen Sie sie einige Augenblicke lang ruhig an. Als Beispiel für eine solche Übung habe ich den »Triumphwagen« *(The Chariot)* gewählt. Das ist eine Karte, die für Zeitreisen besonders gut geeignet ist; und auch diejenigen, die wenig über die Symbolik des Tarots wissen, werden sofort sehen, daß sie eine alte Form der Fortbewegung zeigt. Daher wird es bei der Tür, durch die uns dieses spezifische Symbol führt, um diese Art von Magie gehen.

Stellen Sie sich jetzt mit geschlossenen Augen vor, daß die Karte die Größe einer Tür hat, daß sie jedoch in Wirklichkeit auf einen Vorhang aus steifem weißem Stoff gemalt ist. Dieser Stoff verdeckt eine Öffnung in einer steinernen Wand. Sehen Sie das Bild wie einen Wandbehang überlebensgroß vor sich, und die schwarzweißen Pferde kommen ebenso wie der Wagenlenker mit seiner Krone auf Sie zu. Spüren Sie den Atem, und riechen Sie den Schweiß der Tiere mit den Sphinxköpfen in ihrem Geschirr; hören Sie, wie die Hufe auf dem Boden trappeln, spüren Sie, wie sie neben Ihnen zittern, und springen Sie dann auf das magische Gefährt auf, und lassen Sie sich in einer scharfen Wendung wegfahren, zurück durch die Pforte mit ihrem weißen Vorhang. Benutzen Sie jede Faser Ihres entspannten Willens, um zu einem Teil dieses Bildes und dieser Erfahrung zu werden.

Sie werden von diesem Symbol in die uralten Künste der

Menschen getragen, die mit Pferden und deren Magie zu tun hatten. Vielleicht treten Sie in die Schmiede ein, um den Schmied bei seiner Arbeit zu beobachten und zu sehen, wie er Hufeisen aus Eisenstangen schmiedet, die rotglühend vom Feuer sind. Vielleicht sehen Sie ihm auch bei der Herstellung eines Schwertes oder eines rituellen Dolches zu. Stellen Sie ihm Fragen über sein altes Handwerk, über seine Geheimnisse; und weil Sie auf magische Weise dorthin gekommen sind, wird er Ihnen antworten. Erfahren Sie etwas über die Magie des Feuers, über das härtende Wasser, über die Klingen und die Magie des Teilens und Schützens. Lernen Sie die Geheimnisse des Eisens kennen, mit denen Böses auf dem Boden festgenagelt werden kann. Hören Sie die Geschichten von Wieland dem Schmied oder vom heiligen Michael, dem Engel des Feuers mit seinem Flammenschwert. Fragen Sie nach den frühesten Wurzeln jener Zauberkünste, als die Beherrschung des Feuers eine Angelegenheit auf Leben und Tod war – in der Kälte der Eiszeit, als die Menschheit sich noch in ihrem frühen Kindheitsstadium befand. Lernen Sie etwas über Feuerstein und Zunder, über das Errichten eines Feuers, die Kraft der Kerzenflammen und der Sonne. Auf alle diese Fragen erhalten Sie vielleicht Antwort, wenn Sie zufälligerweise den »Triumphwagen« aussuchen. Und darüber hinaus können Sie vieles andere erfahren, denn es gibt noch die magischen Künste des Reiters, um die wilden Tiere zu zähmen, um Tiere abzurichten und zu heilen und um mit allen Kreaturen zu sprechen.

Da gibt es schließlich die Sphinxköpfe der Pferde als Symbol für das Rätsel der Sphinx, die alte Mysterienfrage: »Was geht am Morgen auf vier Beinen, am Mittag auf zwei Beinen und am Abend auf drei Beinen? Wie viele Beine hat es um Mitternacht?« Die Sphinx kann das Tor zur altägyptischen Magie öffnen, die unter der Herrschaft der großen Göttin Isis stand, und zu den Welten, die unter dem Schutz und der Führung des schakalköpfigen Anubis stehen.

Ein einfaches Symbol kann Sie mit einem riesigen Wissensvorrat in Verbindung bringen, denn das ist es, was die Bilder des Tarots oder auch die wesentlich abstrakteren Hexagramme des *I Ging* enthalten. Wenn Sie die Zeit und Geduld aufbringen, sich in sie zu vertiefen, dann werden sie magische Talismane, Schlüssel zu den großen Büchern des inneren Lernens. Was sie Sie lehren, mag zunächst obskur erscheinen, aber es ist sicher und kann viele Male verwendet werden, bis Sie gründlich begriffen haben, was jedes einzelne dieser Symbole Ihnen zu sagen hat. Nehmen Sie sich Zeit. Ein regelmäßiger Versuch mit einem neuen Symbol jede Woche ist ausreichend, denn Sie werden feststellen, daß andere Informationen, die mit dem zusammenhängen, was Sie auf diese Weise entdeckt haben, in Träumen auftauchen oder Ihnen aus den Seiten eines Buches entgegenkommen. Schreiben Sie alles auf, was Sie erfahren, denn Sie gewinnen auf diese Weise vielleicht Wissen, das über Jahrhunderte oder Jahrtausende verborgen war.

Jedes Bild der Tarotkarten stellt eine bewährte Informationsquelle dar, denn dafür wurde das System entwickelt, aber es gibt nicht nur eine einzige wahre oder richtige Lesart der Karten. Jeder muß seine eigene Interpretation finden, sein eigenes Verständnis dessen, was sie ihm enthüllen. Glauben Sie nicht blindlings den Worten von jemand anderem, bis Sie nicht selbst durch einige dieser geheimen Türen gegangen sind und erlebt haben, daß sie Ihnen ihre verborgene Weisheit enthüllt haben. Seien Sie bereit, sich von der Quelle selbst belehren zu lassen und nicht von einem vorurteilsbeladenen menschlichen Kommentator. Wir alle sind Schüler dieser großen Bücher, und jeder von uns muß andere Lektionen lernen.

Sie können Bilder oder Vorstellungen von Göttern und Göttinnen auf die gleiche Weise verwenden. Visualisieren Sie sie vor Ihrem inneren Auge, und beginnen Sie vielleicht mit der Sonne oder dem Mond am Himmel oder mit einem ihrer Symbole, einem Kessel oder weißen Pferd für die Göttin, einem Schwert und Schild oder dem Krummstab eines Hirten für den Gott.

Übungen

Zur Erzielung bestmöglicher Ergebnisse bei der Arbeit im elften Mond brauchen Sie einen zuverlässigen Partner, eine Freundin oder einen Freund, dem Sie vertrauen können, jemanden, der mit Ihnen auf den alten Wegen wandelt, andere Gruppenmitglieder, wenn Sie einem Hexencoven angehören. Nicht deshalb, weil die Arbeit besonders gefährlich wäre, obwohl sie auch angsterregend sein kann, sondern deshalb, weil Sie vielleicht jemanden brauchen, der vernünftige Fragen stellt. Es gibt viele Wege, um vergangene Zeiten wieder zu betreten und Informationen aus ihnen zu beziehen, aber Ihre Aufgabe wird leichter sein, wenn Sie die tiefe Entspannungsübung gemacht haben, wirklich abgeschaltet haben und sich dann vorstellen, daß Sie durch einen Zeittunnel gehen und fühlen, wie die Jahrhunderte vor Ihnen ablaufen. Jemand anderes kann Sie fragen, was Sie anhaben, in welcher Art von Landschaft Sie sich befinden, welche Art von Nahrung Sie verzehren usw. Sie können die Fragen im voraus besprechen und am besten auch gleich aufschreiben. Vielleicht werden Sie über Gebäude, Tiere, Pflanzen und natürliche Dinge befragt, und mit Hilfe Ihrer Baum- und Pflanzenkenntnisse können Sie feststellen, um welche Jahreszeit es sich handelt oder vielleicht auch um welchen Teil der Welt, wenn es sich um Pflanzen oder Bäume handelt, die es nur in bestimmten Weltgegenden gibt.

Nehmen Sie sich für diese Übung Zeit, gehen Sie Schritt für Schritt vor, und reservieren Sie dafür mehrere Sitzungen, anstatt Stunden damit zuzubringen, in einer fremden Zeit herumzuirren. Seien Sie vorsichtig; diese Erfahrung kann erschreckend sein, zum Beispiel dann, wenn Sie inmitten einer Schlacht ankommen, zur Zeit der Pest oder in einem Winter, in dem eine Hungersnot herrscht. Was Sie erleben, wird Ihnen sehr real erscheinen, besonders dann, wenn Sie sich in einem eigenen früheren Leben wiederfinden. Passen Sie auf, wählen Sie Ihre Schritte sorgfältig, und vielleicht wird Ihnen dann jemand von den alten Weisen begegnen, der Sie unterrichten oder Ihnen zumindest etwas von seinem vergessenen Wissen zeigen kann.

Wenn Sie für sich alleine üben, dann bleiben Sie bei den einfacheren Besuchen in dem alten Haus, und erwerben Sie sich so Selbstvertrauen und Bewußtheit. Die visualisierte Geschichte kann ihre Fortsetzung in Ihren Träumen finden oder bei Meditationen über wertvolle Einsichten, die Sie gewonnen haben. Machen Sie sich in Ihrem Buch Notizen über das, was Ihrer Meinung nach für andere wertvoll sein könnte, die sich in ähnlicher Weise um verlorenes Wissen bemühen.

Probieren Sie die Übung mit den Tarotkarten aus. Auch diese Übung könnte Ihnen außerordentlich viele wertvolle Informationen, alte Ideen und vergessene Künste enthüllen. All diese Übungen sind einfach, aber gleichzeitig sehr kraftvoll, also seien Sie geduldig, und lassen Sie einige Tage zwischen Ihren Abenteuern verstreichen, so daß Sie Zeit haben, sie zu assimilieren und das, was Sie sehen, ganz zu verstehen.

Rufen Sie Aspekte der Göttin an, damit sie Sie unterrichtet, oder Aspekte des Gottes als Handwerker oder Magier, damit er Sie in seinen Wegen unterweist. Sie werden Ihnen wirklich helfen, und mittlerweile sollten Sie in der Lage sein, deren wilde Welt zu betreten, wann immer Sie es wünschen.

Im folgenden auch hierzu einige Literaturempfehlungen:

Joan Grant: *Far Memory.* Corgi, G. B. (o. J.)

Ellen Grasse: *Traum, Tod und Transzendenz.* Knaur, München 1994

Elisabeth Haich: *Einweihung.* Drei Eichen, Hammelburg, 12. Aufl. 1993

Carl Gustav Jung (Hrsg.): *Der Mensch und seine Symbole.* Walter, Olten, 12. Aufl. 1991

Barbara Walker: *Die weise Alte. Kulturgeschichte – Symbolik – Archetypus.* Frauenoffensive, München 1994

Erika Wisselinck: *Hexen. Warum wir so wenig von ihrer Geschichte erfahren und was davon auch noch falsch ist.* Frauenoffensive, München 1986

12 Sich den alten Wegen weihen

Wir müssen bereit sein, die Grundlage all unserer Motive zu verschieben, wenn wir Initiation empfangen möchten. Das erfordert eine Zielstrebigkeit, die kein Opfer scheut. »Verkaufe alles, was du hast, und folge mir nach«, sagte der Herr … Es gibt keinen Grund dafür, warum sich jemand selbst als Kandidat für die Initiation anbieten sollte, denn er kann das Ziel der göttlichen Vereinigung auch auf dem sich windenden Pfad der Evolution erreichen; auf der anderen Seite darf er jedoch nicht erklären, daß die alten Geheimnisse verlorengegangen sind, weil er nicht bereit war, den Preis zu zahlen und die große Perle zu empfangen.

Dion Fortune: *The Training and Work of an Initiate*

Eine der Vorstellungen, die sehr viele Menschen zur Hexenkunst hinzieht, ist diejenige, daß sie dann zu »Eingeweihten« werden, daß sie rituell in einen Hexencoven aufgenommen werden, daß sie diese Tatsache in die Lage versetzen wird, sofort magische Kräfte zu entfalten, und daß danach all ihre Wünsche in Erfüllung gehen werden. Jeder, der noch solche Ansichten hat, wird unweigerlich eine große Enttäuschung erleben! Menschen sehen Magie als Weg an, um Macht zu gewinnen, und da ist sicherlich etwas dran, aber es ist keine »Macht über«, um einen Begriff der Autorin Starhawk zu übernehmen, sondern »Macht von innen«. Macht über andere Menschen, die Macht, sie gegen ihren Willen zu ändern, die Macht, sie körperlich, geistig, astral oder sogar spirituell zu beherrschen, kann jemandem als Ziel von Magie erscheinen, aber all das sind falsche Vorstellungen. Wohin Sie das Training durch all die Monate stetigen Fortschritts führen wird, sofern Sie genügend Mut und Ausdauer besitzen, ist »Macht von innen«, und diese kann anfangs nur Auswirkungen auf Sie selbst haben.

Die erste wirkliche Lektion der Magie, die Sie erlernen werden, ist die der Desillusionierung. Sie fangen vielleicht mit allen möglichen Vorstellungen über das Hexenwesen, die alten Künste, Magie und Okkultismus an, aber wenn Sie dann an einer der Übungen arbeiten und sei es nur sporadisch und unkonzentriert, dann werden Sie zu Ergebnissen kommen. Wahrscheinlich nicht genau zu denjenigen, die Sie angestrebt haben; vielleicht erschrecken Sie sich selbst mit dem, was passiert, und Ihre Träume werden sich verändern, aber je mehr sich Ihre innere Sicht klärt, um so mehr werden Sie feststellen, daß die Welt, in der Sie Ihr ganzes Leben lang gelebt haben, sich sehr von der unterscheidet, die Sie sich immer vorgestellt haben.

Die Magie ist unbequem; ihre anfänglichen Wirkungen sind wahrscheinlich weitaus heftiger als diejenigen, die ein Eingeweihter erzielt, denn diese Schüler eines Meisters verbringen Jahre damit, Techniken, die durch klare Erinnerungen an viele vergangene Leben untermauert werden, zu perfektionieren. Magie ist wie Golfspielen; wenn Sie wirklich gut darin wären, dann könnten Sie das Masters-Turnier gewinnen, in achtzehn Schlägen über die Runden kommen und jedes Mal ein Loch einputten! Aber egal, wie gut Sie sind, es gibt immer Dinge, über die Sie nichts wissen oder die jenseits Ihrer Kontrolle liegen, wie zum Beispiel das Wetter, das Sie auf dem Golfplatz vorfinden. Magier und Hexen der alten Tradition lernen erst mit der Zeit, welches Maß an Anstrengung jede Aktivität eigentlich erfordert. Genau aus diesem Grunde müssen Sie viel Zeit damit verbringen, mit geschlossenen Augen zu sitzen, zu meditieren, sich zu konzentrieren, Visionen zu erzeugen oder Symbole zu erforschen. Diese einfachen, aber unvermeidlichen Künste sind es, die Sie dahin führen, Kontrolle über jene astralen Kräfte zu erhalten, die ins Spiel kommen, wenn Sie die Samen eines Zauberbanns säen, einen Talisman herstellen, beten oder ein Ritual durchführen. Nur dann, wenn Sie in der Lage sind, die Auswirkungen Ihrer Handlungen in der Anderswelt zu spüren, können Sie lernen, bei einer bestimmten Arbeit ein mehr oder weniger großes Maß an Energie anzuwenden.

Der zweite Teil des Fortschrittes auf dem Weg besteht nicht darin, daß man »Initiationen« von anderen Menschen erhält, daß man an Gruppenzeremonien teilnimmt, in denen man ein Diplom verliehen bekommt, daß man Kerben in seinem Zauberstab für Zaubersprüche sammelt usw., sondern es ist die aufrichtige Erfahrung, mit der Göttin und dem Gott der alten Religion in Kontakt getreten zu sein. Niemand anders kann das für Sie tun, und auch die meisten Zeremonien stellen diesen Kontakt nicht wirklich für Sie her. Sie haben eine weitaus bessere Chance, wirkliche Einweihung und das Gefühl der Macht, das sie mit sich bringt, zu erleben, wenn Sie allein an einem wilden Ort den Großen Göttern tatsächlich von Angesicht zu Angesicht begegnen, wenn Sie mit wackeligen Knien die Laterne fest in der Hand halten und dabei wie Espenlaub zittern.

Es ist wirklich wichtig, die meisten dieser Übungen durchzuarbeiten und Ergebnisse zu erzielen, bevor Sie sich entschließen, sich dem Weg der Hexenkunst, egal, ob einzeln oder in einer Gruppe, zu weihen. Es könnte sein, daß Sie, nachdem Sie sich um einige Meditationsformen und die Bereiche innerer Analyse bemüht haben, den Austausch mit anderen vorziehen oder aber daß der Weg allein wirklich funktioniert und Ihren Bedürfnissen entspricht. Es ist durchaus möglich, die einfache Art von Zaubersprüchen und Talismanen zu benutzen, die an früherer Stelle beschrieben sind, um mit anderen aus der esoterischen Welt in Kontakt zu treten.

Wie bei allen Aspekten der Magie, so ist es auch hier nicht ausreichend, einfach nur eine magische Handlung zu vollführen und sich dann zurückzulehnen und zu erwarten, daß die inneren Kräfte Ihnen das Ergebnis Ihrer Bitte auf einem goldenen Tablett präsentieren. Wenn Sie an Okkultem interessierte Freunde suchen, dann müssen Sie entweder die Orte aufsuchen, wo sie zu finden sind, zum Beispiel Messen für Esoterik oder alternative Medizin oder auch Vorträge, die Bibliotheken und Volkshochschulen anbieten; oder Sie müssen Inserate in heidnischen Zeitungen und Magazinen lesen, die alle Aspekte der Hexenkunst, wie etwa Magie, Heidentum, Mysterien der Erde, Heilung und viele mehr, abdecken (in Großbritannien allein gibt es mehr als hundert solcher Publikationen). Einige esoterische Magazine sind beim Zeitschriftenhändler erhältlich; die besseren, kleinen lokalen Magazine und Zeitschriften in einfacher Aufmachung müssen Sie mit etwas mehr Mühe aufspüren – es lohnt sich jedoch sehr, danach zu suchen.

Während es in Großbritannien auch heute noch viele Hexencoven gibt, sind diese im übrigen Europa eher selten. Um einem Hexencoven beizutreten, müssen Sie meist älter als 21 Jahre sein; einige Gruppen nehmen keine Mitglieder unter 25 Jahren an. Hexencoven rufen nicht zum außerehelichen Geschlechtsverkehr auf und lassen Jugendliche unter 18 nicht an Ritualen teilnehmen. Ihre Mitglieder wenden niemals Drogen an und rauchen nur sehr selten Zigaretten. Selbst das Trinken von Wein ist im allgemeinen nur Bestandteil einer Zeremonie und wird nicht exzessiv betrieben. Das mag alles sehr langweilig klingen, aber wirkliche Magie findet nicht in der Alltagswelt statt, sondern im Reich des Inneren, und dort müssen Sie Ihre sechs Sinne beisammen und absolute Kontrolle über das haben, was geschieht.

Es gibt einige übelwollende Menschen, die unter dem Deckmantel der Magie wirken, indem sie Kinder in ihre Rituale einbeziehen und einige der Dinge tun, die die Medien nur allzugern jeder Hexe und jedem Schamanen in die Schuhe schieben, aber diese Gesetzesbrecher sind sehr weit vom Pfad des Lichtes entfernt, der auf allen Ebenen den Kern der westlichen Mysterien bildet. Sie werden genauso scharf von den wirklichen Adepten und der »esoterischen Polizei« verfolgt wie von den staatlichen Behörden und der Polizei. Außerdem fallen sie wahrscheinlich dem Gesetz des Karma anheim und werden dann für ihre destruktiven Handlungen voll bezahlen müssen. Wer grausam ist, Kinder mißhandelt und Drogen verbreitet, wird feststellen müssen, daß ein solches destruktives Verhalten dreifach bestraft wird. Seien Sie gewarnt; wenn Sie sich mit selbstsüchtiger Magie beschäftigen, andere Menschen verfluchen oder ihnen zu schaden versuchen, mit Drogen, Alkohol oder anderen Praktiken experimentieren, bei denen Ihr gesunder Menschenverstand Ihnen sagt, daß sie dumm oder gefährlich sind, dann werden Sie unweigerlich dafür bezahlen müssen, denn das Karma reicht überall hin.

Wenn Sie sich auf die verborgenen Pfade einlassen oder darauf, die alten Wege zu beschreiten, dann werden Ihnen mit Sicherheit einige Überraschungen begegnen. Die üblichsten sind Gefühle – die im übrigen nie ganz verschwinden – wie »Warum zum Teufel mache ich das? Warum trage ich dieses komische Gewand, rede mit Bäumen oder unsichtbaren Wesen und meine, daß ›Zaubersprüche‹ im 20. Jahrhundert funktionieren können?« Sie werden oft feststellen, daß Ihnen solche Gedanken mitten in einer Meditation oder einem Ritual in den Sinn kommen und dazu führen, daß Sie sich wie ein Narr vorkommen. Das ist ein sicheres Zeichen dafür, daß die Magie funktioniert, denn Sie sind mit solcher Entschlossenheit aus Ihrer normalen Rolle im Leben herausgetreten bzw. haben, zumindest für den Moment, Ihr gewöhnliches Selbst so entschieden abgelegt, um jene magische innere Persönlichkeit anzunehmen, daß das normale Selbst jetzt versucht, das wieder geltend zu machen, was es als Normalität ansieht. Es verschwindet nie völlig, wie jeder Adept, dem Sie begegnen werden, Ihnen bestätigen kann; und selbst nachdem man jahrzehntelang an Feiern teilgenommen, direkt mit den alten Göttern gesprochen und sich in die äußere und innere Wildnis begeben hat – dieses Gefühl der Belustigung, des Spaßes und Erstaunens geht nie wirklich weg. Es ist eine Erinnerung daran, daß Sie ja wirklich von der normalen Welt wegrücken, und es sollte Sie nie quälen. Verlieren Sie Ihren Humor nicht, wenn die Kraft durchbricht!

Wenn Sie anderen Menschen auf dem Weg begegnen, dann schauen Sie sie sich genau an. Entsprechen sie Ihrer Idealvorstellung? Sehen sie gesund aus, handeln sie, als ob sie glücklich wären, oder prahlen sie ständig mit der Macht, mit der sie umgehen, oder mit den Geheimnissen, die sie kennen? Glauben Sie, daß sie tatsächlich den Weg ins Märchenland gefunden haben, wenn sie ohne leuchtende Augen und beschwingte Schritte zurückgekehrt sind? Sehen Sie sie als Gleichgesinnte der alten Götter, als Enkel der Göttin an, die von ihr erkannt und geliebt werden und ihre Partner in der Magie sind? Schauen Sie genau hin, und denken Sie gründlich nach, besonders, wenn Sie von ihnen dazu eingeladen werden, an ihren Hexencoven oder Ausbildungsgruppen teilzunehmen. Wenn Sie wirklich ernsthaft mit einigen dieser Übungen gearbeitet haben und Ihren eigenen direkten Kontakt zu den Großen Göttern hergestellt haben, dann wäre das ein zu wertvoller Preis, um ihn an eine erfolglose okkulte Gruppe zu bezahlen, die sich vielleicht nicht nur neues Blut, sondern auch neue Macht von Ihnen verspricht.

Aus diesem Grunde habe ich darauf hingewiesen, daß jegliche magische Arbeit, die Sie ermüdet oder erschöpft, nicht richtig funktioniert hat, denn Sie sollten zu einem reinen Kanal werden, durch den das Licht hindurchfließen kann. Egal, wieviel Macht erforderlich ist, am Schluß muß es immer noch einen

Rest von Licht in Ihnen geben. Vertrauen Sie Ihrem eigenen inneren Gefühl, das immer sensibler und genauer werden sollte, je mehr Sie sich in Freiheit und voller Klarheit in die Anderswelt hineinbegeben.

Vielleicht möchten Sie mehr als alles andere eine Eingeweihte werden. Nun gut, Sie können sich auf eigene Faust mit den Begleitern auf dem inneren Weg verbinden, an Ihrem eigenen heiligen Ort, Versprechen abgeben, die Sie halten können, und sich mit denjenigen Aspekten der Göttin und des Gottes beschäftigen, bei denen Sie sich zu Hause und in Frieden fühlen. Das ist nichts, was Sie gleich heute oder morgen erreichen können, aber wenn Sie es sorgfältig planen, sanft voranschreiten und gründlich üben, dann werden Sie vielleicht feststellen, daß Sie jener seltenen Gesellschaft sehr bald als freies und gleichberechtigtes Mitglied beitreten können.

Jede Initiation besteht aus mehreren unterschiedlichen und gleichermaßen wichtigen Teilen. Wenn diese Zeremonie als Gruppenritual durchgeführt wird, dann ist es unausweichlich, daß das dramatische Element dieses Rituals überwiegt oder daß einige Teile abgekürzt oder ausgelassen werden und andere Überlegungen stärkeres Gewicht gewinnen. Wenn Sie hingegen Ihren eigenen Weg gehen, dann werden Sie in der Lage sein, sich einen Zeitplan aufzustellen, der Ihnen reichlich Zeit dazu läßt, alles so zu machen, wie Sie es wünschen, und der Ihnen darüber hinaus noch genügend freie Zeit gibt, die Antworten der alten Götter abzuwarten, die schließlich die einzigen Wesen sind, die Ihnen wirklichen Zutritt zu ihrer ewigen Gesellschaft verschaffen können.

Sie können damit beginnen, indem Sie sich einen geeigneten Ort suchen und auf Ihrem Terminkalender einen Tag oder ein Wochenende auswählen, das Sie hauptsächlich dazu benutzen wollen, um sich selbst in Form einer dauerhaften Verpflichtung den magischen Wegen zu weihen. Wenn Sie vor diesem großen Schritt zurückschrecken, dann sind Sie sehr klug; zwingen Sie sich nicht dazu, eine Verpflichtung einzugehen, von der Sie im innersten Herzen wissen, daß Sie nicht dazu bereit sind. Die Entscheidung liegt ausschließlich bei Ihnen, wenn Sie sich allein auf dem Weg befinden. Wenn Sie dagegen Mitglied einer Gruppe sind, dann könnte es sein, daß ein gewisser Druck auf Sie ausgeübt wird, um vor einem bestimmten Fest eine bestimmte Zahl von Leuten zu erreichen oder um den Anteil von Männern und Frauen in einem Coven auszugleichen. Einige Neulinge sind eifriger, als es ihnen guttut, und sie wollen sich kopfüber in die Initiation hineinstürzen, ohne sich der Ernsthaftigkeit dieses Schrittes bewußt zu sein oder auch nur zu wissen, was er alles beinhaltet.

Als Alternative können Sie, wenn Sie sich dazu bereit fühlen, eine Zeremonie der Weihe anstelle einer Initiation feiern. Die wirkliche Initiation kann auch spontan während der magischen Arbeit erfolgen, wenn Sie vorbereitet sind und die Göttin willens ist, Ihnen zur Wiedergeburt als ihr Kind innerhalb ihrer Mysterienfamilie zu verhelfen. Eine Weihe ist ein individueller und persönlicher Akt, bei dem Sie versprechen, einem bestimmten Pfad zu folgen, den Sie selbst gewählt haben, zum Wohle der Arbeit und solange diese dauern mag, wobei Sie sich sehr wohl bewußt sind, wie schwerwiegend dieser Schritt sein kann.

Als Gegenleistung für die von Ihnen angebotene Zeit, Mühe und Liebe zur Tradition werden Sie Unterstützung von den Großen Göttern bekommen, zum Beispiel sichere Führung in den inneren Bereichen, Ausbildung, Macht und die Fähigkeit zu heilen. Das sind Fähigkeiten, die Ihnen als Geburtsrecht mitgegeben worden sind, aber Sie brauchen Hilfe und Unterstützung, um sie praktisch und effektiv anwenden zu können. Sie werden auch wirkliche Begleitung in sichtbarer und unsichtbarer Form bekommen. Es gibt viele Sucher auf verschiedenen Etappen des Pfades, viele, die auf den alten Wegen wandeln, und sobald Sie sich erst einmal ihrer Gesellschaft angeschlossen haben, wird Ihnen ihre Gegenwart enthüllt werden, und auch die andern werden von Ihnen erfahren. Es könnte durchaus sein, daß Sie bekannte Gesichter darunter entdecken, die sich Ihnen plötzlich in ganz neuer Weise offenbaren, denn auch sie wandeln auf dem Zauberpfad, auf dem Sternenweg und haben Ihnen, ohne jemals offen über solche Dinge zu sprechen, bereits Gesellschaft, Vertrauen und Freundschaft angeboten, aber bis Sie sich wirklich darauf eingelassen haben, blieben Sie sich fremd.

Tausende von Menschen widmen sich heutzutage dem inneren Weg oder sind Eingeweihte dieses Weges. Nur wenige von denjenigen, die ihre Kunst ernst nehmen, laufen mit einem Aufkleber herum, auf dem steht »Ich bin eine Hexe« oder »Wiedergeborene Wahrsagerin«. Sie leben ihr Leben auf zwei Bühnen, genauso, wie auch Sie es vielleicht tun werden – mit einem Gesicht zur Welt gewandt und mit dem anderen, inneren und verborgenen Gesicht immer dem geheimen Licht der Sterne zugewandt. Sie haben die Kraft der Stille und die des ungebrochenen Versprechens kennengelernt. Sie haben Dinge gesehen und erlebt, die wenige gewöhnliche Menschen verstehen oder als wahr anerkennen würden. Sie haben die Anderswelt viele Male betreten und sind sicher zurückgekehrt. Sie haben mit den Göttern gespeist, magische Zaubersprüche angewandt und das Gefüge der Welt verändert. Sie tun es immer noch, indem sie Tag und Nacht daran arbeiten – durch ihre Heiltätigkeit, dadurch, daß sie die Dinge zurechtrücken und bei Konflikten Frieden stiften, oft unbemerkt, jedoch vielleicht gerade in Ihrer unmittelbaren Nachbarschaft.

Diejenigen, die ihre magischen Verbindungen durch ihre Kleidung oder Anhänger, mystische Ringe oder geflüsterte

Hinweise auf Geheimnisse kundtun, sind entweder sehr junge Seelen, die wie Kinder mit Dingen spielen, über die sie eigentlich bereits hinausgewachsen sein sollten; oder sie sind Scharlatane, die ihre Phantasievorstellungen davon ausleben, was ihrer Meinung nach das Verhalten eines Magiers oder einer Hexe ausmacht. Schauen Sie sie sich genau an, und entscheiden Sie dann, ob Sie so sein möchten wie jene. Es liegt bei Ihnen. Es gibt viele, die Schwüre des Stillschweigens abgelegt haben und sie halten, nicht aufgrund von Drohungen, sondern weil sie den Wert dessen, was sie gelernt haben, kennen und es in ihrem Herzen schätzen und bewahren. Sie wollen nicht mit vergangenen Erfolgen prahlen oder Mißerfolge bemänteln, die selbst die Erfahrensten unter ihnen manchmal erlebt haben, denn sie arbeiten als Mittler der Alten, als Helfer der kreativen Kraft der Erde und nicht zum Zwecke ihrer eigenen Selbsterhöhung oder Zurschaustellung.

Eine andere falsche Vorstellung, die es in bezug auf die Initiation gibt, besteht darin, daß angenommen wird, daß sie sofort voll wirksam wird; daß man nach Beendigung des Rituals sofort zum Adepten wird und alle Kräfte des Universums sich den eigenen Launen fügen werden. Was jedoch eigentlich passiert, ist, daß man in eine neue Schule aufgenommen wird. Vielleicht bekommt man einen Platz im Klassenzimmer und eine Tasche voller faszinierender Bücher und Arbeitsmaterialien, aber man hat noch sehr viel zu lernen und noch längst nicht sein Abschlußexamen bestanden und sein Diplom bekommen. Viele Jahre harter und konsequenter Arbeit liegen noch vor einem, genau, wie man sie braucht, um die Grundschule, das Gymnasium und die Universität zu durchlaufen. Um wirklich gut zu werden, braucht man auch im Bereich der Magie einen Magistertitel, den man nur in der Universität des Kosmos erwerben kann.

Sich selbst zu weihen ist ein erster Schritt. Es ist eine aufrichtige Bitte um Führung und ein Versuch, sich auf einer individuellen Ebene mit den großen Kräften des Universums zu verbinden und Gemeinschaft mit den Göttern und Göttinnen der Natur zu gewinnen. Sie müssen vorher schon wissen, wie man einen magischen Kreis errichtet und wie man die Elemente verwendet, um ihn zu segnen. Sie brauchen einen privaten und besonderen Ort und einen Stab, den Sie als Altar verwenden können. Vielleicht müssen Sie viele Monate damit zubringen, eine Lichtsphäre aufzubauen, damit Sie es dann aus dem Gedächtnis tun können, fast ohne nachzudenken und ohne sich dessen bewußt zu sein, daß Sie sich an einem geschützten Ort befinden, an dem Sie Sicherheit und Selbstvertrauen spüren. Das sind die absolut notwendigen Voraussetzungen, und wenn Sie meinen, daß Sie schon genug wissen oder diese überaus wichtigen ersten Stufen überspringen können, dann sind Sie entweder ein Narr oder Sie sind tollkühn, was Ihnen nichts Gutes bescheren wird. Es liegt kein Vorteil darin, sich zu beeilen, vergleichbar etwa damit, daß es Ihnen ja auch nichts bringen würde, an einem Marathon teilzunehmen, wenn Sie, um zu trainieren, nicht mehr getan hätten, als hinter einem Bus herzulaufen!

Initiationen oder Weiheriten sollten mit einer Nachtwache beginnen, die möglichst eine ganze Nacht von Abend bis Morgen dauern sollte. Sie müssen das mit Ihrer Familie regeln, denn hier wird Ihre Fähigkeit, Geheimnisse zu bewahren, einer ersten Prüfung unterzogen. Sie müssen einen Ort finden, wo Sie unter den Sternen sitzen und um Hilfe, Kraft und Unterweisung bitten können. Sie müssen Ihre Ziele und magischen Ambitionen einer Prüfung unterziehen, Ihre Aufrichtigkeit in bezug auf Ihren Dienst an den alten Göttern ebenso untersuchen wie die Überzeugung, daß dies nur der erste Schritt auf einem Weg ist, den Sie einschlagen möchten, vielleicht am Anfang alleine und später dann in Begleitung anderer. Das ist eine Chance, um all Ihre Zweifel auszuräumen oder aber ihnen nachzugeben, so daß Sie keinen Schritt tun, zu dem Sie noch nicht bereit sind und den Sie später bedauern könnten. Jetzt ist auch die Zeit, um Ihren magischen Namen zu finden. Obwohl Sie eigenständig arbeiten, werden Sie in die alten Wege wiedergeboren, und dabei werden Sie noch einmal zum Kind werden!

In der alten Tradition war der magische Name niemals der eines Gottes oder einer Göttin (oder einer ganzen Ansammlung von ihnen, wie es unter den amerikanischen Hexen und denjenigen anderer Nationen nur allzu üblich ist), sondern es war oft ein Spitzname. Einige Namen sind die von Pflanzen, Bäumen, Tieren oder vielleicht Halbedelsteinen. Ihr neuer Name könnte auch ein Anagramm Ihrer eigenen Initialen sein oder eine Variation eines Ihrer gewöhnlichen Namen. Je weniger dramatisch der Name ausfällt, um so wahrscheinlicher ist es, daß es sich dabei um ein echtes »Göttergeschenk« handelt, das heißt, um eine Botschaft der Göttin. Dieser Name sollte absolut geheim sein und ausschließlich für Talismane verwendet werden. Wenn Sie je hören sollten, daß dieser Name gerufen wird, dann wissen Sie, daß es die Großen Götter sind, die Ihre Aufmerksamkeit fordern. Setzen Sie sich ruhig hin, ungeschützt von magischen Kreisen, und denken Sie wirklich die ganze Nacht über bei zunehmendem Mond nach. Das ist Ihre letzte Chance, ein gewöhnlicher Mensch zu bleiben!

Wenn Sie am Morgen davon überzeugt sind, daß eine Weihe der richtige Schritt ist, dann sollten Sie Ihre Vorbereitungen dafür treffen. Nehmen Sie ein Bad, und werfen Sie reinigende und beruhigende Kräuter in das Badewasser. Genießen Sie Ihr Bad, und gehen Sie erfrischt daraus hervor, selbst dann, wenn Sie die ganze Nacht über wach gewesen sind. Bereiten Sie später am Tag ein kleines Picknick vor, das Sie nach Ihrer Weihe verzehren können, denn wenn Sie den alten Wegen genau folgen wollen, dann sollten Sie vorher fasten. (Das ist für die meisten modernen Menschen das Schwierigste, was sie für die Zeremonie zu tun haben, aber einige gewichtigere Dinge werden bald danach geschehen.)

Der zweite Schritt besteht darin, ein Versprechen abzugeben. Es handelt sich dabei nicht um einen Schwur, der bei Nichtbefolgung mit spektakulären Strafen geahndet würde, wie Sie es vielleicht in Büchern gelesen haben, sondern um ein aufrichtiges, von Herzen kommendes Versprechen, daß Sie versuchen wollen, ein besserer Mensch zu werden und Ihre einzigartigen, angeborenen Talente zum Wohle der Götter auf der Erde einzusetzen. Es ist ein Versprechen, daß Sie lernen und arbeiten wollen und denjenigen helfen werden, die Hilfe suchen, oder ihnen ehrlich sagen werden, daß das, was sie von Ihnen erbitten, über Ihre Fähigkeiten als Lernende hinausgeht. Sie versprechen, sich des Wertes der Weisheit und des alten Wissens bewußt zu sein, die Sie allmählich erwerben werden, und darüber hinaus auch der Verantwortung, die die Gabe der Hellsichtigkeit mit sich bringt. Sie müssen die Wahrheit sprechen, jedoch so sanft, daß Sie Ihre Zuhörer nicht erschrecken. Sie sollten versprechen, sich an diese und viele andere Vorstellungen zu halten. Sie sollten auch versprechen, Stillschweigen über jene Fragmente der alten Wege zu bewahren, die den Dummen oder Unvorbereiteten Macht zuspielen könnten; auf der anderen Seite sollten Sie jedoch auch bereit sein, Ihr Wissen mit denjenigen zu teilen, die bereit sind, es zu empfangen.

Gehen Sie an Ihren besonderen Ort, nehmen Sie eine Laterne und Kerzen mit, etwas zu essen und zu trinken, einen Stift und ein Blatt sauberes Papier, eine scharfe Nadel, Ihren Altarstab und etwas Bindfaden, um einen Kranz oder eine Girlande für die Jahreszeit zu winden, und, sofern Sie eines besitzen, Ihr magisches Gewand oder ein neues Kleidungsstück und ein

Paar Sandalen, die von nun an zu Ihrer magischen Ausrüstung gehören sollen. Fegen Sie mit einer Handvoll Zweigen eine Kreisfläche frei, auf der Sie sich flach hinlegen und Ihre Siebensachen um sich herum ausbreiten können. Das ist eine der wenigen Gelegenheiten, bei der Sie sich anläßlich einer magischen Handlung hinlegen! Wenn Sie sich dazu bereit fühlen, dann rufen Sie geistig das Licht herbei und entzünden die Laterne, die sich zu Füßen Ihres Altarstabs befindet.

Legen Sie sich daneben flach auf den Rücken, schließen Sie die Augen, und stellen Sie sich vor, daß Sie in der Erde versinken. Mit ein wenig Glück wird das nach wenigen Minuten zu einer seltsamen Empfindung führen, so, als ob sich die Erde unter Ihnen bewegt, ja fast so, als ob sie sich wie das Meer wiegt. Konzentrieren Sie sich darauf, ein Teil der Erde zu werden und Ihr altes Leben absterben zu lassen. Werfen Sie schlechte Gewohnheiten, Mißerfolge, Bedauern und alten Groll ab. Machen Sie sich von Ängsten frei; gießen Sie Ihre Traurigkeit, Ihre Einsamkeit und Ihren Kummer in die Erde unter Ihnen aus, bis Sie sich innen hohl fühlen. Das kann einige Zeit dauern, es kann Sie zum Weinen bringen, und es kann sich sehr merkwürdig anfühlen, aber es ist ein Teil der Arbeit. Entdecken Sie, wie bleiern und entspannt Sie sind, wie kühl und tot Sie sich vielleicht anfühlen und wie sehr Sie von alten Verunreinigungen befreit sind.

Nachdem Sie gestorben und zur Ruhe gebettet sind, denken Sie an die Meere und Flüsse, an die Quellen und Teiche. Waschen Sie Ihr funkelndes inneres Selbst rein, und schweben Sie sanft und leicht in den Wassern der Geburt. Seien Sie mit sich in Frieden, lassen Sie sich treiben, und lassen Sie jetzt zu, daß ein neuer Name in Ihr Bewußtsein hineinfließt. Fühlen Sie, wie Sie mit Wasser besprengt werden und wie eine ruhige Stimme sagt: »Im Namen der lebendigen Ozeane und der reinen Quellen taufe ich dich ... Mögest du hierdurch Segen empfangen.« Lassen Sie diese Stimme vollkommen in sich einsinken, dann werden Sie das Gefühl haben, als ob Sie ans Ufer, an einen sonnenüberfluteten Strand oder ein helles Flußufer gespült werden.

Rollen Sie sich allmählich in eine fötale Position zusammen, denn man gibt Ihnen einen neuen Namen, und Sie sind dabei, von den Wassern des Lebens in das Feuer des Lichts wiedergeboren zu werden. Wenn Sie bereit sind, dann setzen Sie sich auf, beugen Sie die Knie, umschlingen Sie sie mit Ihren Armen, und senken Sie den Kopf auf die Brust. Entspannen Sie sich, und fangen Sie an, über das Feuer, die Sonne, den Himmelsgott als Jäger und Beschützer, als Herrn der beiden Welten zu meditieren. Denken Sie an Ihre Erdmutter, und stellen Sie sich langsam vor, wie Sie sanft in das Licht, das durch die Laterne repräsentiert wird, wiedergeboren werden. Nehmen Sie jetzt den Stift zur Hand, und schreiben Sie sorgsam Ihr Versprechen auf, beginnend mit »Ich … (es folgt Ihr bürgerlicher Name) verspreche …« (nennen Sie nur Dinge, die Sie wirklich zu halten gedenken, und enden Sie mit dem alten magischen Leitspruch:) »In meinem neuen Namen … begehre ich, zu wollen, zu wagen, zu wissen und zu schweigen. Das verspreche ich.«

Küssen Sie jetzt das Papier, und verbrennen Sie es. Reißen Sie sich auch einige Haare aus, und verbrennen Sie sie über der Kerzenflamme. Wenn Sie sich die Finger verbrennen, dann ist das auch nicht schlimm. Sie sollten auch mit einer sauberen Nadel den kleinen Finger Ihrer linken Hand anritzen und als Symbol der Geburt einige Blutstropfen auf die Erde tropfen lassen. Diese Geburt schafft ein dauerhaftes Band zwischen Ihnen und der Erde. Vielleicht ist Ihnen in diesem Augenblick etwas mulmig zumute, halten Sie also still, lassen Sie die Augen geschlossen und spüren Sie noch einmal, daß alles gutgeht und daß Ihr Versprechen akzeptiert worden ist.

Der letzte Teil dieser magischen Handlung besteht darin, daß Sie das neue Leben einatmen. Machen Sie einige sehr tiefe Atemzüge, und singen, chanten oder summen Sie, wenn Sie möchten, Ihren neuen Namen. Das darf einige Zeit dauern und läßt alle Spannungen, die Sie aufgebaut haben, verschwinden. Sie müssen Ihre Entspannung sogar noch mehr vertiefen, denn Sie werden die Anderswelt betreten und die Göttin oder den Gott treffen, die Sie in die magische Familie aufnehmen werden. Sinken Sie noch tiefer und erschaffen Sie vor Ihrem geistigen Auge lebhaft das Tor zwischen den Bäumen oder in den Wellen oder in einem anderen Aspekt der Wildnis, wo Sie die Großen Götter begrüßen werden. Denken Sie daran, es sind Ihre ersten Eltern, Ihre Urahnen, und Sie können wieder wie ein Kind für sie sein, wenn Sie sich selbst genug vertrauen, um diese Realität loszulassen und die ihrige zu betreten.

Ich kann Ihnen nicht sagen, was Sie in dieser Zeit erleben werden – sei es nun ein kurzer Moment oder eine Zeit von Stunden. Ich kann nur sagen, daß Sie, wenn Sie aufrichtig sind und fest entschlossen, auf dem alten Weg zu wandeln, vielleicht eine Erfahrung machen werden, die sich von allen anderen in Ihrem Leben unterscheidet. Vielleicht hatten Sie bereits eine Art von Offenbarung, als Sie an Initiationszeremonien in einer Gruppe teilgenommen haben, aber das passiert nicht sehr oft. Wenn es passiert, dann können die betreffenden Sucher zufrieden sein und brauchen sich nicht mehr auf andere Wege zu begeben. Aber was auch immer geschieht: Wenn die Großen Götter Sie akzeptieren und Sie sie aufrichtig als Ihre Herrin bzw. Ihren Herrn anerkennen, dann erfahren Sie als Gegenleistung für Ihren eigenen Namen vielleicht deren geheime Namen. Sie wecken vielleicht – scharf und schmerzhaft – in Ihnen die übersinnlichen Fähigkeiten des wahren Sehens, des Lesens der Zukunft in fließendem Wasser und in

Rauch, des Heilens, des Singens alter, vergessener magischer Gesänge, des Schreibens von Zaubersprüchen oder schönen Ritualworten. Vielleicht nehmen sie Ihnen auch etwas und lassen Sie verwirrt und in Dunkelheit zurück. Ich kann das nicht sagen, denn für jeden von uns ist es anders. Das ist Ihr ganz individueller Wert für diejenigen aus der Anderswelt. Sie werden mit vollkommener Sicherheit *wissen*, daß Sie akzeptiert worden sind, und das ist ausreichend.

Vielleicht brauchen Sie einige Momente, um sich auszuruhen, denn nun ist die Zeit gekommen, um Ihr Picknick, Brot, Früchte oder Kuchen zu verzehren und Ihren Wein, Saft oder Ihr Quellwasser zu trinken. Verstreuen Sie immer einige Krumen für andere Geschöpfe der Natur, und gießen Sie einige Tropfen Ihres Getränks aus als Trankopfer zum Dank für das, was Sie bekommen haben. Seien Sie still, geduldig, und erlauben Sie dem, was passiert ist, egal, ob es sich nun wild und dramatisch, oder dunkel und tief in Ihnen angefühlt hat, Teil von Ihnen zu werden. Es wird noch einige Wochen dauern, bis Sie alles innerlich verarbeitet haben.

Kommen Sie allmählich wieder in Ihren normalen Geisteszustand zurück, und sagen Sie »Danke!«. Sie werden sicherlich etwas bekommen haben, für das Sie dankbar sein können – wenn das nicht der Fall ist, dann waren Sie entweder nicht bereit oder nicht aufrichtig. Erlauben Sie es der Lichtsphäre, sich zu entfernen, und danken Sie ihr noch einmal für den Frieden und Schutz, den sie Ihnen gebracht hat. Seien Sie sich am Ende bewußt, daß der winzige Lichtfunken, der sich in Ihnen befindet, jetzt heller brennt. Stehen Sie langsam auf, verstreuen Sie noch etwas Brot oder Samen, nehmen Sie den Kranz von Ihrem Altarstab, und hängen Sie ihn an einen Baum, oder werfen Sie ihn in den Fluß, je nachdem, wo Sie sich gerade befinden. Denken Sie an all die magische Arbeit, die Sie tun müssen, denn Sie nehmen die Macht der magischen Verantwortung an, die eine große Last für Sie bedeutet, da Sie nicht handeln können, ohne alle Konsequenzen zu bedenken. Was Sie gesät haben, das werden Sie ernten; lernen Sie also, die Saat Ihrer Gedanken und Wünsche zu verfeinern, damit Sie eine Ernte produzieren, mit der Sie umgehen können.

Das Ritual kann sanft zu Ende gebracht werden, indem Sie Gebete sprechen, in denen Sie um Führung für sich bitten und um den Mut, die Versprechen zu erfüllen, die Sie gegeben haben. Sie können um Weltfrieden bitten, um Lösungen für ökologische Probleme, Hunger, Verzweiflung, Umweltverschmutzung und Heilung für diejenigen Teile des Umhangs der himmlischen Herrin, die durch gedankenlose und habgierige Menschen ruiniert worden sind. Widmen Sie das, was Sie noch an Macht in sich spüren, der Heilung der Erde und ihrer menschlichen Bürde. Stehen Sie auf, und strecken Sie sich. Sie beginnen jetzt ein neues Leben und werden anfangen, die Welt anders zu sehen. Sie werden vielleicht lebhafte Träume haben und geistige Impulse bekommen. In den nächsten Monaten werden Sie in alle Arten von neuen Unternehmungen hineingeführt werden, und Ihr Versprechen wird einer harten Probe unterzogen werden. Obwohl Sie sich dessen am Anfang vielleicht nicht bewußt sind, wird das Licht der alten Götter aus Ihren Augen scheinen, und ihre Symbole werden Sie überall umgeben. Diejenigen, die dieselben Wege gehen, werden Sie erkennen, und Sie werden feststellen, daß Sie neue Freunde gewinnen oder daß sich alte Bekannte abwenden, weil sie diese neue Macht um Sie her spüren. Die Gegebenheiten in Ihrem Leben werden sich verändern, und das könnte mehrere Monate lang für Sie schwer zu akzeptieren sein, weil Sie noch dabei sind, sich an die Rolle zu gewöhnen, die Sie freiwillig akzeptiert haben.

Es hilft, wenn Sie sich gut vorbereiten, bevor Sie mit einer solchen Übung beginnen. Wählen Sie einen Tag bei zunehmendem Mond, so daß die Kraft des Mondes Ihnen helfen kann. Sie könnten jedoch auch Ihren eigenen Geburtstag oder einen besonderen Tag im Jahr unabhängig von der Mondphase wählen. Ziehen Sie saubere Kleidung an oder noch besser irgend etwas, das Sie nur für die Magie verwenden, ein Gewand, einen Kaftan oder einen besonderen Gürtel. Nehmen Sie Ihre Uhr ab, und legen Sie Ihr Geld weg, denn es hat in der Anderswelt überhaupt keinen Wert. Ihr persönlicher Einsatz ist es, der den Reichtum auf den verborgenen Wegen anzeigt, und die Dinge, die Sie benötigen, werden Ihnen als Bezahlung für die geleistete Arbeit zufließen.

Das Ganze hört sich vielleicht nicht so aufregend wie die Initiationszeremonie in einen Hexencoven an, aber ich kann Ihnen versichern, daß diejenigen, die beides ausprobiert haben, sagen, daß diese persönliche Weihe als magisches Ereignis nicht so leicht zu übertreffen ist. Wie ein großer Teil der alten Überlieferung ist sie einfach, und sie ist einzigartig, denn Sie erschaffen das Ritual nur für sich selbst, nur für die Zeit des Geschehens. Es kann nicht in Buchform festgehalten und beliebig wiederholt werden, wie das manche Menschen von magischer Arbeit annehmen. Jedes einzelne Ritual ist ein Experiment und sollte als einmalige Erfahrung vorbereitet werden. Die Großen Götter brauchen keine Opfer oder Opfergaben, denn sie haben diese Dinge ja selbst erst geschaffen. Wir leihen ihnen nur unsere Körper, unsere Gärten und die Dinge, die wir benutzen. Sie waren einmal Bestandteil der Natur, und sie wird sie zurückfordern, wenn es an der Zeit ist. Wir können nur etwas von unserer eigenen Zeit und unserem Bemühen geben, um jene Veränderungen in der Evolution herbeizuführen, die uns alle zum Licht führen. Dies mag die erste flackernde Kerze sein, die Sie anzünden, aber am Ende könnte Ihre Seele wie ein Stern leuchten.

Übungen

Wenn Sie einige der zahlreichen Bücher über moderne Hexenkunst gelesen haben, dann werden Sie alles über tatsächliche Initiationsfeiern wissen, über die Schwüre, darüber, wie die Priesterin mit einer Schnur Maß nimmt – und Sie werden auch von allen möglichen anderen eindrucksvollen und dramatischen Dingen gehört haben. Wenn Sie auf sich selbst gestellt sind, dann werden Sie nur die Großen Götter haben, um sich an ihnen zu messen, und von diesen gibt es kein Buch, so daß Ihre Erfahrung individuell und einzigartig sein wird, wenn Sie bereit sind, den Ihnen hier gegebenen Anweisungen für die Weihe zu folgen.

Wie Sie bereits gemerkt haben, kann ein großer Teil des Materials nicht einfach aufgeschrieben und wie in einem Kochbuch weitergegeben werden. Die Rezepte bekommen Sie, Sie müssen jedoch für sich selbst herausarbeiten, wie Sie mit Hilfe der inneren Führung den Prozeß vollenden möchten. Wenn die Dinge, die Ihnen dazu einfallen, undramatisch und banal erscheinen, dann sind Sie wahrscheinlich dem alten Weg, Dinge zu tun, weitaus näher, als einige der komplizierten, langen Rituale in modernen Büchern es sind. Vielleicht haben Sie mittlerweile genügend persönliche Erfahrung gesammelt, um die unvermeidliche Enttäuschung über das nüchterne Wesen dieses alten Wissens auffangen zu können. Was Sie gesehen, gehört, gefühlt und gedacht haben, kann nicht von anderen geteilt werden, denn die anderen können weder in Ihren Schuhen gehen noch Ihren Traum träumen.

Lesen Sie Ihre Notizen noch einmal vollständig durch, und vergewissern Sie sich in den Tagen vor Ihrer persönlichen Weihe, daß Sie dem Schritt, den Sie bald tun werden, mit Frohsinn und Zuversicht entgegensehen. Es eilt nicht. Einige Menschen haben schon jahrzehntelang etwas über die Anderswelt und die verborgenen Wege gewußt und sich nicht bereit gefühlt – und haben dann plötzlich gewußt, daß es jetzt an der Zeit war weiterzugehen. Urteilen Sie nur anhand Ihrer eigenen Gefühle, Sehnsüchte, Intuitionen und Wünsche, und Sie werden keine falsche Entscheidung treffen.

Beginnen Sie Ihre Vorbereitung *langsam*, meditieren Sie oder wenden Sie eine Wahrsagemethode an, um zu sehen, ob alles bereit ist. Stellen Sie Ihre Robe oder ein anderes magisches Gewand fertig, wenn Sie beschlossen haben, sich eines zu machen. Denken Sie über Ihre Ziele und die Hauptrichtung nach, die Sie Ihrer Arbeit in den kommenden Jahren geben möchten. Liegt Ihre Stärke im Wahrsagen, im Heilen, in Zaubersprüchen und Talismanen oder im Dichten und Erfinden von Liedern oder im Retten des alten Wissens? Jeder hat eine besondere Aufgabe in den traditionellen Künsten. Einige sind Handwerker und stellen schöne oder nützliche Dinge her, andere schaffen Rituale, schreiben Gebete der Anrufung oder gehen mit Macht um. Einige sind Seherinnen oder Wahrsagerinnen und sprechen mit den Stimmen der Göttin, andere sind Führer durch die inneren Reiche und lernen von neuem die Erzählungen der inneren Reisen, erzählen Märchen und verfeinern das Wissen mit sorgfältig ausgewählten Worten.

Studieren Sie dieses Kapitel und sammeln Sie die Dinge, die Sie brauchen, um Ihre eigenen Gedichte zu schreiben, Ihre eigenen Gesten zu erfinden, Essen für das Fest zuzubereiten und Blumen für den Kranz der Jahreszeit zu finden. Vielleicht möchten Sie auch einen Hexenkranz machen, eine Art Rosenkranz, mit dessen Hilfe man sich an wichtige Dinge erinnert. Traditionellerweise besteht dieser aus einem 1,20 m bis 1,50 Meter langen Seil. An einem Ende wird eine Schlaufe gemacht, bei der das Seilende aufgedreht und mit sich selbst verflochten wird, und dann kommen in gleichen Abständen acht Knoten, die die Planeten und die Erde symbolisieren. Der letzte Knoten befindet sich am Ende des Seils, so daß ein Kreis entsteht, wenn er durch die Schlaufe geführt wird. Jeder Knoten und die Schlaufe zählt als eines der neun Feste. Der Kranz kann als Kreis auf dem Boden verwendet werden, wobei dann der Stab daneben aufgestellt wird; oder er kann am Stab befestigt werden. Dann wird ein Stock durch die Schlaufe geführt, um einen Kreis auf dem Boden zu markieren.

Denken Sie über Ihre Verbindung zur Göttin nach, und prüfen Sie, ob Ihre Träume Ihnen Hinweise auf den Namen geben, den Sie annehmen sollten, oder das Tier, die Pflanze oder Blume oder etwas anderes aus der Natur, das Ihr Passierschein in die Anderswelt sein soll.

Sie werden den gesamten zwölften Mond damit zubringen, die Weihe zu planen und durchzuführen. Nebenher sollten Sie auch Ihre üblichen inneren Reisen und Meditationen durchführen und Ihr Buch auf den neuesten Stand bringen.

Im folgenden einige Lektürevorschläge:

Zsuzsanna E. Budapest: *Das praktische Anleitungsbuch für die neuen Hexen*. Bauer, Freiburg, 2. Aufl. 1994

Janet und Stewart Farrar: *Acht Sabbate für Hexen* (siehe Kapitel 10)

Dion Fortune: *Die Seepriesterin*. Smaragd Verlag, Neuwied 1989

Kaye Hoffmann und Franz Redl: *Tao des Feierns*. Kolibri, Norderstedt 1993

Ute Manan-Schiran: *Menschenfrauen fliegen wieder* (siehe Kapitel 1)

13 Den Kreis vollenden

Die Hexen haben nie die Begrenzungen der Welt der Sinne anerkannt; sie haben immer in dem Bereich gelebt, sich bewegt und ihr
Wesen gehabt, in dem die subtilen Kräfte, die jetzt unter dem Namen außersinnliche Wahrnehmung (ASW) bekannt sind, zu Hause
sind. Die Bedeutung, die sie einer Verbindung mit dieser Bewußt-
seinsebene beimessen, drückt sich in den Worten einer heutigen
Hexe aus: »Sobald ein Mensch einmal eine dieser Erfahrungen gemacht hat, in der er Kontakt mit Kräften jenseits der Welt der Form
aufgenommen hat, ist er dieser nicht länger hörig.«

Justine Glass: *Witchcraft: the Sixth Sense*

In diesem Buch habe ich dem Leser immer wieder zu zeigen
versucht, daß es Möglichkeiten gibt, mit denen jeder Mensch
mit ein wenig Geduld, gesundem Menschenverstand und Beharrlichkeit alte schlafende Kräfte im Innern aufwecken kann.
Einfach nur »Rituale« aus einer früheren Quelle zu kopieren,
darauf zu bestehen, daß Feste zu einem bestimmten Kalender-
datum gefeiert werden müssen (was die frühe christliche Kirche getan hat, um all ihre Anhänger auf ihre Linie zu bringen),
oder darauf zu bestehen, daß eine feste Struktur von »Hexencoven« mit Hohenpriesterinnen und Hohenpriestern der einzige Weg ist, um die Hexenkunst auszuüben, ist unbefriedi-
gend.

Es gibt natürlich viele hervorragende Coven mit wunderbaren
Ritualen, mächtigen Priestern und Priesterinnen und faszi-
nierenden Folgen jahreszeitlicher Feste, aber das ist nicht der
einzige Weg. Daneben gibt es auch hier, wie in jedem anderen
Bereich menschlicher Existenz, Betrüger und Gauner, Menschen, die ein besonderes Erbe der Magie für sich beanspru-
chen, Initiationen, die ihnen niemand glaubt, Macht über alle

Arten von Menschen und Situationen, und es gibt ausbeuterische Kaufleute, die die Unvorsichtigen oder Unerfahrenen übers Ohr hauen. Einer der wichtigsten Aspekte der Arbeit als Einzelperson ist die Tatsache, daß Sie nur mit sich selbst umzugehen und sich mit Ihren eigenen Phantasien und Eigenarten auseinanderzusetzen haben. Sobald Sie einmal wirklichen Kontakt mit den alten Göttern hergestellt haben, wissen Sie, daß Sie nicht alleine und ohne Unterstützung sind.

Es betrübt mich, Menschen zu erleben, die sich aufrichtig mit der Hexenkunst beschäftigen, die ihre Techniken erlernt haben, die jahrelang Vollmonde und Feste gefeiert haben und sich dabei nur auf die Informationen aus ein oder zwei Büchern oder die Worte eines Covens gestützt haben. Einige von ihnen sind mit Scheuklappen durch die Welt gelaufen, oder man hat ihnen sogar verboten, über die Wurzeln des Handwerks oder die Strukturen von Ritualen nachzudenken. Es ist notwendig, über das geschriebene Wort und die veröffentlichten Riten hinauszugehen und den reinen Quellbach der alten Weisheit zu suchen, der in vielerlei Formen durch alle Länder geflossen ist, während sich die Menschen auf diesem Planeten noch im Kindheitsstadium befanden.

Beschäftigen Sie sich einmal mit den sozialen Strukturen, die vor unserer modernen Zeit bestanden. Nehmen Sie wirklich an, daß sich große Gruppen von Menschen, von denen viele Mitglieder von Großfamilien oder Clans waren, irgendwo versammeln konnten, Schwerter und Weihrauchgefäße schwenken, tanzen und die Namen der Götter und Göttinnen des Heidentums anrufen konnten, ohne daß solche Ereignisse irgendwo aufgezeichnet wurden? Glauben Sie nicht, daß eine heidnische Priesterschaft, die nicht nur Priesterinnen zuließ, sondern sie auch höher geschätzt hätte als ihre männlichen Kollegen, in irgendeinem europäischen Dokument der letzten tausend Jahre erwähnt worden wäre? Selbst in den Hexenprozessen, in denen alle Arten von unmöglichen Dingen behauptet wurden, taucht nie die Vorstellung von weiblichen Priestern auf. Schauen Sie sich das Aufhebens an, das heute um die Berufung von weiblichen Priestern in der katholischen Kirche gemacht wird – wenn man wegen unnatürlicher Praktiken verbrannt oder gehängt werden konnte, meinen Sie dann nicht, daß irgendein cleverer Inquisitor auf die Idee gekommen wäre, Frauen anzuklagen, weil sie sich als heidnische Priesterinnen betätigten und eine Göttin verehrten? Daß sie auf Besen durch die Lüfte ritten, war ziemlich einleuchtend, und daß sie sexuellen Verkehr mit Ziegen hatten, lag etwa auf der gleichen Ebene, aber daß sie das Andenken alter Götter und Göttinnen in Ehren halten könnten, auf hochgelegenen, heiligen Plätzen tanzten, magische Kreise erschufen und sich in Hexencoven versammelten, die von einer Priesterin angeführt wurden, scheint ihnen in ihrem bornierten Eifer glücklicherweise nie in den Sinn gekommen zu sein. Das ist ein sicherer Hinweis darauf, daß diese Dinge nie geschehen sind! Wir wissen, daß es Magie seit den Tagen der Höhlenmenschen gibt. Ihre kunstvollen Gemälde und Reliefs bezeugen das, und jüngere Forschungsarbeiten tragen dazu bei, unser Verständnis der Symbolik der frühen Kunst immer mehr zu erweitern. Wir wissen, daß diese Magie immer noch wirkt, sonst würden die Zehntausende von Hexen, Magiern, Wicca-Anhängern, Okkultisten, Kabbalisten und Schamanen sich nicht bemühen, diese Kunst zu erlernen und auszuüben. Heute erforschen die Psychologen das Bewußtsein des Menschen, und sie finden dort die Impulse, die zu körperlicher Krankheit oder zu der inneren Stärke führen können, mit deren Hilfe die innere Heilkraft Krebs oder Arthritis überwinden kann. Sie lehren Entspannungsmethoden, die den Blutdruck senken und die Wirkung von streßverursachenden Chemikalien im Körper verringern. Sie verwenden das »kreative Visualisie-

290

ren«, um die Konzentration von Kindern und älteren Menschen zu verbessern. Sie verwenden nahezu magische Methoden des Geschichtenerzählens und Techniken der Vertrauensbildung, um Menschen jene innewohnenden Kräfte zurückzugeben, von denen sie glauben, sie hätten sie verloren oder nie besessen.

In den Arbeiten von C. G. Jung und seinen Schülern wird dem Wert von Symbolik und Mythologie ein neues Ansehen verliehen; man akzeptiert seitdem, daß Alchemie nicht nur ein früher Versuch im Bereich der organischen Chemie war, sondern eine Möglichkeit, um die geistigen Veränderungen aufzudecken, die ein Mensch auf dem Weg seiner individuellen Entwicklung durchläuft, und ihren Sinn und ihre Motive zu klären. Die Tatsache, daß diese sich sozusagen in chemische Elemente aufspalten müssen, daß sie verbrannt, gebleicht, verändert und neu kombiniert werden müssen, ist den Konzepten sehr ähnlich, die wir bei den russischen Schamanen finden, die von wilden Tieren zerrissen wurden, um geheilt und vollkommen verwandelt wiedergeboren zu werden.

In den Büchern, die von modernen zeremoniellen Magiern geschrieben wurden, kann die Hexe, die alleine arbeitet, ebenfalls viele wertvolle Informationen und Einsichten bekommen, denn Ritualisten haben – von den Tagen Merlins an bis in dieses Jahrhundert hinein – häufig alleine gearbeitet. Sie haben sich zwar für bestimmte Aspekte der Arbeit in Logen oder dergleichen zusammengefunden, aber die meisten von ihnen erlernen die Techniken der Meditation und die Fertigkeiten und Künste der Talismanherstellung und Divination allein und wenden sie auch alleine an.

Obwohl die zeremoniellen Magier von heute ein sehr kompliziertes System haben, um Rituale vorzubereiten, die Kräfte der Engel anzurufen und innere Bilder von Tempeln und Kraftplätzen zu erzeugen, ist ihre eigentliche Arbeit für die einzeln Praktizierenden wesentlich geeigneter, weil bei allem der Hauptakzent auf die geistigen Aspekte gelegt wird, die in Büchern über Hexenkunst oft vernachlässigt werden. Die Idee, die vier Himmelsrichtungen im Namen der Erzengel zu segnen, kann leicht durch den Gebrauch der Elemente ersetzt werden, und die Beschreibung des Innenraums eines alten Tempels läßt sich durch die Szenerie vom grünen Wald der Großen Göttin und ihres Gefährten ersetzen.

Ein großer Teil der wirklich magischen Arbeit muß in jedem Fall auf den inneren Ebenen geleistet werden, egal, um wen es geht, wo sie stattfindet oder welches System verwendet wird. Sobald Sie einmal wissen, wie Sie Ihr Bewußtsein auf den Modus der »Suche nach Weisheit« einstellen können, können Sie Bibliotheksbücher flüchtig durchblättern, und Ihr Unterbewußtsein wird wertvolle Zitate oder relevante Informationen zielsicher entdecken. So haben die alten Hexen gearbeitet. In ihrem normalen Leben hatten sie es, genau wie wir, mit vielen verstreuten Daten und Fakten zu tun, aber wenn ein Tier krank war, dann konnten sie eine Hecke durchsuchen und gleich ein der Jahreszeit entsprechendes, passendes Kraut finden, oder sie konnten sich geistig auf den passenden Talisman gegen Feuer im Strohdach zurückbesinnen, wenn ein Kunde diese Art von Schutz brauchte. (Übrigens stellen die zickzackförmigen eisernen Endplatten, die man an den tragenden Balken alter Bauernhäuser sieht, die Rune Sigel bzw. die Sonne dar, die das Einschlagen von Blitzen verhindern soll, und die Kreuze sind die Rune Geoffus, des Gebers, der Glück bringen soll.)

Sie werden feststellen, daß allmählich Ihre Intuition erwacht, daß Sie regelmäßig Vorahnungen haben. Sie sollten lernen, danach zu handeln, und nicht Ihre Zeit damit verbringen zu rationalisieren, was da durch göttliche Inspiration direkt zu Ihnen kommt. Handeln Sie sofort, und Sie werden Ihre Erfolgsquote auf 98 Prozent steigern können. In einer logischen Welt ist es schwer, sich auf diese unverhoffte Quelle allgemeiner Weisheit zu verlassen, aber sobald Sie einmal damit angefangen haben, werden kleinere Probleme wegfallen. Sie werden feststellen, daß Sie in alten Kramläden Schnäppchen machen können, die Ihren ungewöhnlichen Bedürfnissen entsprechen, oder daß Sie im überfüllten Stadtzentrum einen Parkplatz einfach dadurch finden, daß Sie innehalten und auf die innere Stimme der Führung hören.

Ihnen wird dann aus unwahrscheinlichen Quellen Wissen zufließen. Fremde werden mit wichtigen Informationen auf Sie zukommen, Bücher werden aus Regalen vor Ihre Füße fallen oder genau auf der Seite aufklappen, die Sie gerade brauchen. Radio- oder Fernsehprogramme werden Ihnen kleine Informationen zuspielen, gerade dann, wenn Sie überlegen, wie Sie um Himmels willen diese Adresse oder jenen Buchtitel oder was auch immer ausfindig machen können. Sie werden herausfinden, daß andere Familienmitglieder Aufzeichnungen oder Erinnerungen an längst vergessene Fakten über Ihre Großeltern haben, die ganze Felder weiterer Forschungsarbeiten auftun. Oder es werden alte Werkzeuge oder Fotos im Speicher auftauchen und Sie bei Ihren Forschungen nach verwandten heidnischen Ideen in eine neue Richtung weisen.

Sie hören sehr schnell auf, Dinge zu verlieren, weil Sie ein Gefühl der Verbundenheit zu den Dingen entwickeln, die die Gewohnheit haben, auf Wanderschaft zu gehen. Wenn sie tatsächlich verschwinden sollten, dann werden Sie feststellen, daß ein kurzer Befehl, der etwa »Bring meine Schlüssel *sofort* zurück« lauten könnte, oft den gewünschten Effekt hat und daß sich Ihre Schlüssel zum Beispiel unter dem Dielentisch materialisieren. Sie werden angeleitet werden, anderen Menschen zu schreiben, oder sie genau in dem Moment anzurufen, wenn etwas, das Sie wissen wollten, ans Licht kommt. Sie werden Möglichkeiten finden, um Ihr Haus und Ihr Eigentum vor Dieben oder Rowdys zu schützen, wenn Sie den großen Wächtergott bitten, Ihnen behilflich zu sein, oder die Göttin der wachsenden Dinge bitten, Ihre Rosen zu schützen.

Diese Dinge erscheinen vielleicht trivial, aber sie erfordern sehr viel mehr Vertrauen in das Unwahrscheinliche als Bücherwissen oder die Ausbildung in einem Hexencoven. Sie können im Grunde genommen nicht aufgeschrieben werden, denn der weitaus größte Teil des Wissens, das für moderne, allein praktizierende Hexen von Wert ist, muß erlebt, ausprobiert und für gut befunden werden. Sie müssen auch weiterhin experimentieren und die ganze Zeit über Ihren Horizont erweitern, um zu verstehen, was Sie zu tun haben, ohne es intellektuell zu analysieren oder es logisch auseinanderzunehmen. Lassen Sie Ihren Kopf nicht dem in den Weg kommen, von dem Ihr Herz am besten weiß, wie man damit umgeht; lassen Sie Bilder und Ideen wie einen Fluß fließen, und fangen Sie sie nicht mit Hilfe des wißbegierigen Verstandes in Eimern auf, der immerzu ein »Und wie funktioniert das?« auf der Zunge hat.

Magie und die alten Künste funktionieren, weil die Göttin, die die Mutter unserer Welt ist, es wünscht und weil den großen kosmischen Vater unsere kleinen Zaubereien amüsieren und er die Freude unserer Feste teilt. Sobald wir einmal in der Lage sind, diesen Bereich des freien Denkens zu betreten, werden wir wahrhaft frei sein, und unsere Magie wird uns führen und mit ihren positiven Ergebnissen zufriedenstellen. Wir haben ein Recht darauf, so weise zu sein wie unsere Vorfahren und ihre traditionellen Fähigkeiten zu erben, um in Harmonie mit der Natur und zu ihrem Nutzen ebenso wie zum Nutzen aller lebenden Wesen zu wirken, von denen wir ein kleines Beispiel sind.

Unser magischer Kreis ist der große Ring der kreisenden Sterne. Sie sind unsere Verwandten und die Quellen unserer weltlichen Macht, wenn wir lernen, daß Licht nicht nur Erleuchtung ist, die uns zu sehen hilft, sondern ein Weg, dem wir folgen können, und eine Laterne, die jeder von uns nacheinander in die Hand nehmen kann, um so die anderen zu führen, die einsam in der Dunkelheit wandern. Wir müssen global denken, damit unsere magischen Fähigkeiten überall auf der schönen grünen Erde Nutzen zeigen können und damit das spirituelle Beispiel, das wir durch unser Leben geben können, viele andere Menschen inspiriert und unterstützt.

Sie können auf eigene Faust lernen, Hexe, eine weise Frau oder ein Hexenmeister zu werden, Heiler, Wahrsager, Magier, Heide oder was immer Sie wollen, aber Sie werden niemals einsam sein, denn es gibt Tausende, die sich auf demselben Weg befinden. Einige sind Ihnen voraus, andere sind hinter Ihnen, einige kennen den Weg nicht und sind unsicher oder vielleicht ängstlich, weil sie nicht Ihr Vertrauen haben, das Sie durch Ihre Erfahrung und Ausbildung, egal, ob diese abgeschlossen ist oder nicht, gewonnen haben; und Sie werden in der Lage sein, Hilfe anzubieten, sei es geistig oder spirituell. Die Übungen, mit denen Sie dieses Jahr abschließen möchten, stehen Ihnen frei. Suchen Sie sich wirkliche Begleiter auf den inneren Wegen, stellen Sie Kontakt zur Göttin und dem Gott her, so wie Sie sie kennenlernen. Meditieren Sie und schauen Sie nach innen auf Ihre eigene wachsende Flamme des göttlichen Lichts; machen Sie sich bereit, denjenigen auf der Erde zu leuchten, die sich in materiellen Dingen verloren haben. Schaffen Sie sich Ihren eigenen heiligen Platz in einer Welt, die überall heilig ist, jedoch oft durch die Handlungen der Menschen geschändet wird. Lernen und üben Sie Ihre übersinnlichen Fähigkeiten, Ihre praktischen Fertigkeiten, Ihre magischen und heilerischen Kräfte. Sprechen Sie den Großen Göttern immer Ihren Dank aus, wandeln Sie sanft auf ihren

Wegen, ehren Sie ihre Symbole, und suchen Sie ihr Licht, das aus den Augen derjenigen scheint, die sie kennen, egal, wohin Ihr Weg Sie führt.

Mögen die Götter Ihr Leben segnen.

Marian Green nimmt gerne Briefe von Menschen entgegen, die die Übungen in diesem Buch ausprobiert haben, und sie wird, wenn es ihre Zeit erlaubt, antworten, wenn Rückporto oder internationale Antwortscheine beigefügt sind.

Marian Green ist Herausgeberin des QUEST-Magazins, das seit 1970 erscheint und nur bei BCM-SCL QUEST, London WC 1N 3XX, Großbritannien, erhältlich ist. Sie führt auch ein- und zweitägige Kurse in Großbritannien, dem übrigen Europa und Kanada durch; nähere Informationen erhalten Sie bei QUEST.

Zum guten Schluß noch einige weitere Buchempfehlungen:

Walter Ernest Butler: *Das ist Magie.* Bauer, Freiburg 1991

Hervé Fillipetti und Janine Trotereau: *Zauber, Riten und Symbole. Magisches Brauchtum im Volksglauben.* Bauer, Freiburg 1979

Serge Golowin: *Die weisen Frauen.* Goldmann, München 1982

Anja Malanowski und Anne-Bärbel Köhle: *Hexenkraft. Macht und Magie der weisen Frauen heute.* Knaur, München 1996

Will Parfitt: *Die Kabbala.* Aurum, Braunschweig 1993

Susanne G. Seiler (Hrsg.): *Gaia – das Erwachen der Göttin. Die Verwandlung unserer Beziehung zur Erde.* Aurum, Braunschweig 1991

Monica Sijöo und Barbara Moor: *Wiederkehr der Göttin. Die Religion der großen kosmischen Mutter und ihre Vertreibung durch den Vatergott.* Labyrinth, Braunschweig 1984

Maria Szepes: *Academia Occulta. Die geheimen Lehren des Abendlandes.* Heyne, München 1994

Westliche Wege

Neil Douglas-Klotz

Das Vaterunser

Meditationen und Körperübungen zum kosmischen Jesusgebet

Esoterik

(86008)

Thomas Sugrue

Edgar Cayce

Die Geschichte eines schicksalhaften Lebens

Esoterik

(4107)

Hanneke und Hans Korteweg

Dem inneren Licht folgen

Chakren, Charakterstrukturen und die sieben Strahlen

Esoterik

(4261)

Katja Wolff

Der kabbalistische Baum

Adams Schlüssel zum Paradies

Esoterik

(4223)

Katja Wolff

Magie

Kunst des Wollens Macht des Willens

Esoterik

(4262)

Anja Malanowski
Anne-Bärbel Köhle

Hexenkraft

Macht und Magie der weisen Frauen heute

Esoterik

(86096)

Schicksalsdeutung

Knaur®

Golmyn

Das Schicksal in den Zahlen

Lebenshilfe durch Numerologie

Esoterik

(86011)

Knaur®

Marlies Burghardt

Tarot und Lebensbaum

Esoterik

(86028)

Knaur®

Dorothée Koechlin de Bizemont

Karma-Astrologie

Das Horoskop als Spiegel vergangener Leben

Esoterik

(4131)

Knaur®

Marie Louise Lacy

Das Farborakel

Die psychologische und spirituelle Bedeutung der Farben

Mit 28 Farbkarten

Esoterik

(4260)

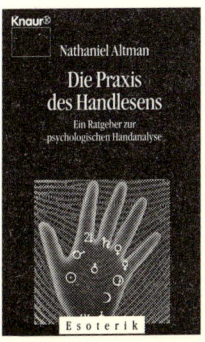

Knaur®

Nathaniel Altman

Die Praxis des Handlesens

Ein Ratgeber zur psychologischen Handanalyse

Esoterik

(4166)

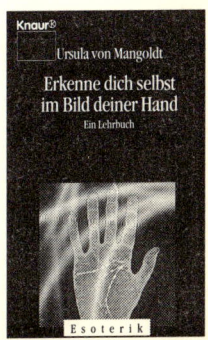

Knaur®

Ursula von Mangoldt

Erkenne dich selbst im Bild deiner Hand

Ein Lehrbuch

Esoterik

(4240)